2 | 栄養科学ファウンデーション シリーズ

応用栄養学

第3版 「日本人の食事摂取基準(2020年版)」準拠

江上いすず
多賀昌樹
[編著]

浅野友美
今枝奈保美
大口健司
小久保友貴
髙橋　圭
辻　雅子
橋本沙幸
長谷川祐子
牧野登志子
三浦綾子
水野尚子
宮澤洋子
[著]

朝倉書店

編著者

江上いすず	前 名古屋文理大学健康生活学部・教授
多賀　昌樹	和洋女子大学家政学部・准教授

執筆者 （五十音順）

浅野　友美	金城学院大学生活環境学部・講師
今枝奈保美	至学館大学健康科学部・教授
大口　健司	椙山女学園大学生活科学部・教授
小久保友貴	愛知淑徳大学健康医療科学部・准教授
髙橋　　圭	名古屋文理大学健康生活学部・准教授
辻　　雅子	東京家政学院大学人間栄養学部・准教授
橋本　沙幸	神戸松蔭女子学院大学人間科学部・講師
長谷川祐子	文教大学健康栄養学部・非常勤講師
牧野登志子	金城学院大学生活環境学部・名誉教授
三浦　綾子	常葉大学健康プロデュース学部・教授
水野　尚子	松本大学人間健康学部・助手
宮澤　洋子	東海学園大学健康栄養学部・准教授

2021 年 3 月現在

は じ め に

　厚生労働省策定による「日本人の食事摂取基準 2020 年版」の発表に伴い，このたび『応用栄養学 第 3 版』の刊行となった.「日本人の食事摂取基準 2020 年版」では，健康寿命の延伸をゴールに，健康の保持増進，生活習慣病の発症予防および重症化予防の観点に加え，高齢者の低栄養予防やフレイル予防も視野に入れて策定されている.

　応用栄養学は，ライフステージ栄養学として位置づけされ，妊婦・授乳期，乳幼児期，学童期，思春期，成人期（更年期含む），高齢期の各ライフステージの生理的・栄養的特徴を理解し，栄養ケア・マネジメントを実践する力を養う教科である. 健康寿命の延伸及び高齢者の低栄養予防やフレイル予防を達成するためにも，このライフステージでのライフスタイルのあり方が問われることになる.

　本書の構成は，「管理栄養士・栄養士養成の栄養学教育モデル・コア・カリキュラム 2015」および「管理栄養士国家試験ガイドライン」（平成 31 年改訂）の大項目・中項目・小項目を念頭においている. また，2 章の食事摂取基準の基礎的理解のほかに，各ライフステージの章別に食事摂取基準の指標や健康の保持・増進などの記述を行うことにより，きめ細かなステージ別のエネルギーや栄養素の根拠および応用力を養うこととした. また，運動・スポーツと栄養，災害時を含めた環境と栄養についても，健康寿命の延伸に関連付けて記述を行っている.

　管理栄養士・栄養士を目指す学生は，管理栄養士国家試験に合格して，初めて栄養ケア・マネジメントの実践が可能となる. よって，本書の特徴として，管理栄養士国家試験問題で出題頻度の多いワードをそれぞれの章内に可能な限り網羅し，受験勉強に役立つように配慮した. 同時に，巻末には過去 3 年間の国家試験問題を項目別に付録として添付した. 利用方法としては，授業内でそれぞれの章が終了した時点で，その章に関連した問題を解くことで，即時強化の原則により，学習の効果が期待される. また，自学自習により，国家試験問題を何度も解くことで問題が身近なものになり，個々の学生の達成感や満足感が得られ，応用栄養学に対する自信にもつながるであろう.

　本書がより学生にとって役立つテキストとなるために，本書の記述についてのご意見やご助言をいただければ幸いであります.

　最後に，本書の出版にあたり企画および編集に多大なご尽力をいただいた朝倉書店編集部に心より感謝いたします.

　2021 年 3 月

編著者一同

目　　次

1. 栄養ケア・マネジメント

2. 食事摂取基準の基礎的理解

3. 成長，発達，加齢　　　　　　　　　　　　　　　　　　　　　　［大口健司］

4. 妊　娠　期　　　　　　　　　　　　　　　　　　　　［牧野登志子，小久保友貴］

5.　授　乳　期　　　　　　　　　　　　　　　　［牧野登志子，小久保友貴］

6.　新生児期・乳児期　　　　　　　　　　　　　　　　［牧野登志子，小久保友貴］

7. 幼児期（成長期） 　　　　　　　　　　　　　　　　　　　[三浦綾子]

8. 学童期（成長期） 　　　　　　　　　　　　　　　　　　　[三浦綾子]

9. 思　春　期　　　　　　　　　　　　　　　　　　　　　　　　　　［辻　雅子］

10. 成　人　期　　　　　　　　　　　　　　　　　　　　　　　　　　［橋本沙幸］

13. 運動・スポーツと栄養　　　　　　　　　　　　　　　［長谷川祐子］

1 栄養ケア・マネジメント

1.1 栄養ケア・マネジメントの概念

1.1.1 栄養ケア・マネジメントの定義

　栄養ケア・マネジメントとは，個々人の栄養アセスメントに基づいて，栄養ケア計画の立案・計画の実施・評価・改善を繰り返しながら，より質の高い栄養ケアの実践を，効率的に行うマネジメントシステムである．

　栄養ケア・マネジメントの最終目標は，健康の維持増進，疾病の発症・重症化予防のために栄養状態を改善し，生活の質（quality of life：QOL）を向上させることにある．

1.1.2 栄養ケア・マネジメントの過程

　栄養ケア・マネジメントの過程を図 1.1（次ページ）に示す．

　① 栄養スクリーニングでは，対象者の栄養状態のリスクの度合いを把握する．侵襲性のない簡便な方法として，主観的包括的アセスメント（subjective global assessment：SGA）などが活用されている．特徴として，評価する者が患者を主観的に診てアセスメントするのが原則であり，多くの検査をする必要はない．表 1.1 に SGA の検査項目例を示す．

　② 栄養アセスメントでは，栄養スクリーニングで見出された栄養リスク者に対して，栄養状態や栄養リスクを客観的に的確に評価・判定し，栄養上の課題を明らかにする．具体的には，臨床診査，身体計測，臨床検査，食事調査による栄養摂取量や食事内容の質，生活習慣・食習慣・生活環境の調査および日常生活動作（activities of daily living：ADL）や認知症などの調査がある．

　③ 栄養ケアプランの作成では，（a）適切な栄養補給として，必要栄養量の算出，栄養補給法の選択（経口・経腸・経静脈栄養）や経口栄養の場合は食形態の選択．（b）生活習慣や食習慣の改善に働きかける栄養教育や栄養カウンセリングの課題．（c）食環境の整備として，多領

表 1.1 SGA の検査項目例

	検査項目
（A）問診・カルテからの情報	年齢，性別，身長，体重，現病歴，最近 2 週間・3 か月などの体重変化率，BMI，％標準体重，食欲不振・嘔吐・下痢などの消化器症状の有無，食事摂取量や内容の変化，ADL（日常生活動作）の状況など
（B）身体計測	浮腫や褥瘡の有無，上腕三頭筋背側部皮下脂肪厚（体脂肪を反映），上腕筋周囲長（骨格筋肉量を反映）の計測など
（C）主観的包括的アセスメント	A，B の結果を踏まえ，栄養状態良好，軽度・中等度・高度栄養障害の中で，該当する項目に主観的に分類する

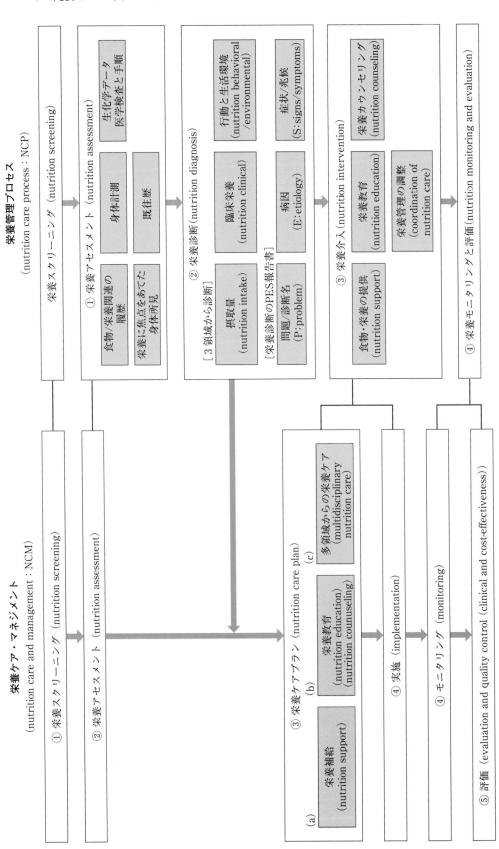

図 1.1　栄養ケア・マネジメントと栄養管理プロセス

域からの栄養ケアのスタッフは医師をはじめ，看護師，保健師，薬剤師，理学療法士（PT），言語聴覚士（ST），医療ソーシャルワーカー他の専門職の参画を計画する．

④ 栄養ケアの実施では，身体計測値や臨床検査値などを常時モニタリング（経過を観察）し，栄養改善の程度を評価・判定する．栄養改善がみられない場合は，対象の実施上の問題点として，対象者の非同意・非協力や，合併症の併発，栄養補給方法の不適応や必要栄養量の再検討などが考えられる．よって，実施上の問題の修正点を探り出し，モニタリング結果を栄養アセスメントや栄養ケアプランに絶えずフィードバックさせる．

⑤ 最終的に健康状態や栄養状態の向上，QOLへの反映など，目標が達成されれば，栄養ケアを終了する．経過評価や結果評価，費用効果分析などの経済的評価などを含めた総合評価を行い，エビデンスに基づく栄養ケア・マネジメントを構築していく．

PDCAサイクルは，人や組織が目標を達成するために，計画（plan）を立て，その計画を実施し（do），実施結果の評価（check）を行い，その評価に基づき改善（act）を行う．さらに次の計画に反映させることを繰り返しながら，最終目標に到達するマネジメントサイクルである．栄養ケア・マネジメントでは，このPDCAサイクルに則り，栄養リスク者に対して栄養アセスメントを行い，その結果を踏まえ，目標に向かって栄養ケアの実施・モニタリングを繰り返しながら到達度を上げ，最終目標のゴールとして，対象者への最適な栄養ケアの実践を効率的に進めることにある．

▌1.1.3 栄養管理の国際標準化とプロセス

栄養管理の国際標準化として，栄養専門職の専門性を高め，栄養管理の質の向上を目指すために，栄養管理の過程を標準化した栄養管理プロセス（nutrition care process：NCP）が，現在活用されている（図1.1）．栄養管理プロセスでは，①栄養アセスメント（nutrition assessment），②栄養診断（nutrition diagnosis），③栄養介入（nutrition intervention）として栄養補給・栄養教育・関連領域との調整の実施，④栄養モニタリングと評価（判定）（nutrition monitoring and evaluation）の4段階で構成されている．②栄養診断の根拠としては，問題/診断名（P：problem），病因（E：etiology），症状/兆候（S：signs/symptoms）に分け，標準栄養診断用語を使ったPES報告書として記録する．この栄養診断記録を栄養ケア・マネジメントに加えることで，栄養ケアを提供するためのプロセスが標準化でき，さらなる科学的エビデンスに基づいた栄養管理の展開が可能となる．栄養ケア・マネジメントとの違いは，栄養アセスメントの後に栄養診断を加えたことと，栄養ケアプランと実施を栄養介入として扱ったことなどで，栄養ケア・マネジメントの概念とほぼ同様である．

栄養アセスメントは，栄養診断・問題の有無などを適切な決定へと導いてくれる過程である．このアセスメントデータから対象者の問題点として判定された栄養診断名（P）を導き出し，栄養ケアを展開するための過程を定型化（形式化）する．参考として，SOAP形式に栄養診断を含めた栄養管理プロセスの記録表例（表1.2）を示す．

▌**SOAP形式**　栄養ケアの内容を経時的に具体的に記載する経過記録表で，S（主観的情報），O（客観的情報），A（評価），P（計画）の4つに分けて記載する方法．

表1.2　栄養管理記録表例（症例：壮年期）

氏名	疾病あり（脂質異常症・高血圧症）　　　なし
S (Subjective data) 主観的情報	マイカー通勤で，あまり歩かない．日ごろ仕事が忙しいので，休日にテレビドラマの録画を鑑賞．食事は夜遅く帰宅してからの夕食で，朝は食欲がなく，欠食が多い．昼食は外食が多い．成長期の子どもと同様に肉類を好み，トンカツなどの揚げ物を多く食べている．晩酌に缶ビールを350 mL，ポテトチップスのようなスナック菓子も好きである．濃い味付けが好き．
O (Objective data) 客観的情報	48歳男性　HT：165 cm，BW：71 kg，IBW：59.9 kg，%IBW：118.5%，BMI：26.1 家族：中学の娘・高校の息子と妻の4人　調理者：妻 食事内容：朝：欠食，昼：外食（丼物など），夕食（夜食）：ごはん・トンカツ・サラダ・味噌汁，缶ビール（350 mL），ポテトチップス 概算栄養摂取量：2500 kcal，脂質80 g，食塩相当量12 g 運動内容：日常の運動はほとんどなし．休日も自宅でテレビ・ビデオなどの視聴が多い． 検査データ：LDLコレステロール150 mg/dL，TG 160 mg/dL，血圧140/85 mmHg 夜遅い夕食のため，朝食の欠食も多く，不規則な食生活を見直すことが必要．
A (Assessment) 評価 [栄養診断] [PES報告書]	BMIが26.1で肥満（I度）に相当． 脂質の摂取量が多く，塩分も取り過ぎる傾向がある．マイカー通勤なので，毎日の運動量は少なく，休日も意識して運動していない．アルコールの量は適量で，食事内容の改善（外食の料理の選び方，自宅での料理の量・質）が必要． P（問題/診断名）：NB-1.3　食事・ライフスタイルの変更への心構え不足 E（病因）：NB-1.5不規則な食事パターン，NI-1.5エネルギー摂取量過剰， 　NI-5.6.2脂質過剰摂取，NI-5.10.2ナトリウム過剰摂取 S（症状/兆候）：高LDLコレステロール血症（150 mg/dL），高TG血症（160 mg/dL），高血圧症（140/85 mmHg）
P (Plan) 計画	必要栄養量：2000 kcal，たんぱく質60 g，脂質44～56 g（20～25%脂肪エネルギー比），食塩相当量6 g ・食事と運動の両面からのアプローチにより，計画的に減量（医師と相談） ・スナック菓子類を減らし，腹八分を心掛け，薄味でもおいしく食べられる調理法の工夫をする． ・野菜・海藻・きのこ類などの食物繊維の豊富な食材を摂り，飽和脂肪酸や揚げ物類を減らす． ・夕食が遅くなるときは，昼食をしっかり摂り，夕食は軽く済ませ，朝食の欠食をなくす． ・休憩時間に階段昇降などの運動を取り入れ，休日には早歩きの散歩などから始める．

栄養アセスメントの詳細については1.2.2および1.2.3項を参照．

1.2　栄養アセスメントの意義と方法

1.2.1　栄養アセスメントの意義と目的

栄養アセスメント（nutrition assessment）は，適切な栄養管理を実施するうえで最も重要な過程である．栄養アセスメントの目的は，栄養に関連する問題，その原因と重大性を識別するために必要なデータを取得・検証し，解釈することである．栄養アセスメントでは，個人または集団の栄養状態を主観的・客観的に評価・判定するために，5つの項目を総合的に判断し把握する（表1.3）．

また，これらのほかに，日常生活動作の調査（activities of daily living：ADL），認知症調査，食行動，食態度，食知識，食スキル，食環境の調査などが実施される．栄養アセスメントの結果に基づいて，栄養介入を行うための栄養療法や栄養指導プログラムなどの栄養ケアプランを作成する．

表 1.3 栄養評価の項目

分 類	栄養評価の項目
(1) 食物・栄養関連の履歴 （Food History：FH）	食物・栄養素摂取，食物・栄養素管理，薬剤・栄養補助食品の使用，知識・信念，食物・補助食品の入手のしやすさ，身体活動，栄養に関連した生活の質
(2) 身体計測 （Anthropometric Data：AD）	身長，体重，体格指数（BMI），成長パターン指標・パーセンタイル値，体重の履歴
(3) 生化学データ，医学検査・処置 （Biochemical Data：BD）	検査値（例：電解質，グルコース），検査（例：胃内容排泄時間，安静代謝率）
(4) 栄養に焦点をあてた身体所見 （Physical Data：PD）	身体的外見，筋肉や脂肪の消耗，消化器症状，嚥下機能，食欲，感情
(5) 既往歴 （Clinical History：CH）	個人的履歴，医学的・健康・家族履歴，治療，補完・代替薬剤の使用，社会的履歴

（1）栄養スクリーニング

　栄養アセスメントを実施するには，まず対象者がどのような身体状態，栄養状態，健康状態にあり，どのようなリスクがあるかを判定するために栄養スクリーニングを行う必要がある．栄養スクリーニングによって，栄養状態のリスクをもつ対象者や疾患に罹患している対象者を見つけ出し抽出する．栄養スクリーニングは，簡便な方法でかつ侵襲性が少なく，妥当性や信頼性が高く正確に対象者の栄養状態のリスクを感度よく判定する必要がある．栄養スクリーニングには，体格指数・体重減少率，血清アルブミン値，主観的包括的指標（SGA），簡易栄養調査評価法などが用いられる．

（2）栄養アセスメント

　栄養アセスメントには，静的アセスメント（主観的栄養アセスメント）と動的アセスメント（客観的栄養アセスメント）および予後判定アセスメントがある（表1.4）．

表 1.4 栄養アセスメントのパラメータ

分類		指　標
静的 アセスメント	身体計測	身長・体重：体重変化率，%平常時体重，身長体重比，%標準体重，BMI 体脂肪量：体脂肪率，体脂肪量，徐脂肪量，上腕三頭筋皮下脂肪厚（TSF） 筋囲：上腕筋囲（AMC），上腕筋囲面積（AMA） 腹囲：内臓脂肪面積，ウエスト/ヒップ比 骨密度
	血液・生化学的指標	クレアチニン身長係数（CHI），血清総たんぱく質，アルブミン（Alb），コレステロール，血中ビタミン，ミネラル，総リンパ球数（TLC）
	皮内反応	遅延型皮膚過敏反応（PPD）
動的 アセスメント	身体計測	2週間の体重変化率，握力，呼吸筋力
	血液・生化学的指標	高速代謝回転たんぱく質（RTP）：トランスサイレチン，トランスフェリン（Tf），レチノール結合たんぱく質 たんぱく質代謝動態：窒素バランス，尿中3-メチルヒスチジン アミノ酸代謝動態：血漿アミノ酸パターン，フィッシャー比（BCAA/AAA） 安静時エネルギー消費量（REE），呼吸商（RQ），糖利用率
予後判定 アセスメント	予後推定栄養指数（Buzby）	$PNI = 158 - 16.6 \times Alb - 0.78 \times TSF - 0.2 \times Tf - 5.8 \times PPD$ 　40未満：low risk，50以上：high risk
	小野寺の指数	PNI（prognostic nutritional index）$= 10 \times Alb + 0.005 \times TLC$ 　45以上：良好，40以下：手術禁忌

① 静的アセスメント（static nutritional assessment）は，栄養介入を行う前の一時点での普遍的な栄養指標を示し，比較的代謝回転の遅いものを指標とし長期的な栄養状態の効果判定に用いられる．指標としては，身体計測や，血清総たんぱく質，血清アルブミン，免疫能などが用いられる．

② 動的アセスメント（dynamic nutritional assessment）は，栄養介入後の経時的な変化をとらえることで，栄養介入による改善効果を評価判定する指標であり，半減期の短いたんぱく質（rapid turnover protein：RTP），フィッシャー比などが用いられる．指標としては，トランスサイレチン（血清プレアルブミン），血清レチノール結合たんぱく質，血清トランスフェリンなどが用いられる．

③ 予後判定アセスメント（prognostic nutritional assessment）は，治療効果を判定するための指標である．手術前の栄養状態から術後の栄養状態を判定する．指標としては，上腕三頭筋部皮脂厚，血清アルブミン，血清トランスフェリン，遅延型皮膚過敏反応などが用いられている．

1.2.2　栄養アセスメントの方法

(1)　食物・栄養に関連した履歴（food/nutrition-related history：FH）

栄養・食事調査は，対象者の食事内容や食習慣をできる限り正確に把握することが目的である．食事摂取，すなわちエネルギーおよび各栄養素の摂取状況の評価は，食事調査によって得られる摂取量と食事摂取基準の各指標で示されている値を比較することによって行うことができる．食事摂取状況に関する調査方法には，陰膳法，食事記録法，24 時間食事思い出し法，食物摂取頻度法，食事歴法，生体指標などがある．食事調査には，エネルギー・栄養素摂取量の過小申告・過大申告，栄養素摂取量の日間変動が存在する．それぞれの特徴によって長所と短所があることに留意し，食事調査の目的や状況に合わせて適宜選択する必要がある．

(2)　身体計測（anthropometric data：AD）

栄養アセスメントにおいて身体の栄養状態の把握や 1 日に必要なエネルギーを推定するうえで身体計測は不可欠なものである．身体計測は身体各部を測定することにより，貯蔵エネルギーを示す体脂肪量や体たんぱく質量，筋肉量を推測することができ，対象者の栄養状態を把握することができる．

① 身長（height：HT）と体重（body weight：BW）：身長と体重の算定は最も簡便に測定できる．身長と体重から得られる情報は体格指数の算出や栄養状態の判定，栄養必要量の算出などに用いられる．

車いすや寝たきりで起きあがれないなど身長の測定が困難な対象者については，膝高測定値から算定式を用いて身長を推測する方法がある．

推定身長の算定式（A：年齢）

男性(cm)＝64.19－(0.04×A)＋(2.02×膝高)

女性(cm)＝84.88－(0.24×A)＋(1.83×膝高)

体重は食事や排泄の影響を受けやすいことからその影響をできるだけ少なくするために，空腹時や排泄後に測定することが望ましい．

② 体格指数：身長と体重を組み合わせて体格指数を算出し，栄養状態の判定を行う．乳幼児

表 **1.5** *体格指数*

	算 出 法		判 定
乳幼児期	カウプ指数（Kaup index）	$\dfrac{体重(kg)}{[身長(cm)]^2}\times10^4$	15 以下：やせ 20 以上：肥満
学 童 期	ローレル指数（Rohrer index）	$\dfrac{体重(kg)}{[身長(cm)]^3}\times10^7$	100 未満：やせ 160 以上：肥満
成 人 期	BMI（body mass index）	$\dfrac{体重(kg)}{[身長(m)]^2}$	18.5 未満：やせ 25 以上：肥満

期にはカウプ指数，学童期にはローレル指数，成人期では BMI（body mass index）を用いる（表 1.5）．日本肥満学会では，$18.5\leqq\mathrm{BMI}(kg/m^2)<25$ を普通体重としている．

③ 体重変化の評価：体重を用いた指標には，標準体重比（% idealbodyweight：% IBW），平常時体重比（% usual body weight：% UBW），体重減少率（% loss of body weight：% LBW）がある．

　　　% IBW =（測定体重/標準体重）×100

　標準体重は，BMI と各種疾病異常の関係において，最も罹患率の低い BMI が 22 であることから［身長(m)］^{2}×22 を用いて算出する．

　　　% UBW =（測定時体重/平常時体重）×100

　　　% LBW =［（測定時体重－平常時体重）/平常時体重］×100

④ 体脂肪量（body fat）：体脂肪は，皮下脂肪と内臓脂肪に分けられる．体脂肪量の測定は体内エネルギー貯蔵量の推定に用いられる．体脂肪量の測定には簡便であり，対象者の負担も少ない皮脂厚計（キャリパー）を用いて算出する方法や，生体インピーダンス法による測定法を用いるのが一般的である．

●［皮下脂肪厚の測定］　皮下脂肪厚は皮脂厚計を用いて，利き腕の反対側の上腕の中点の上腕三頭筋部皮脂厚（triceps skinfold thickness：TSF）と肩甲骨下部皮脂厚（subscapular skinfold thickness：SSF）を測定する．3 回の測定の平均値を下記計算式に当てはめ体脂肪量を算出する（図 1.2）．

　　　体脂肪率 =［(4.570/体密度)－4.142］×100

　　　体密度：男性 = $1.091-0.00116\times F$　　女性 = $1.089-0.00133\times F$

　　　　$F = \mathrm{TSF}(mm)+\mathrm{SSF}(mm)$

●［生体インピーダンス法（bioelectorical impedance analysis：BIA）］　除脂肪組織と脂肪組織の電気抵抗の差を利用した測定法であり，市販されている体脂肪計のほとんどがこの方法を用いている．手と足の間に微弱な電流を流しその抵抗量より脂肪量を算出する．身体状態による変化が大きく，同じ日でも測定した時間でばらつきがある．

●［水中体重秤量法］　他の測定方法の基準とされる方法であり，比較的正確な測定方法である．水中に全身を沈めて水中にある体重計で体重を量り，大気中での体重との差から身体密度を計算して測定する（図 1.3）．

⑤ 骨格筋量：筋たんぱく質量は栄養状態を把握する指標として重要なパラメータとなる．筋たんぱく質量は上腕周囲（arm circumference：AC）と上腕三頭筋部皮脂厚（triceps skinfold

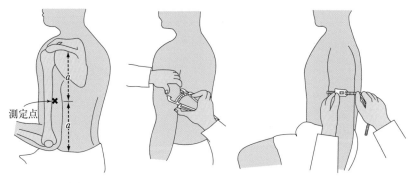

(a) 測定部位　　　(b) 皮脂厚（TSF）の測定　　　(c) 上腕周囲長（AC）の測定

図 1.2　上腕周囲長と皮脂厚の測定（ダイナボット社のアディポメーターとインサーテープ）
［足立加代子：臨床栄養，**99**(5)，臨時増刊号，2001，p. 524 より］

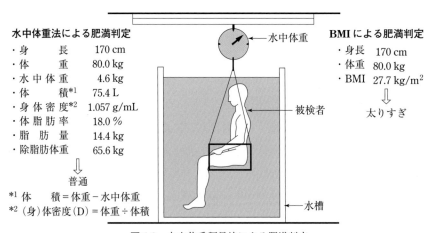

図 1.3　水中体重秤量法による肥満判定
［久木野憲司，穐吉敏男編：運動生理学　栄養士のための標準テキストシリーズ，金原出版，1996 より］

thickness：TSF）より上腕筋囲（arm muscle circumference：AMC）と上腕筋面積（arm muscle area：AMA）を算出する．AMC および AMA は体たんぱく質貯蔵量をよく反映する．

$$\text{AMC(cm)} = \text{AC(cm)} - \pi \times \text{TSF(mm)} \div 10$$

$$\text{AMA(cm}^2) = [\text{AMC(cm)}]^2 \div 4\pi \qquad [\pi \fallingdotseq 3.14]$$

(3) 生化学データ，医学検査・処置（BD）

　臨床検査は，対象者の健康状態・栄養状態，病態を客観的に診断し適正な栄養療法や，栄養指導により栄養介入を行うための栄養ケアプランを作成するための指標となる．臨床検査では，検体検査として対象者の尿や糞便，血液を分析したり，血液成分の生化学検査や生理機能検査として心電図や呼吸機能を検査したり，画像検査としてエコーや CT スキャンなどの方法を用いる．検体検査や生理機能検査では，結果が数量化されるので，対象者の健康状態・栄養状態や病態を客観的かつ科学的に診断することが可能となり，問題点の早期発見や予防の観点からも有用性が高い．

　それぞれの検査項目には，検査項目を判定するため基準値が示されており，対象者の検査結

果を基準値と比較して判定する．基準値は，健常で疾病を有していない健常者の測定値のうち，分布の中央部95％が含まれる範囲のことであり，一般にこれらの基準個体の測定値の平均値±2標準偏差（SD）の1.96倍で示される．

栄養アセスメントに用いられる臨床検査

●たんぱく質代謝

① 血清総たんぱく質（total protein：TP）：血清中の総たんぱく質は，血清中におよそ100種類以上が存在しているが，主に約60％を占めるアルブミンと約20％を占めるγ-グロブリンの総量による．栄養状態の低下によりその数値は低下する．

② 血清アルブミン（serum albumin：Alb）：アルブミンは血清中に最も多く存在するたんぱく質であり，血清たんぱく質のおよそ60％を占め，内臓たんぱく質量をよく反映していることから，重要なパラメータとして利用される．アルブミンは肝臓で合成され，体内では各種物質を運搬する働きをもつたんぱく質である．アルブミンの血中半減期は14〜21日と長いため，比較的長期間のたんぱく質栄養状態を評価するのに適しており，静的アセスメントの指標とされる．血清アルブミンの基準値は4.1〜5.1 g/dLであり，3.5 g/dL以下を低栄養と診断する．肝機能障害や腎疾患でも血清アルブミン量は低下する．

③ 血清トランスフェリン（transferrin：Tf）：トランスフェリンは体内では血清鉄を運搬するたんぱく質である．トランスフェリンの血中半減期はおよそ10日である．比較的短期間のたんぱく質の栄養状態を反映している．

④ 血清トランスサイレチン（transthyretin：TTR）：トランスサイレチンは肝臓で合成され，体内では甲状腺ホルモンの運搬や，血清レチノール結合たんぱく質と複合体を形成し，レチノールの血中運搬に重要な役割を果たしている．プレアルブミンとも呼ばれる．血清中の半減期はおよそ2〜4日であり，数日間のたんぱく質栄養状態を反映している．

⑤ 血清レチノール結合たんぱく質（retinol-binding protein：RBP）：レチノール結合たんぱく質は，ビタミンAと結合する結合たんぱく質であり肝臓で合成される．血中半減期は約16時間と短く短期間の栄養状態の把握にも広く用いられている．

⑥ 窒素出納（nitrogen balance：N-balance）・尿中窒素排泄量：摂取した窒素量と尿中窒素排泄量の差を窒素出納といい，生体内で利用されたたんぱく質の異化と同化の状態を評価することができる．24時間尿を蓄尿し，体内で利用されたたんぱく質由来の窒素量をアミノ酸の最終産物である尿素窒素として測定する．異化が亢進していれば窒素出納は負になり，同化が亢進していれば窒素出納は正となる．窒素出納は尿中に排泄される窒素量を測定することにより求めることができる．

⑦ クレアチニン身長係数（creatinine height index：CHI）：尿中クレアチニン産生量は筋肉量に比例しており，以下の計算式によりクレアチニン身長係数を求めることにより，体内の筋肉量の指標となる．

$$CHI = \frac{1日尿中クレアチニン排泄量（mg）}{標準1日尿中クレアチニン排泄量（mg）} \times 100$$

標準1日尿中クレアチニン排泄量は性別・身長別に定められているが，簡便法として，男性23 mg/kg，女性18 mg/kgとし標準体重を用いて計算する．

⑧ 尿中3-メチルヒスチジン（3-methyl histidine：3-MH）：3-MH は筋線維たんぱく質のアクチンとミオシンの分解時に遊離され，尿中に排泄される．したがって尿中 3-MH は筋たんぱく質の分解量を反映する．

●**脂質代謝**　脂質代謝を反映する検査項目には，中性脂肪（TG），LDL コレステロール，HDL コレステロールなどがある．脂質異常症などの指標として用いられる．

●**糖質代謝**　糖質代謝を反映する指標には，血糖値，血中インスリン値，ヘモグロビン A1c（HbA1c），1,5-AG（1,5-アンヒドロ-D-グルシトール）などがある．血糖値の測定には，空腹時血糖値，食後血糖値，糖負荷試験（75g OGTT）があり，糖尿病診断に用いられる．HbA1c は糖化ヘモグロビンとも呼ばれ，ヘモグロビンにグルコースが結合したものであり，その半減期は約1～2か月であり，糖尿病の血糖コントロールの指標として用いられている．糖代謝異常の判定区分と判定基準は，

① 早朝空腹時血糖値 126 mg/dL 以上

② 75 gOGTT：2 時間値 200 mg/dL 以上

③ 随時血糖値 200 mg/dL 以上（食事と採血時間との時間関係を問わないで測定した血糖値．糖負荷後の血糖値は除く）

④ HbA1c が 6.5% 以上

のうち，①～④のいずれかが確認された場合は「糖尿病型」と判定する．

⑤ 早朝空腹時血糖値 110 mg/dL 未満

⑥ 75 gOGTT：2 時間値 140 mg/dL 未満

　⑤および⑥の血糖値が確認された場合には，「正常型」と診断する．

　上記の「糖尿病型」「正常型」いずれにも属さない場合は「境界型」と判定する．

●**その他の検査項目**

① 貧血の検査：ヘモグロビン，赤血球数，ヘマトクリットなどが用いられる．また，貧血の原因を診断するために，血清鉄，血清フェリチン，血清ビタミン B_{12}，血清葉酸などからそれぞれの欠乏を判断する．血液の液体成分である血清の中では，鉄はトランスフェリンに結合して運搬される（血清鉄）．血清トランスフェリンの濃度は総鉄結合能（TIBC）として示され，TIBC と血清鉄の値から血清鉄飽和度（%）（＝血清鉄/TIBC×100）が算出される．鉄欠乏性貧血では，血清鉄の値が低下し，逆にトランスフェリン濃度が増加するため，鉄飽和度は低下する．また，体内の貯蔵鉄が使用され不足しており，血清フェリチン値は低値となる．

② 肝疾患の検査：AST（アスパラギン酸トランスフェラーゼ），ALT（アラニントランスフェラーゼ）がある．AST・ALT はたんぱく質の代謝にかかわるアミノ基転移酵素であるが，肝臓の細胞が何らかの障害を受けると血液中に流出（逸脱酵素）するため，血中濃度を測定することで肝障害などの程度を知ることができる．γ-GTP はアルコールに対して感受性の高い酵素であり，アルコールによる肝障害の指標として用いられる．

③ 腎疾患の検査：eGFR（推算糸球体濾過量）を用いる．GFR（糸球体濾過量）を，厳密に測定する場合には，イヌリンクリアランスを用いて測定するが，医療現場では，クレアチニンクリアランスまたは血清クレアチニン量と年齢・性別から計算できる eGFR で代用している．

④ 免疫機能検査：免疫機能の検査では，総リンパ球数（total lymphocyte count：TLC）や

遅延型皮膚過敏反応（ツベルクリン反応：PPD）の検査を行う．低栄養状態の持続により，免疫機能が低下し，感染症の合併や治療の長期化を招くことから免疫機能の検査は重要である．低栄養を起こした場合，リンパ球数の減少を招き，細胞性および液性免疫の観点からも易感染性の背景を生じやすくなる．

（4）栄養に焦点を当てた身体所見（nutrition-focused physical findings：PD）

　臨床診査では，対象者に主に問診と身体診察を行うことにより，健康状態・栄養状態を把握しカルテ（診療録）に記載する．

　① 問診：対象者の健康状態・栄養状態を，本人または付き添いから聞き取る．対象者との信頼関係や負担に対し配慮する必要がある．問診では対象者の訴えの中心となる主訴をはじめ，現病歴，既往歴，家族歴，生活状況，生活習慣を聞き取り，対象者の健康状態・栄養状態について把握する．主訴は対象者が訴える自覚症状のうち主要なものであり，対象者の状態と密接に関連しており最も重要な情報となる．現病歴は，その症状がいつから始まったのか，現在に至るまでの経過についての情報となる．既往歴は，その症状にかかわらず，対象者が生まれてから現在までに罹患した疾患や，健康状態・栄養状態がどのように経過したかを把握する．家族歴は対象者の両親や兄弟などの近親者の病歴，死因，健康状態・栄養状態を把握して，遺伝的な疾患や家庭での食習慣について関連がないかを把握する．栄養歴では，食生活歴として食欲や嗜好の変化に関する情報，体重歴として，これまでの体重の変化などについての情報を把握する．

　② 身体診察：身体診察は，視覚的観察により対象者の栄養状態を主観的に把握することである．身体診察は，視診（皮膚の状態，震えなどを目で見て判断する）・触診（浮腫の程度や腫瘤の状態などを手で触れて判断する）・聴診（心音，呼吸音，腸管の動きなど，聴診器を用いて判断する）・打診（腹水や胸水の有無を確かめるために腹部・胸部を指で叩いて判断する）などの方法により病的兆候の有無を見つけ出す．顔貌・表情の所見では，身体の活力，疼痛の有無や程度，不快な気分など，全身状態，精神状態が反映していることが多い（表1.6）．身

表1.6　顔貌・表情の所見

所見項目	症状・病態	原　因
顔色	蒼白，チアノーゼ 紅潮 黄疸，紅斑	ショック状態 発熱，うつ熱（熱中症） 炎症症状，肝疾患
形状	左右非対称 浮腫・腫脹	脳神経症状 副鼻腔炎，腫瘍，アレルギー，腎疾患，心疾患など
表情	乏しい，無表情 不安な表情	心因性など
顔貌	ムーンフェイス（満月様顔貌）	ステロイド剤の投与，ステロイドホルモンの過剰分泌（クッシング症候群など）

表1.7　栄養素の欠乏と症状

部分	症状	関係している栄養素
毛髪	脱毛，乾燥，光沢がない	亜鉛，たんぱく質，必須脂肪酸
舌・口唇・口角	舌炎，口唇炎，口角炎，歯肉の腫脹・出血，口内炎	ビタミンB_2，ビタミンB_6，ナイアシン，亜鉛
爪	匙状爪	鉄
皮膚	うろこ状肌	必須脂肪酸，ビタミンA
軟骨・骨	骨の軟化・脆弱化	カルシウム，リン，ビタミンD，マンガン
生殖器	無月経	低栄養
その他	浮腫 貧血	ビタミンB_1，たんぱく質，エネルギー 鉄，たんぱく質

体所見では，体格，頭髪，皮膚，目，口腔粘膜，歯，爪などの状態を観察し，栄養障害や疾患による特有の変化を見つけ出す．栄養不良により表皮細胞に比較的早く栄養素の欠乏症状が現れやすい（表1.7）．

(5) 個人履歴（client history：CH）

対象者の栄養アセスメントを行っていくためには，生活習慣・食生活・生活環境が栄養状態に深くかかわっていることを考慮し，これらを調査し把握することが重要である．我々を取り巻く状況は，性別，健康状態，経済力，家族構成，住居，その他個々人の趣味や嗜好など日常生活全般にわたって多様化している．生活の満足度，衣食住を始め，家事，外出，日常的楽しみ，日常生活の情報に関する満足度など，日常生活全般の実態と意識を把握する．

① 日常生活動作（ADL）の調査：高齢者施設などにおいて，対象者の日常生活動作を把握するために行われる調査であり，食事，移動，立位保持，座位保持，寝返り，排泄，入浴，更衣などが自立可能か介助が必要か，意思の疎通，視力障害，聴力障害，認知症の有無などについて調査する．

② 摂食機能調査：摂食嚥下機能を調べることで，誤嚥のリスクを評価する．呼吸機能，発声機能，鼻咽喉閉鎖機能，構音運動機能，摂食機能（水飲みテスト，反復唾液嚥下テスト）などを行う．

③ 生活の質（QOL）の調査：WHOではQOLを「個人が生活する文化や価値観の中で，目標や期待，基準および関心に関わる自分自身の人生の状況についての認識」と定義している．QOL調査は，この個人の日常生活における「充実感」や「満足感」を調査し把握する．

QOLの調査法には，さまざまなものが存在しており，WHOの「WHO QOL 26調査票」では疾病の有無を判定するのではなく，対象者の主観的幸福感，生活の質を測定する目的で，身体的領域，心理的領域，社会的関係，環境領域の4領域のQOLを問う24項目と，QOL全体を問う2項目の，全26項目から構成されている．

1.2.3　アセスメントの結果から現状把握と課題の抽出

アセスメントの結果から現状把握と課題抽出のために栄養診断（栄養状態の判定）を行う．栄養診断の目的は，食物・栄養の専門職が栄養処方あるいは栄養介入によって解決と改善を図ることができる具体的な栄養問題を認識し，記録することである．栄養診断は，栄養アセスメントに基づき栄養状態を診断し，その診断を踏まえ栄養介入の計画を立てるための重要な段階である．特徴は，栄養診断の用語が標準化されていることで，70の栄養診断が認められている．

栄養診断は，摂取量，臨床栄養，行動と生活環境の3つの領域から構成されている．

① 摂取量（nutrition intake：NI）：食物あるいは栄養素の摂取量が真の必要量や推定必要量と比較し，過剰かあるいは不足かについて．NIは，経口摂取や栄養補給法を通して摂取するエネルギー・栄養素・液体・生物活性物質にかかわる事柄と定義される．

② 臨床栄養（nutrition clinical：NC）：疾病や身体状況にかかわる栄養の問題点について．NCは，医学的または身体的状況に関連する栄養の所見・問題と定義される．

③ 行動と生活環境（nutrition behavioral/environmental：NB）：知識，態度，信念，物理的環境，食物の入手，食の安全などについて．NBは，知識，態度，信念，物理的環境，食物の入手や食の安全に関連して認識される栄養所見・問題と定義される．

　　栄養診断の記録は，栄養アセスメントの記録からPES報告書を作成する．PES報告は「S（signs/symptoms）の根拠に基づき，E（etiology）が原因となった（関連した），P（problem）の栄養状態と栄養診断（判断）できる．」と簡潔な文章とする．

・P（問題点/栄養診断の分類）：対象者や対象集団の栄養状態の変化の記述
・E（病因）：「～に関して」という説明によってその原因や危険因子を記述
・S（徴候/症状）：症状や症候など対象者の栄養状態の判定のために用いたデータの科学的根拠

1.2.4　目的達成のための個人目標の決定

　　栄養プログラムの作成においては，対象者に適した目標設定を行う必要がある．目標設定は期間の長さにより，長期目標，中期目標，短期目標の3つを設定する．それぞれの目標設定は，具体的に実行可能な目標であり，目標が複数ある場合は優先順位をつけ，実施期間に適した目標であり，対象者が主体的に行うことが重要である．また，日本人の食事摂取基準に示された，エネルギーおよび栄養素の優先順位や，各種疾患ガイドラインを踏まえて栄養介入目標を設定する．

① 長期目標：対象者の最終目標（goal）となるものであり，栄養プログラムの大前提となる目標である．

② 中期目標：対象者が長期目標を達成するにあたって，短期目標を5～6か月継続した際のその中間な期間までに目指す目標．

③ 短期目標：対象者が長期目標，中期目標を達成するにあたり，実施期間は1～3か月間とし，すぐに実践可能となる具体的目標．

1.3　栄養ケア計画の実施，モニタリング，評価，フィードバック

1.3.1　栄養ケア計画の作成と実施

　　栄養ケアの実施では，4つの領域から，対象者，または集団の栄養状態の改善に取り組む．4つの領域は，①食物・栄養の提供（ND），②栄養教育（E），③栄養カウンセリング（C），④栄養管理の調整・関係領域との調整（RD）である．これらを踏まえ，対象者のニーズに合わせて，栄養摂取，栄養に関連した知識・行動・環境状態などの栄養問題を解決（改善）する．

① 食物・栄養の提供（food and/or nutrition delivery：ND）：食物・栄養の提供においては，食事・間食，経腸栄養，静脈栄養，栄養補助食品の提供や食事摂取支援，食環境の整備，栄養に関連した薬物療法の管理なども含まれる．

② 栄養教育（nutrition education：E）：栄養教育では，行動科学の理論を取り入れることで，対象者の行動変容をより効果的に促す．行動変容ステージモデルにおいて人の行動を変える場合は，「無関心期」→「関心期」→「準備期」→「実行期」→「維持期」の5つのステージを通る．行動変容のステージを1つでも先に進むには，対象者が今どのステージにいるかを把握し，それぞれのステージに合わせた働きかけが必要となる．

③ 栄養カウンセリング（nutrition counseling：C）：栄養カウンセリングでは，対象者の情緒，態度，行動などの栄養問題に対して，カウンセラーが，心理学的な技法によって対象者と共同

し，栄養介入のための戦略を行う．人間の知的な面（知識）よりも，情緒面に重点を置き，指導・助言などは直接的には行わず，相手に解決の意欲が芽生えるようにすることを基本とする．

④ 栄養管理の調整（coordination of nutrition care：RD）：栄養管理の調整は，栄養管理施行中の他の医療職種との連携や，退院あるいは新しい環境や支援機関への栄養管理を移行することである．

▌1.3.2　モニタリングと個人評価

（1）栄養モニタリング

栄養モニタリングと評価の目的は，行われた栄養ケアの進展の量を決定することであり，目標・期待される結果が達成されたかどうかを評価することである．実施した栄養ケアを評価するためには，あらかじめモニタリング項目（栄養ケア指標）を決める必要がある．

栄養モニタリングと評価のアウトカム（結果評価）は以下の4つの項目がある．

① 食物・栄養に関連した履歴についてのアウトカム：食物・栄養素摂取，食物・栄養素管理，薬剤・栄養補助食品の使用，知識・信念，食物・補助食品の入手のしやすさ，身体活動，栄養に関連した生活の質

② 身体計測のアウトカム：身長，体重，体格指数（BMI），成長パターン指標・パーセンタイル値，体重の履歴

③ 生化学データ，医学検査・処置のアウトカム：検査値，検査

④ 栄養に焦点をあてた身体所見のアウトカム：身体的外見，筋肉や脂肪の消耗，消化器症状，嚥下機能，食欲，感情

（2）個人評価

栄養診断により見出された問題点を整理・分析し，問題解決に向けた栄養介入目標設定を行う．栄養介入による目標が，だれに対して，いつまでに，どのようなことを，どのように実施されたのかを評価する．

▌1.3.3　マネジメントの評価

（1）評価の種類

栄養ケア・マネジメントの評価では，実施上の問題点の検討と改善点の把握，有効性，効果，効率を明らかにすることで，評価したい内容によって評価の種類を選ぶ．

① 経過評価（process evaluation）：1週間から6か月の期間での評価．計画されたプログラムが順調に行われているかを評価することを目的にし，計画の実施過程中に行われる場合が多い．

② 影響評価（impact evaluation）：12〜24か月の短期目標に対する評価．介入により健康状態に影響を及ぼすような活動や行動の変容が観察されるかを評価する．

③ 結果評価（outcome evaluation）：1〜10年の中期〜長期目標に対する評価．健康状態や栄養状態の改善の度合，QOLへの反映など，結果目標が達成されたかを評価する．

④ 形成評価（formative evaluation）：プログラムの途中で行われる評価をさし，対象者にフィードバックを与え，プログラムを最大限に成功させるために，プログラムの全体的な達成の見込みを増大させることを目的とする．

⑤ 総括的評価（summative evaluation）：最終的に対象集団（個人）のQOLが望ましい方向

にどの程度変化したかを評価する．費用効果分析（複数の栄養プログラムの効果と費用の比較）や費用便益分析（栄養プログラムにかかった費用とその成果を金額として算出した比較）などの経済評価もあわせて行い，総合的に評価する．

　これらを繰り返すことで，最終的目標（goal）を達成する．この過程をシステム化し，エビデンス（evidence：根拠）に基づく栄養ケア・マネジメントを構築していく．

（2）評価結果のフィードバック

　栄養介入により，栄養管理計画が適切であったかどうかを評価する．栄養評価に基づき，栄養改善計画の立案，栄養改善を実施し，それらの検証を行う．検証結果を踏まえ，計画や実施の内容を改善する．この際，対象からの反応や各評価項目の結果を集積し，分析を行い，栄養プログラム全体にフィードバックを行う．PDCA サイクルに従い，より良いものに改善を行っていく．

（3）評価のデザイン

　栄養管理による対象者への効果については，それらのデータを蓄積し，データを疫学的な手法を用いて客観的な解析を行い，過去のデータと比較・検討を行い，栄養管理における科学的根拠のあるデータとすることが大切である．評価デザインは妥当性と信頼性の高いものを選ぶことが重要である．主な評価デザインを表1.8に示す．

表 1.8　栄養管理の評価のデザイン

評価の方法	概要	研究の実施	結果の信頼性
無作為化比較試験（RCT）	対象者を無作為に対照群と介入群に分けて，効果を比較する．	困難	高い
コホート研究	特定の要因に曝露した集団と曝露していない集団を一定期間追跡し，研究対象となる疾病の発生率を比較することで，要因と疾病発生の関連を調べる観察的研究．前向きコホート研究と後ろ向きコホート研究がある．		
介入前後の比較	対象集団の介入前後の変化を比較し，因果関係を評価する．		
症例対照研究	疾病に罹患した患者（症例）と健康人（対照）を選び，症例と対照で比較する．		
症例報告	ある個別の対象者（症例）への介入前後について1例を報告する．		
実験室の研究	実験室で行われる動物実験や細胞実験などの研究報告．		
経験談・権威者の意見	科学的根拠に基づかない経験談や権威者のコメントによる報告．	容易	低い

（4）栄養マネジメントの記録（報告書）

　適切な栄養管理を行うには，具体的な目標の設定とそれに沿った評価とフィードバックなどが重要であり，そのためには経過記録（報告書）が必要である．栄養状態の評価，栄養教育の内容・評価，今後の教育計画，栄養補給計画などの方針が，誰でも理解できるように共通の言語を用い，統一された形式で記入する．

2 食事摂取基準の基礎的理解

2.1 食事摂取基準の意義

　日本人の食事摂取基準は，健康な個人および集団を対象として，国民の健康の保持・増進，生活習慣病の予防のために，エネルギーおよび栄養素の摂取量の基準を示すものである．2020年版では，栄養に関連した身体・代謝機能の低下の回避の観点から，健康の保持・増進・生活習慣病の発症予防および重症化予防に加え，高齢者の低栄養予防やフレイル（老化に伴う種々の機能低下を基盤とした，要介護状態に至る前段階）予防が食事摂取基準の目的に追加された．また，各指標に関して，科学的根拠のレベルが明示された（図2.1）.

　食事摂取基準の対象は，健康な個人ならびに集団である．生活習慣病などのリスクを有する者，また，フレイルのリスクを有している高齢者であっても，日常生活において歩行や家事などの身体活動を行っている者も対象となる．

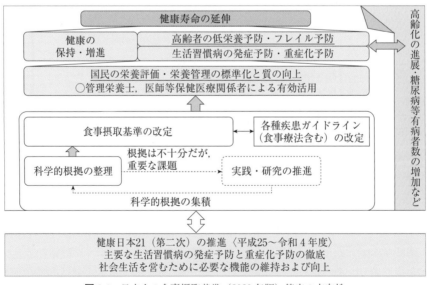

図 2.1　日本人の食事摂取基準（2020 年版）策定の方向性

2.2　食事摂取基準策定の基礎理論―指標の目的と種類

2.2.1　エネルギーの指標

　エネルギーについては，エネルギー摂取の過不足を回避するための指標として，BMI を用いる（食事改善をする場合には，BMI の変化よりも体重のほうが鋭敏に変化する）．

2.2.2　栄養素の指標

　栄養素の指標は，「摂取不足の回避」「過剰摂取による健康障害の回避」「生活習慣病の発症予防」の 3 つの目的と，5 つの指標で構成される（図 2.2）．

（1）栄養素の摂取不足からの回避を目的とした指標の特徴

　① 推定平均必要量（estimated average requirement：EAR）：ある対象集団において測定された必要量の分布に基づき，母集団の必要量の平均値を推定した値を推定平均必要量と定義する．つまり，当該集団に属する 50％の者が必要量を満たすと推定される摂取量である．同時に 50％の者が必要量を満たさない量でもある．推定平均必要量は，摂取不足の回避が目的だが，ここでいう「不足」とは，必ずしも古典的な欠乏症が生じることだけを意味するものではなく，その定義は栄養素によって異なる．

　② 推奨量（recommended dietary allowance：RDA）：ある対象集団において測定された必要量の分布に基づき，母集団に属するほとんどの者（97〜98％）が充足している量として推奨量を定義する．推奨量は推定平均必要量を用いて策定される．推奨量は，実験などにおいて測定された平均必要量に，個人間変動の影響を考慮した値である．理論的には，推定された必要量の平均値に，推定必要量の標準偏差の 2 倍を加えた値として算出される．

　推奨量の求め方は以下のとおりである．

　　　　推奨量＝推定平均必要量×（1＋2×変動係数）

　　　　　　　＝推定平均必要量×推奨量算定係数

　③ 目安量（adequate intake：AI）：特定の集団における，ある一定の栄養状態を維持するのに十分な量として目安量を定義する．十分な科学的根拠が得られず，推定平均必要量が算定できない場合に算定する．実際には，特定の集団において不足状態を示す人がほとんど観察されない量である．健康な多数の人を対象にして，栄養素摂取量を観察した疫学的研究によって得られる．

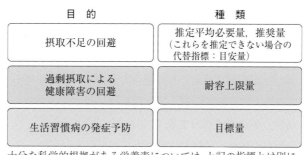

目　的	種　類
摂取不足の回避	推定平均必要量，推奨量（これらを推定できない場合の代替指標：目安量）
過剰摂取による健康障害の回避	耐容上限量
生活習慣病の発症予防	目標量

十分な科学的根拠がある栄養素については，上記の指標とは別に，
生活習慣病の重症化予防およびフレイル予防を目的とした量を設定

図 2.2　栄養素の指標の目的と種類

(2) 栄養素の過剰摂取からの回避を目的とした指標の特徴

　健康障害をもたらすリスクがないとみなされる習慣的な摂取量の上限を与える量として耐容上限量（tolerable upper intake level：UL）を定義する．理論的には「健康障害が発現しないことが知られている習慣的な摂取量」の最大値（健康障害非発現量，no observed adverse effect level：NOAEL）と「健康障害が発現したことが知られている習慣的な摂取量」の最小値（最低健康障害発現量，lowest observed adverse effect level：LOAEL）との間に耐容上限量は存在する．しかし，これらの値は，特殊な集団や動物実験，試験管の中での実験で得た結果であり報告例も少ない．そこで，広く一般集団に当てはめるためには，安全に配慮してNOAELまたはLOAELを不確実性因子（uncertain factor：UF）で除した値を耐容上限量とした．

(3) 生活習慣病の予防を目的とした指標の特徴

　生活習慣病の予防を目的として，現在の日本人が当面の目標とすべき摂取量が目標量（tentative dietary goal for preventing life-style related diseases：DG）である．特定集団において，その疾患のリスクや，その代理指標となる生体指標の値が低くなる状態が達成できる栄養量として算定した（図2.3）．

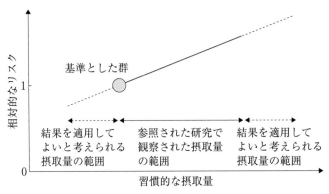

図2.3　目標量を理解するための概念図

　各栄養素の特徴を考慮して，3種類の算定方法を用いた．

　① 望ましいと考えられる摂取量よりも現在の日本人の摂取量が少ない場合：範囲の下の値だけを算定する．食物繊維とカリウムが相当する．

　② 望ましいと考えられる摂取量よりも現在の日本人の摂取量が多い場合：範囲の上の値だけを算定する．飽和脂肪酸，ナトリウム（食塩相当量）が相当する．

　③ 生活習慣病の発症予防を目的とした複合的な指標：構成比率を算定する．エネルギー産生栄養素バランス「たんぱく質，脂質，炭水化物（アルコールを含む）が，総エネルギー摂取量に占めるべき割合」がこれに相当する．

　なお，生活習慣病の重症化予防およびフレイル予防を目的として摂取量の基準を設定できる栄養素については，発症予防を目的とした量（目標量）とは区別して示す．なお，2020年版では，目標量の算定に関するエビデンスレベルが示された（表2.1）．

表 2.1　目標量の算定に付したエビデンスレベル[*1, *2]

エビデンス レベル	数値の算定に用いられた根拠	栄養素
D 1	介入研究またはコホート研究のメタアナリシス，並びに その他の介入研究またはコホート研究に基づく	たんぱく質，飽和脂肪酸，食物繊維， ナトリウム（食塩相当量），カリウム
D 2	複数の介入研究またはコホート研究に基づく	―
D 3	日本人の摂取量等分布に関する観察研究（記述疫学研究） に基づく	脂質
D 4	他の国・団体の食事摂取基準またはそれに類似する基準 に基づく	―
D 5	その他	炭水化物[*3]

＊1　複数のエビデンスレベルが該当する場合は上位のレベルとする．
＊2　目標量は食事摂取基準として十分な科学的根拠がある栄養素について策定するものであり，エビデンス
　　レベルはあくまでも参考情報である点に留意すべきである．
＊3　炭水化物の目標量は，総エネルギー摂取量（100％エネルギー）のうち，たんぱく質および脂質が占め
　　るべき割合を差し引いた値である．

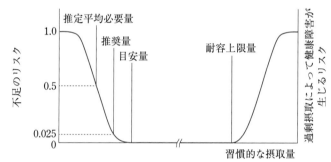

図 2.4　食事摂取基準の各指標（推定平均必要量，推奨量，目安量，耐容上限量）を
　　理解するための概念図

　食事摂取基準5つの指標を理解するための概念を図2.4に示す．横軸は習慣的な食事摂取量，
左の縦軸は不足リスク，右の縦軸は過剰摂取によって健康障害が生じるリスクを示している．
食事摂取量が推定平均必要量と等しいとき，不足確率は0.5（50％），推奨量の付近では0.025
（2〜3％）と不足のリスクはほとんどない．習慣的な食事摂取量が耐容上限量を超えている場合，
過剰摂取による健康障害が生じるリスクがある．摂取量が目安量付近かそれ以上ならば不足し
ていないと考えられる．目標量は，不足確率を示す概念ではないので，この図には示すことが
できない．

（4）年 齢 区 分

　年齢区分は巻末の付録1に示すとおりである．なお，2020年版では，高齢者は65歳以上と
し，年齢区分については，65〜74歳，75歳以上の2つの区分を設けた．

（5）参 照 体 位

　参照体位（身長・体重）は，性および年齢区分に応じ，日本人として平均的な体位をもった
者を想定し，健全な発育および健康の保持・増進，生活習慣病の予防を考える上で，参照体位
（参照身長，参照体重）と呼ぶ．

2.2.3 策定における基本的留意事項

(1) 摂 取 源

摂取源は,食事として経口摂取される通常の食品に含まれる栄養素等が対象である.ただし,胎児の神経管閉鎖障害のリスク低減のために,妊娠を計画している女性,妊娠の可能性がある女性および妊娠初期の女性に付加する葉酸は,通常の食品のみでは必要量を満たせないので,サプリメントなどに含まれる葉酸を摂取源としている.耐容上限量については,通常の食品以外の食品(いわゆる健康食品やサプリメント)由来のエネルギーと栄養素も含むものとする.

(2) 摂 取 期 間

食事摂取基準は「1日当たり」の栄養量を単位としているが,短期間(1日間)の基準ではなく,習慣的な摂取量の基準が示されている.

(3) 外 挿 法

外挿法とは,ある既知のデータをもとに,そのデータの範囲の外側で予想される数値を求める手法である.性別・年齢階級ごとに食事摂取基準を設けるためには,参照値から外挿を行う.推定必要量と目安量を外挿するには,求めたい年齢階級の体重比の 0.75 乗を,耐容上限量の場合は,体重比を用いる.

2.3 食事摂取基準活用の基礎理論

2.3.1 食事摂取基準の活用と PDCA サイクル

管理栄養士が食事摂取基準を活用する際は PDCA サイクルを基本とする(図 2.5).

はじめに,食事摂取状況をアセスメントし,エネルギー・栄養素の摂取量が適切かどうかを評価する.食事評価に基づき,食事改善計画の立案,食事改善を実施し,それらの検証を行う.検証を行う際には再度食事評価を行い,計画や実施内容を改善する.

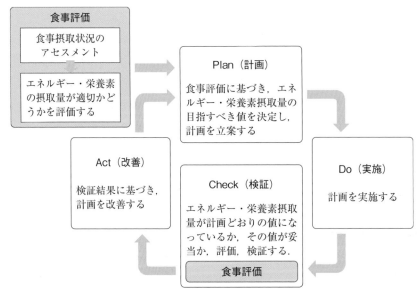

図 2.5 食事摂取基準の活用と PDCA サイクル

▌2.3.2 食事調査などによるアセスメントの留意事項

エネルギーおよび各栄養素の摂取状況を評価するには，食事調査によって得られる摂取量と食事摂取基準の各指標で示されている値を比較することによって行うことができる．ただし，エネルギーの過不足の評価には，BMIまたは体重変化量を用いる．

食事調査によって得られる摂取量には，必ず測定誤差が伴う．食事調査の測定誤差でとくに留意を要するのは，過小申告・過大申告と日間変動の2つである．

また，食事調査からエネルギーおよび各栄養素の摂取量を推定する際には，食品成分表を用いて栄養価計算を行うが，2.3.3項（3）食品成分表の誤差の存在を把握したうえで，評価する必要がある．さらに，エネルギーや栄養素の摂取量が適切かどうかの評価は，生活環境や生活習慣などを踏まえ，対象者の状況に応じて，臨床症状や臨床検査値も含め，総合的に評価する（図2.6）．

代表的な食事調査方法ならびに特徴を表2.2（次ページ）に示した．調査に要する時間・予算，対象者の特徴を見きわめて，調査目的に合った方法を選択する．

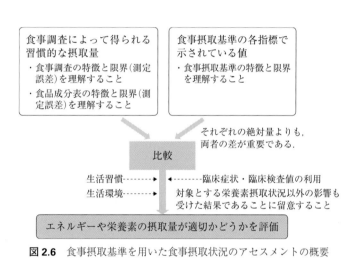

図 2.6 食事摂取基準を用いた食事摂取状況のアセスメントの概要

▌2.3.3 食事摂取基準の活用における基本的留意事項

食事を正確に調査したとしても，食事量には日間変動（個人内変動・個人間変動）や季節変動があるので，習慣的摂取量の本当の値（真の値）は測定することができない．

（1）過小申告・過大申告

24時間思い出し法や食事記録調査のように，食べたものを対象者が自己申告する食事調査では申告誤差が生じる．とくに，エネルギー摂取量は男性で平均11%，女性は15%程度の過小申告誤差があることや，BMIが低い集団では過大申告，BMIが高い集団では過小申告の傾向があることが知られている．

（2）日　間　変　動

食事内容や量は毎日変化するので，栄養素など摂取量には日間変動という誤差がある．食事摂取基準は，習慣的な摂取量を対象にして過不足を評価する基準なので，たとえば1日分の食事が基準を外れていても問題にはならない．

表 2.2 食事調査の種類と特徴

種類		食事記録法 (dietary record)			24時間思い出し法 (24h dietary recall)		食物摂取頻度法 (food frequency questionaire:FFQ)		
特徴	概要	飲食したすべての料理・食品の分量を，記録する方法			前日の食事内容を，口頭で回答する方法		おもな食品・料理の習慣的な摂取頻度を，質問票に択一式で回答する方法		
	記入	自記式			他記式		自記式／他記式		
	期間	連続または1日おきに，1～7日程度			前日，また，調査直近の24時間以内		最近1年間あるいは数か月間		
	種類	秤量法	目安量法	写真法 料理・食品名のメモが必要	面接式	電話式 初回に面接式で実施した者に実施	包括型 100項目以上の食品リストがあり，頻度を回答する方法・頻度と目安量を調査するものを「半定量式」という	簡易型 質問数が少ない簡易型	簡易型 栄養素(Ca，Naなど)を限定した質問票
	摂取状況の把握	飲食した物をリアルタイムで記録／記憶に頼らない			昨日の記憶に依存		過去の直感的な記憶に依存		
調査の実行可能性に関する事項	対象者の負担	大きい			食事記録調査よりは，負担が少ない		少ない		
	調査の事前説明	詳細な説明が必要			不要 インタビュー日程の予約が必要		不要		
	調査者のスキル	熟練したスキルが必須			とくに熟練したスキルが必須		とくに必要ない		
	調査コスト	対象者数に応じたスタッフ人件費がかかる			左に同じ		低コストで，数千～数万人を対象にできる		
結果の精度およびバイアスに関する事項	栄養素などの把握精度	とても高い	高い	高い 後日，映像で検証可能	高い 料理・食品の容量を，重量に換算する一覧表の精度に依存		低い 集団内の相対的量として把握できる		
	調査による行動変容バイアス	バイアスの可能性が大きい			バイアスは生じにくい		バイアスは生じにくい		
	過小評価	書き忘れなければ過小評価は少ない．書くことが負担になり，食事や間食をしないようになると，過小評価になる			食べたものを申告し忘れると，結果は過小評価になる		質問票に未収載の食物は，栄養価が計算されないので，過小評価になる		
	過大評価	過大評価は少ない			食べていない食品を，誤って申告することがまれにある		野菜，果物など健康によいとされる食品の摂取頻度を，多めに回答してしまうと過大評価の可能性がある		

［今枝奈保美：日本スポーツ栄養研究会誌，**6**，10-17，2012 を一部改変］

　したがって，エネルギー摂取量の過小・過大申告および日間変動による影響を可能な限り小さくしたうえで栄養素摂取量を評価することが望まれる．エネルギー調整法としては，密度法や残差法などが知られている．

(3) 食品成分表の誤差

　栄養素の定義に関しては，食事摂取基準と日本食品標準成分表とで異なるものがある．とくにビタミンEやナイアシンは留意を要する．

　食事調査によってエネルギーや栄養素の推定，また，献立からエネルギーや栄養素の量を推定する際には，食品成分表を使用する．ただし，掲載されている個々の食品の栄養量は平均の値であり，実際に食した食品とは誤差が生じる．また，食品成分の誤差のほかに，調理過程でビタミンやミネラルが損失・流出する量や揚げ物料理の吸油量などを正確に見積もることができない点も誤差の原因となる．

▎2.3.4　食事改善を目的とした評価・計画と実施

(1) 個人の食事改善

　エネルギー摂取量の過不足の評価には，成人の場合，BMIまたは体重変化量を用いる．栄養素の摂取不足を評価するには，推定平均必要量と推奨量を用いる．食事調査による摂取量が推定平均必要量に満たない場合は，不足確率が50%以上あるため，摂取量を増やすための対応が求められる．推奨量付近か推奨量以上であれば不足のリスクはほとんどないと判断できる．推定平均必要量がない栄養素は目安量を用いる．摂取量が目安量以上であれば不足のリスクはほとんどないものと判断する．

　栄養素の過剰摂取の評価は，耐容上限量を用いる．摂取量が習慣的に耐容上限量を超えている場合には過剰摂取と判断する．しかし，摂取量には日間変動の誤差があるので，短期間の食事調査結果だけを用いた判断は要注意である．

　目標量は，生活習慣病の発症予防を目的とした評価に用いる．生活習慣病はさまざまな原因で発症するので，ある栄養素だけを過大に重要視するわけにはいかない．目標量は総合的な評価をして食事計画を実施すべきである．

(2) 集団の食事改善

　集団のアセスメントは，摂取量の分布から，摂取不足や過剰摂取の可能性がある人の割合などを推定する．エネルギー摂取の過不足は，その集団のBMIの分布を用いて評価する．エネルギーについては，BMIの目標は年齢別に適切なBMIの範囲が設定されているので，BMIが目標範囲内にある人（また範囲外にある人）の割合を算出する．

　栄養素については，食事調査法によって得られる摂取量の分布を用いる．栄養素の摂取不足を評価するには，推定平均必要量を下回る人の割合を算出する．栄養素の過剰摂取の評価は，耐容上限量を上回る人の割合を算出する．生活習慣病の発症予防を目的とした評価を行う場合は目標量を用いて，摂取量の分布と目標量を比較して，目標量の範囲を逸脱する人の割合を算出する．

▎2.4　エネルギー・栄養素別食事摂取基準

▎2.4.1　エネルギー

　エネルギー出納バランスは，「エネルギー摂取量−エネルギー消費量」として定義される．成人においては，その結果が体重の変化と体格（BMI）であり，エネルギー摂取量がエネルギー

消費量を上回る状態（正のエネルギー出納バランス）が続けば体重は増加し，逆に，エネルギー消費量がエネルギー摂取量を上回る状態（負のエネルギー出納バランス）で体重は減少する．したがって，短期的なエネルギー出納のアンバランスは，体重の変化で評価可能である．一方，長期的には，エネルギー摂取量，エネルギー消費量，体重が互いに連動して変化することで調整される．BMI は，目標にする範囲が年齢別男女共通に策定されていて，2020 年版ではフレイルを予防するために年齢区分が表 2.3 のように変更され，とくに高齢者が目標とする BMI の範囲の下限が 21.5 kg/m^2 に引き上げられた．

表 2.3 目標とする BMI の範囲（18 歳以上）$^{*1, *2}$

年 齢 （歳）	目標とする BMI （kg/m^2）
18〜49	18.5〜24.9
50〜64	20.0〜24.9
65〜74 歳^{*3}	21.5〜24.9
75 歳以上^{*3}	21.5〜24.9

＊1 男女共通．あくまでも参考として使用すべきである．
＊2 観察疫学研究において報告された総死亡率が最も低かった BMI や死亡リスクへの影響，日本人の BMI の実態に配慮し，総合的に判断し目標とする範囲を設定．
＊3 高齢者では，フレイルの予防および生活習慣病の発症予防に配慮する必要があることも踏まえ，当面目標とする BMI の範囲を 21.5〜24.9kg/m^2 とした．

2.4.2 栄養素必要量策定の方法

出納法，要因加算法，飽和量実験法，その他の特徴的な算出方法がある．各栄養素の特徴，たとえば水溶性か脂溶性か，貯蔵される場所，マーカーになる物質の濃度を指標として策定されている（表 2.4）．

表 2.4 ビタミン・ミネラルの推定平均必要量の主な算出根拠

栄養法	出納法	要因加算法	飽和量実験	その他の特徴的な算出根拠
ビタミンA				肝臓中のビタミン A 充足に必要な量
ビタミンB$_1$			○	
ビタミンB$_2$			○	
ナイアシン				欠乏症（ペラグラ）を発症予防する量
ビタミンB$_6$				血漿 PLP 濃度を維持する量
ビタミンB$_{12}$				悪性貧血患者を治療するための量から算出
葉酸				中長期指標である赤血球中の葉酸濃度を根拠に策定．供給源は通常の食品
ビタミンC				壊血病予防の量ではなく，心血管系疾患の予防および抗酸化作用の観点から算定
ナトリウム				ナトリウム不可避損失量で EAR を算出
カルシウム		○		
マグネシウム	○			
鉄		○		
亜鉛		○		
銅				血漿，血清の銅濃度を維持する量
ヨウ素				甲状腺へのヨウ素蓄積量
セレン				血漿グルタチオンペルオキシダーゼ活性値
モリブデン	○			

　出納法は食事からの摂取量と尿と糞便，皮膚等からの排泄量との差を測定して，体内栄養素を維持するために必要な摂取量を算出する．要因加算法は，体内蓄積量，尿中排泄量，鉄の場合は月経血損失量などの要因を明らかにして必要量を推定する方法である．次に，ビタミンB_1，B_2は，最低必要量から徐々に摂取量を増やしていくと，体内で飽和することによって急に尿中排泄量が増加する．この飽和量を根拠としている．

2.4.3　たんぱく質

　たんぱく質の食事摂取基準は，窒素出納法により得られたたんぱく質維持必要量を用いてたんぱく質の必要量を算定している．アメリカ・カナダの食事摂取基準では，19歳以上のすべての年齢区分において，男女ともにたんぱく質維持必要量を 0.66 g/kg 体重/日としており，WHO/FAO/UNU でも同様である．

　　　　たんぱく質の推定平均必要量＝維持必要量＋新生組織蓄積量

　窒素出納法は良質な動物性たんぱく質で行われ，その利用効率（消化率）は 100％と見積もられ，成人の日常食混合たんぱく質の利用効率を 90％と見積もると

$$維持必要量 = \frac{良質な動物性たんぱく質における維持必要量}{日常食混合たんぱく質の利用効率}$$

　　維持必要量（g/日）＝維持必要量(g/kg 体重 /日)×参照体重(kg)

　　推奨量＝推定平均必要量×推奨量算定係数

と表される．

　食事摂取基準 2020 年版では，フレイルを予防するために，50歳以上の年齢層においてたんぱく質の目標量（下限値）が他の年齢層よりも高く設定された（p.27 の表2.5 参照）．

2.4.4　脂　質

　脂質はエネルギー産生栄養素の一種であり，たんぱく質や炭水化物の摂取量を考慮して設定する必要がある．1歳以上について，目標量としてエネルギー比率で示した．脂質の目標量は，日本人の代表的な脂質摂取量を考慮し，目標量の上限は飽和脂肪酸の目標量の上限を超えない脂質摂取量の上限として 30％エネルギー比とした．下限は，日本人の n-6 系脂肪酸，n-3 系脂肪酸，一価不飽和脂肪酸の中央値（目安量）などを考慮し，20％エネルギーとした（表2.5 参照）．

(1) 飽和脂肪酸

　日本人が現在摂取している飽和脂肪酸を測定し，その中央値を目標量（上限）とした．活用の利便性を考慮し，目標量（上限）を7％エネルギーとした．脂質異常症，とくに LDL コレステロール血症の発症や重症化予防の目的より，飽和脂肪酸の低減が求められる．

(2) n-6 系脂肪酸

　平成28年国民健康・栄養調査の n-6 系脂肪酸摂取量の中央値を1歳以上の目安量（必須脂肪酸の量）とした．生活習慣病の重症化予防では，飽和脂肪酸を多価不飽和脂肪酸（現実的には n-3 系脂肪酸よりも n-6 系脂肪酸が大部分を占める)に置き換えた場合の効果が期待される．

(3) n-3 系脂肪酸

　平成28年国民健康・栄養調査の n-3 系脂肪酸摂取量の中央値を1歳以上の目安量（必須脂肪酸としての量：g/日）とした．生活習慣病の重症化予防では，n-6 系脂肪酸と同様である．

n-3系脂肪酸単独では，血中総コレステロールおよびLDLコレステロールへの低下作用はなく，HDLコレステロールをわずかに上昇させると同時に，トリグリセリド（中性脂肪）を下げる効果が認められている.

(4) その他の脂質

一価不飽和脂肪酸は必須脂肪酸でなく，主な生活習慣病への量的影響も明らかでないので，目標量は策定しない．トランス脂肪酸は必須脂肪酸でないため，必要量は存在しないが，冠動脈疾患の明らかな危険因子の1つであり，目標量の算定を考慮すべき栄養素である．しかし，日本人の成人の平均摂取量は，トランス脂肪酸で0.3％エネルギー程度であり，その摂取量およびその健康への影響が飽和脂肪酸に比べてかなり低いなどを勘案して，目標量は策定しない．食事性コレステロールは，「動脈硬化性疾患予防ガイドライン2017年版」では，高LDLコレステロール血症患者ではコレステロールの摂取を200 mg/日未満にすることにより，LDLコレステロールの低下効果が期待できるとしている．よって，脂質異常症の重症化予防の目的から，200 mg/日未満に留めることが望ましい.

2.4.5 炭水化物

(1) 炭水化物

炭水化物は，たんぱく質および脂質の残余として目標量（範囲）を設定した．炭水化物はエネルギー源としての働きと血糖上昇作用がある.

エネルギー源としての炭水化物摂取（制限）の効果は，肥満症患者および過体重者を対象とした多数の介入試験で検証されている．しかし，炭水化物摂取量の制限によって，総エネルギー摂取量を制限すれば減量効果を期待できるが，炭水化物摂取量の制限によって減少させたエネルギー摂取量をほかの栄養素（脂質またはたんぱく質）で補い，総エネルギー摂取量が変わらない場合には，減量効果は期待できない.

(2) 食物繊維

食物繊維摂取量とおもな生活習慣病の発症率または死亡率との関連を検討した疫学研究のほとんどが負の関連を示す一方で，明らかな閾値が存在しないことを示している．アメリカ・カナダの食事摂取基準では，14 g/1000 kcalを目安量としている．成人では理想的には24 g/日以上，できれば14 g/1000 kcal以上を目標とすべきだが，実施可能性は低いので，現在の日本人成人（18歳以上）における食物繊維摂取量の中央値（13.7 g/日）と，24 g/日の中間値（18.9 g/日）を目標量の参照値とした.

食物繊維は，体重，血中総コレステロール，LDLコレステロール，トリグリセライド，収縮期血圧，空腹時血糖で有意な改善が認められており，生活習慣病の重症化予防には，食物繊維の積極的摂取が推奨される.

(3) アルコール

アルコール（エタノール）はエネルギーを産生するが，必須栄養素ではなく，摂取を勧める理由はない．食事摂取基準としては，アルコールの過剰摂取による健康障害への注意喚起を行うに留め，指標は作成しない．アルコールのエネルギー換算係数は7 kcal/gとする.

2.4.6 エネルギー産生栄養素バランス

エネルギー産生栄養素バランスは，エネルギーを産生する栄養素（energy-providing

表 2.5　エネルギー産生栄養素バランス（％エネルギー）

性　別	男　性				女　性			
	目標量[*1]				目標量[*1]			
年齢等	たんぱく質[*2]	脂　質[*3]		炭水化物[*4]	たんぱく質[*2]	脂　質[*3]		炭水化物[*4]
		脂　質	飽和脂肪酸			脂　質	飽和脂肪酸	
0〜11（月）	—	—	—	—	—	—	—	—
1〜2（歳）	13〜20	20〜30	—	50〜65	13〜20	20〜30	—	50〜65
3〜5（歳）	13〜20	20〜30	10 以下	50〜65	13〜20	20〜30	10 以下	50〜65
6〜7（歳）	13〜20	20〜30	10 以下	50〜65	13〜20	20〜30	10 以下	50〜65
8〜9（歳）	13〜20	20〜30	10 以下	50〜65	13〜20	20〜30	10 以下	50〜65
10〜11（歳）	13〜20	20〜30	10 以下	50〜65	13〜20	20〜30	10 以下	50〜65
12〜14（歳）	13〜20	20〜30	10 以下	50〜65	13〜20	20〜30	10 以下	50〜65
15〜17（歳）	13〜20	20〜30	8 以下	50〜65	13〜20	20〜30	8 以下	50〜65
18〜29（歳）	13〜20	20〜30	7 以下	50〜65	13〜20	20〜30	7 以下	50〜65
30〜49（歳）	13〜20	20〜30	7 以下	50〜65	13〜20	20〜30	7 以下	50〜65
50〜64（歳）	14〜20	20〜30	7 以下	50〜65	14〜20	20〜30	7 以下	50〜65
65〜74（歳）	15〜20	20〜30	7 以下	50〜65	15〜20	20〜30	7 以下	50〜65
75以上（歳）	15〜20	20〜30	7 以下	50〜65	15〜20	20〜30	7 以下	50〜65
妊婦　初期					13〜20	20〜30	7 以下	50〜65
中期					13〜20			
後期					15〜20			
授乳婦					15〜20			

＊1　必要なエネルギー量を確保した上でのバランスとすること．範囲に関しては，おおむねの値を示したものであり，弾力的に運用すること．

＊2　65歳以上の高齢者について，フレイル予防を目的とした量を定めることは難しいが，身長・体重が参照体位に比べて小さい者や，とくに75歳以上であって加齢に伴い身体活動量が大きく低下した者など，必要エネルギー摂取量が低い者では，下限が推奨量を下回る場合があり得る．この場合でも，下限は推奨量以上とすることが望ましい．

＊3　脂質については，その構成成分である飽和脂肪酸など，質への配慮を十分に行う必要がある．

＊4　アルコールを含む．ただし，アルコールの摂取を勧めるものではない．食物繊維の目標量を十分に注意すること．

nutrients, macronutrients）として，たんぱく質，脂質，炭水化物（アルコールを含む）と，それらの構成成分が総エネルギー摂取量に占める割合（％エネルギー）として，構成比率を示す指標である．これらの栄養素バランスは，エネルギーを産生する栄養素およびこれらの栄養素の構成成分である各種栄養素の摂取不足を回避するとともに，生活習慣病の発症予防とその重症化予防を目的とする．その指標は目標量とする（表2.5）．

　活用上の注意として，以下の3点にとくに留意すべきである．

① 基準とした値の幅の両端は明確な境界を示すものではないこと．

② 脂質および炭水化物については，構成成分である個々の脂肪酸や個々の糖の構成（とくに飽和脂肪酸と食物繊維）に十分に配慮すること．

③ 疾患の発症予防を試みたり，その疾患の重症化予防を試みたりする場合は，期待する予防の効果とともに，これらの栄養素バランスに関する対象者の摂取実態などを総合的に把握し，適正な構成比率を判断すること．

2.4.7　ビタミン

① 食事摂取基準2020年版では，摂取基準が策定されたビタミンは，脂溶性ビタミン（ビタ

ミンA, ビタミンD, ビタミンE, ビタミンK) 4種類と, 水溶性ビタミン (ビタミンB₁, ビタミンB₂, ナイアシン, ビタミンB₆, ビタミンB₁₂, 葉酸, パントテン酸, ビオチン, ビタミンC) 9種類の計13種類である.

② 推定平均必要量について, ビタミンAは肝臓内の最小貯蔵量を維持するために必要な量, ビタミンB₁, ビタミンB₂は体内貯蔵量の飽和量, ナイアシンは欠乏症, ビタミンB₆, 葉酸は血中濃度の維持, ビタミンCは心臓血管系の疾病予防効果および有効な抗酸化作用として策定された.

③ 目安量について, ビタミンDは血中濃度を参考に, 食事記録法による調査結果, ビタミンE, パントテン酸は国民健康・栄養調査の中央値, ビタミンKは国民健康・栄養調査の結果と日本人のビタミンK摂取量の調査結果, ビオチンはトータルダイエット法による値として策定された.

④ ビタミンDは紫外線の作用により皮膚で産生される. したがって食事からのビタミンDの必要量は個人の生活環境によって異なる. 日照の機会がきわめて乏しい場合は, 目安量以上の摂取が必要となる可能性がある. また, フレイルを予防するには, 可能な範囲内で適度な日照を心掛ける.

> **トータルダイエット法** 国民健康・栄養調査結果の食品群摂取量を基に, 実際の食品を準備して, 必要な調理をしてから定量分析を行う方法. マーケットバスケット調査とも呼ぶ.

2.4.8 ミネラル

① 食事摂取基準2020年版では, 多量ミネラル5種類 (ナトリウム, カリウム, カルシウム, マグネシウム, リン) と, 微量ミネラル8種類 (鉄, 亜鉛, 銅, ヨウ素, セレン, クロム, マンガン, モリブデン) の計13種類について策定された.

② 推定平均必要量について, ナトリウムは不可避損失量, カルシウムは要因加算法, マグネシウムは出納試験で策定された. 微量ミネラルでは, 鉄, 亜鉛は要因加算法, 銅, セレンは血中指標, ヨウ素は体内蓄積量, モリブデンは出納試験により推定平均必要量が策定された.

③ 目安量について, カリウム, リンは国民健康・栄養調査の中央値が用いられ, マンガン, クロムは日本人を対象にした食事調査結果に基づいて策定された.

④ 鉄を過剰に摂取し続けると, 体内に蓄積した鉄が組織や器官に炎症をもたらし, 肝臓がんや心血管系疾患のリスクを高める. 習慣的な過剰摂取については十分に注意する.

⑤ 食塩相当量の目標量は, WHOのガイドライン5 g/日未満と国民健康・栄養調査の中央値との中間をとって, 成人男性7.5 g/日未満, 女性6.5 g/日未満とした. 高血圧およびCKDの重症化予防を目的とした量は食塩相当量6 g/日未満である. さらに重要なのは, ナトリウム摂取量を減らすと同時に, カリウムの摂取量を増やすように心がけることである.

⑥ カリウムの目標量は, 成人の血圧と心血管疾患などのリスクを減らすために, WHOが推奨している3510 mg/日のガイドラインと, 国民健康・栄養調査に基づく日本人摂取量の中央値との中間値を参照して, 目標量を策定した.

3 成長，発達，加齢

3.1 成長，発達，加齢の概念

　ヒトは受精に始まり，出生，成長，発達，衰退の過程を経て死に至る．この一連の過程のことを，ライフサイクルという．ここで，「成長」とは身長や体重などの量的な増加，「発達」とは機能面の成熟のことを指し，成長と発達を合わせて「発育」という．また，「加齢」とは生まれてから死ぬまでの時間の経過を指し，発達を終え完成した生理機能が衰退していくことを「老化」という．

　●ライフステージの区分　ライフサイクルの中で，年代に伴い変化していく段階のことをライフステージといい，以下のように分けられる．

　① 胎生期：妊娠7〜9週までの時期．主要器官系（中枢神経など）の形成時期を胎芽期，続く胎児期は発育が活発な時期で第一次発育急進期がある．

　② 新生児期：生後4週未満．

　③ 乳児期：生後1か月〜1歳未満．

　④ 幼児期：生後1〜5歳．

　⑤ 学童期：6〜11歳の小学生．高学年では第二次発育急進期がある．

　⑥ 思春期：12〜18歳．身体発育と第二次性徴が顕著である．

　⑦ 成人期：18〜64歳．

　⑧ 更年期：50歳前後．

　⑨ 高齢期（老年期）：日本の行政レベルでは65歳以上．WHOは60〜74歳を前期高齢者，75〜84歳を後期高齢者，85歳〜は超高齢者と呼んでいる．

3.2 成長，発達に伴う身体的・精神的変化と栄養

3.2.1 身長と体重の変化

　① 身長・体重（図3.1）は直線的に増加して成人に達し，その後はゆるやかに低下する．

　② 身長，体重とも10〜15歳に男女差が顕著になる．

　③ 成長曲線（図3.2）によると胎児期（図中記号Ⅰ）と学童期後期〜思春期初期（Ⅲ）の2回に成長急伸があることがよくわかる．男女の身長増加速度のピークは男子12〜14歳，女子10〜12歳と女子が先行する（図9.1参照）．これを成長スパートという（9章参照）．

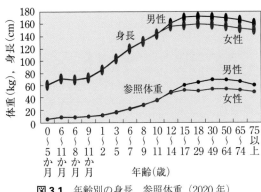

図 3.1　年齢別の身長，参照体重（2020 年）
［日本人の食事摂取基準 2020 年版より］

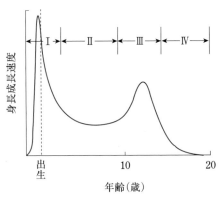

図 3.2　成長曲線
［吉川春寿，芦田淳編：総合栄養学事典，
同文書院，1981，p.405 より］

3.2.2　各器官の変化

　ヒトは生まれてから成人期に至るまでの過程で，各器官が大きく成長する．しかし，各器官の成長パターンは一様ではなく，それぞれ特徴がみられる．スキャモンの発育曲線は，20 歳までの増加量を 100 とした年齢ごとの器官・臓器重量の割合を表したものであり，それぞれの成長パターンは以下の 4 つに分類される（図 3.3）．

　① 一般型：出生後急速に成長し，しばらく停滞した後，思春期に再び急激な成長を示すパターン．成長のピークが 2 回あるため，身長や体重の変化と同じ S 字型の発育曲線を示す（筋肉，骨，呼吸器，消化器，血液量など）．

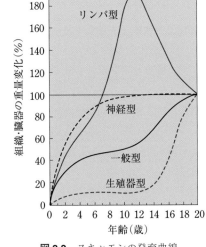

図 3.3　スキャモンの発育曲線

　② 神経型：早期に急成長し，5 歳で成人の約 80％の成長に達し，12 歳までに成長がほぼ完了するパターン（脳，脊髄，末梢神経，頭径など）．

　③ 生殖器型：早期は停滞しているが，思春期に急激に成長し完了するパターン（生殖器，子宮，前立腺など）．

　④ リンパ型：出生直後から急成長し，思春期直前に成人の 2 倍近くに達し，その後は急速に退縮するパターン（胸腺，扁桃腺などのリンパ組織）．

3.2.3　体組成の変化

　体重当たりの体水分量は，新生児が約 80％であるが，成人で約 60％，高齢者で約 50％と加齢に伴い次第に減少していく．これは，加齢に伴う細胞数減少による細胞内液量の低下に起因する．また加齢に伴う体組成の変化として，20 歳頃から除脂肪体重の低下と，脂肪組織重量の増加がみられる．

3.2.4　消化・吸収の変化

　各ライフステージにおける特徴は，以下のとおりである．

① 乳児期では消化・吸収機能は不完全である．これは口腔に歯がなく，胃内容量の発育が不十分で，成人の2〜3Lに比べ，2か月児で約0.1L，5歳児で0.7〜0.85Lと小さい．

② 6か月頃の乳児ではリパーゼ活性が成人の約10％で，胆汁酸の生成も不十分なため脂質の消化・吸収は不十分で，摂取脂質の10〜15％は糞中に排泄されるという．また胃酸で固まったミルクカードは胃内の滞留時間が長くなり，たんぱく質の消化に時間を要する．

③ 生後6〜7か月頃に乳歯が生え始め，幼児期には消化器官が発達し完成する．

④ 程度の差はあるが，20歳頃から消化酵素類の活性がほぼ直線的に低下する（図3.4）．

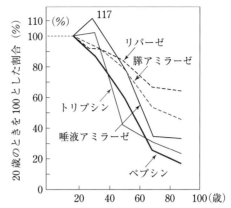

図3.4 加齢に伴う消化酵素活性の変化
[田中敬子ら：応用栄養学，朝倉書店，2009，p.119 より]

▌3.2.5　代謝・免疫の変化

（1）代　謝

基礎代謝基準値（kcal/kg/日）をみると，出生直後が最大で成人まで直線的に低下して最大時の約1/3になり，その後は緩やかな減少を続ける（巻末付録1の表2参照）．妊婦は非妊婦時よりも代謝が亢進するので，エネルギー・栄養素の要求量が高まる．成長期は，体たんぱく質などの生体構成成分の合成量が分解量を上回る．成長が停止した成人では，生体構成成分の合成と分解が等しく，体重がほぼ一定であれば健常である．

（2）免　疫

加齢に伴い免疫機能が低下する．それゆえ，細菌・ウイルスによる感染頻度が増す．加齢により自己免疫能が大きくなり，高齢期はリウマチや膠原病などの自己免疫疾患を患いやすい．担い手のリンパ球のうち，T細胞やナチュラルキラー細胞は2〜3歳でほぼ成人のレベルに達し，また，免疫グロブリン（IgG，IgA，IgM）の血中抗体濃度は5歳でほぼ成人値に達する．アレルギー関連のIgEは1〜2歳でピークを迎え，学童期に消失することが多い．

▌3.2.6　運動，知能，言語，精神，社会性の変化

各ライフステージにおける特徴は，以下のとおりである．

① 乳児期：神経機能が徐々に発達し，表情の豊かさ，言語，情緒の発達が目覚ましい．運動面では，3か月で首がすわり，寝返り，座り，這う，伝い歩き，一人歩きへと進み，1歳半頃には走るようになる．いずれも個体差がある．

② 幼児期：運動面，精神面ともに発達が著しい．運動機能は，粗大運動（全身を使った運動）から微細運動（手や指を使った運動）へと発達し，運動量も著増する．また，知能，言語，情緒，社会性などの精神活動が旺盛になる．1〜3歳頃反抗期がある．

③ 学童期：幼児期に続き精神・運動機能の発達が著しい．情緒表現が豊かになるが，怒り，嫉妬，愛情などを向ける対象者が家庭外にも拡大する．高学年になると思いやりや我慢も出てくるが，同時に精神的な不安感が出始める．友人との妥協や集団で行動する機会が多くなる．

運動機能は筋肉・骨格・運動神経の発達につれ運動能力が著しく伸びる．知的能力の発達も目覚ましく，言語の社会化も始まる．

　④　思春期・青年期：身体的には第二次性徴が現れ，精神発達上は第二反抗期となる．学童期まで以上に自我が確立し，性的関心が強まり，心理的起伏が激しい．学童期後期から思春期にかけて女子の拒食・過食などの摂食障害が増える．さらに，不適切な身体活動（暴力・暴走行為など）や生活習慣（夜型生活，薬物・飲酒・喫煙など）に走り，誤った食生活（外食・夜食・欠食，食品選択など）に染まりやすい時期でもある．

▌3.2.7　食生活，栄養状態の変化

　各ライフステージにおける特徴は，以下のとおりである．

　①　胎児・新生児期の低栄養は成人期における慢性疾患の発症につながる（イギリスのD. Baker ら）．

　②　できるだけ母乳を与える．乳汁で育った乳児は5か月当たりから離乳食が必要．あわせて偏食予防が大切な時期．幼児期では3食に加えて栄養バランスのよい間食が必要．

　③　学童・思春期以降は肥満の防止が重要．

　④　とくに思春期・青年期における女子の摂食障害の予防が必要である．

▌3.3　加齢に伴う身体的・精神的変化と栄養

▌3.3.1　老化とは

　加齢に伴い，臓器や器官を構成する細胞の数が減少していく．細胞数の減少による臓器重量の低下とそれに伴う生体機能の衰えが，個体の老化へとつながっていく．個々の細胞レベルで老化が起こる原因として，プログラム説やエラー蓄積説などが提唱されており，これらの機構が互いに関連し老化が進行すると考えられる．

（1）プログラム説（遺伝因子）

　細胞の寿命は，細胞内のDNAに組み込まれたプログラムによって規定されている．染色体の末端にあるテロメア領域は，細胞分裂によりDNA複製が行われるたびに短小化するが，一定の長さ以下になると細胞分裂が停止する．

（2）エラー蓄積説（環境因子）

　紫外線，放射線，化学物質などの環境要因や，それらへの曝露によって体内で生成された活性酸素種（フリーラジカル）などは，DNAに損傷を与え，DNAからRNAをへて体たんぱく質ができる過程で多くのエラーを生じさせる．その結果，細胞数の減少や細胞機能の低下を招く．

▌3.3.2　臓器の重量と機能の変化

　加齢により組織・器官の萎縮が起こるため，大部分の臓器重量が減少する（図3.5）．生理機能も加齢に伴い神経伝導速度，基礎代謝などの諸機能がほぼ直線的に低下する（図3.6）．

▌3.3.3　疾患の特異性

　身体・精神機能の低下に関連し特有の症候が生じる．ここではおもな疾患名を列記する．

　①　精神神経疾患：認知症，パーキンソン病，うつ病

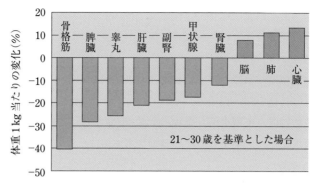

図 3.5 高齢期における組織・臓器の重量の変化
[鈴木和春編：応用栄養学，光生館，2006，p.28-29 より]

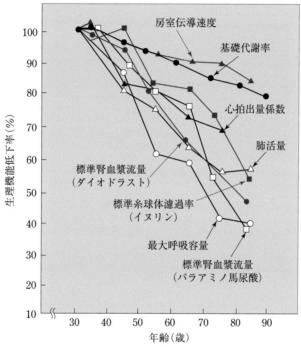

図 3.6 加齢に伴う各種生理機能の低下
[鈴木和春編：応用栄養学，光生館，2006，p.28-29 より]

② 呼吸器疾患：慢性閉塞性肺疾患（COPD），肺炎

③ 循環器疾患：動脈硬化を基盤とする狭心症・心筋梗塞・脳血管障害，高血圧症

④ 消化器疾患：食道炎，消化性潰瘍

⑤ 腎臓・泌尿器疾患：透析に伴う腎・アミロイドーシス，男性の前立腺肥大症

⑥ 内分泌・代謝疾患：糖尿病，リウマチ，痛風

⑦ 骨・運動器疾患：骨粗鬆症，変形性関節炎，関節リウマチ

⑧ その他：老人性白内障，さまざまな癌（がん），過剰栄養・低栄養（PEM），貧血

■ **3.3.4 生理的特性**

加齢に伴う予備力・適応能力の低下現象として，記憶力，視力・遠近調節力，聴力，味覚の

受容能，咀嚼・嚥下機能，痛覚，平衡感覚，排泄機能など生理機能の退行がある．また，生体の防御・免疫機能の低下に伴い感染症の反復や悪性腫瘍が起きやすい．

▌3.3.5　心理的特徴

性格が安定積極型（情緒安定，活動的，社会的適応力あり，対人関係良好）でありたいものであるが，加齢に伴い徐々に崩れ，頑固，保守的，活動低下傾向になり，老後や死に対する不安を抱くようになる．配偶者の死は不安に拍車がかかり，うつ状態に移行しやすいが，いずれも個人差が大きい．

▌3.3.6　栄養状態の特徴

活動量，基礎代謝の低下によって肥満者が増える一方で，寝たきり・要介護者などに低栄養状態が多くみられる．これらの原因を特定するのは，個人差も大きく，なかなか困難である．個別の具体例ごとに多面的に観察して解析することが要求される．

4 妊 娠 期

4.1 妊娠期の生理的特徴

4.1.1 妊娠の成立

　排卵した卵子は卵管采にキャッチされ，卵管に進入してきた精子と出会って受精する．受精卵は分裂を繰り返しながら，輸卵管内を運ばれて3〜4日で子宮に到達し，その後2〜3日で子宮に着床する（妊娠の成立）．妊娠期間は，正確には着床した日から計算するべきであるが，実際には困難であるため，最終月経開始日から起算して，1週間ごとに週数で示している（40週の最初の日が予定日になる）．着床した受精卵は子宮内膜に埋没して，細胞分裂を繰り返しながら成長し，胎児，胎児付属物を形成していく（次ページ図4.1）．

4.1.2 胎児の成長

　着床後，器官や組織の主要な構造が分化し形成されるまでを胎芽期といい，ヒトとしてのおもな構造が形成される妊娠8週以降を胎児と呼ぶ．胎児のおもな器官は妊娠16週頃にほぼでき上がり，卵膜の中で羊水に浮かんだ状態となっている．とくに，着床後，妊娠の初期は胎児の主要な器官の分化が急速に行われ，外界からのさまざまな刺激の影響を受けやすい時期である．母体の感染，薬物，放射線などによって奇形の発生の危険をはらんでいるので，注意を要する．

　妊娠中の胎児の成長について表4.1に示す．

表4.1　妊娠中の胎児の成長

妊娠	身長(cm)	体重(g)	成長内容
1か月末	約0.4	—	鰓（えら）と長い尾部ができる
2か月末	約3	—	鰓が消え，尾が短くなり，ヒトの外観になる．耳・目・口が発生
3か月末	約9	約20	外陰部が形成され性の区別ができる
4か月末	約16	約100	うぶ毛を生じる．胎盤が形成される
5か月末	約25	約250	全身にうぶ毛がみられ，頭髪・爪が発生する．胎動を感じる
6か月末	約30	約650	胎脂が生じる
7か月末*	約35	約1000	しわが多く老人様顔貌
8か月末	約40	約1500	全身にうぶ毛を有する
9か月末	約45	約2000	皮下脂肪増加により老人様顔貌なくなる．顔・腹部のうぶ毛消失
10か月末	約50	約3000	発育完了．成熟児

＊この時期以降の娩出では，現代の医療では，かなりの確率で生育可能である．

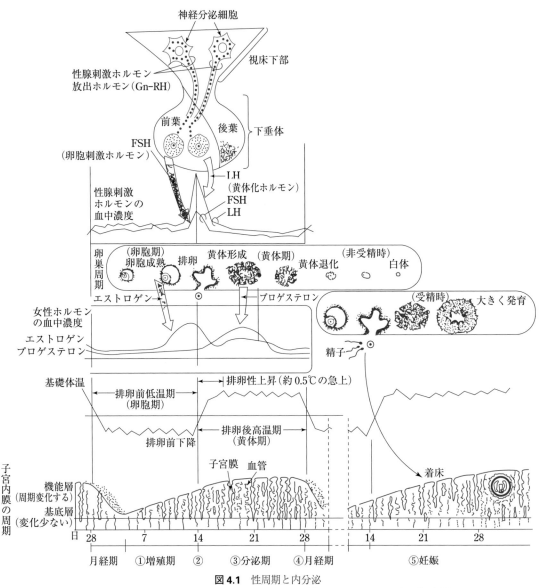

図 4.1　性周期と内分泌

［堺章：新訂　目でみるからだのメカニズム，医学書院，2000，p.105 を一部改変］

■4.1.3　胎児付属物

①　胎盤：胎児の栄養補給にとって一番重要なのは胎盤である．胎盤は子宮内膜が変化した脱落膜と胎児の絨毛膜，毛細血管から発達してつくられた臓器で，妊娠 12〜16 週までに完成し，1 か月に約 50〜60 g の割合で増加し，妊娠末期には約 400〜500 g となる．胎盤の役目は母体と胎児との間のガス交換，物質交換，そしてホルモンの産生である．胎盤から胎児への通過物質は，抗原，ウイルス，薬物などもあるため妊娠中の感染には注意を要する．

②　卵膜：胎児を羊水とともに包む膜である．胎児の組織からなる羊膜，絨毛膜，子宮内膜が変化してできた脱落膜の 3 層からなる．

③　羊水：羊膜腔を満たしている pH 8〜9，比重 1.006〜1.012 程度の液で，羊膜上皮からの

分泌液，母体血液からの滲出液と胎児の排泄した尿からなる．液量は妊娠8か月頃最大となり，その後減少していく．羊水は胎児や臍帯への外部からの衝撃を緩和させ，子宮内での胎児の運動を自由にし，四肢の順調な発育を助ける．母体に対しては胎動を和らげる働きをしている．

④ 臍帯：胎児の臍と胎盤をつなぐ長さ約50 cm，直径約1〜1.5 cmのひも状で，中央部に1本の臍帯静脈と2本の臍帯動脈が走行している．臍帯静脈には胎盤から栄養素や酸素を胎児に送る動脈血が，臍帯動脈には胎児の代謝産物や二酸化炭素を含む静脈血が流れている．

4.1.4 妊娠による母体の変化

(1) ホルモンの変化

① ヒト絨毛性ゴナドトロピン（hCG）：妊娠初期に多く分泌される．胎盤からの黄体ホルモン（プロゲステロン）の分泌開始まで黄体維持の働きをする．hCGは非妊娠時は分泌されないため，妊娠の診断に用いられる．

② 黄体ホルモン（プロゲステロン）：妊娠初期は黄体から，8週以降頃は胎盤から分泌される．妊娠中の排卵の抑制，妊娠の持続に必要である．

③ エストロゲン（エストラジオール）：妊娠初期は黄体から，8週以降頃は胎盤から分泌される．妊娠の維持に必要である．

④ エストロゲン（エストリオール）：おもに胎盤から分泌される．妊娠後半期に増加する．子宮や胎児の発育に必要である．

⑤ ヒト胎盤性ラクトゲン（hPL）：胎盤から母体血中に放出される．胎児の発育・成長に必要である．血中濃度から胎盤機能を判定する．

(2) 体重の変化

妊娠由来による生理的体重増加は通常は7〜12 kg程度である．それ以上の増加は肥満によるものと考えられる．妊娠中の体重増加は，妊娠中期以降から顕著に増加しはじめ，その内訳は，胎児および胎児付属物が約5〜6 kg，母体の子宮，乳房の発育に約1 kg，母体の循環血液量，組織液に約1.5 kg，残りが浮腫，脂肪蓄積の増加によるものと考えられる．

(3) 子宮の増大

非妊時の子宮は，重さ約50 gであり，鶏卵よりやや小さいが，妊娠20週頃では大人の頭くらいまで増大し，妊娠末期では重さ約1000 gに増加する．

(4) 乳房の変化，皮膚の変化

乳房は，妊娠の初期（5週頃）から乳腺の肥大や増殖，脂肪組織の増加によって腫大して，妊娠末期には非妊時の2〜3倍になる．乳輪および乳頭には色素が沈着して暗褐色となる．乳輪は乳房に広がり，その中に多数の小突起を認めるようになる．これをモントゴメリー腺という．妊娠中には乳頭，外陰部，腹部の正中線，顔面などに色素沈着が起こるが分娩後には次第に消失していく．子宮や乳房が急速に肥大するにつれて，皮膚や皮下脂肪が伸びるが，表皮は急には伸びきれないので，皮膚の表面に縦状に断裂した線を生じる．これを妊娠線と呼んでいる．

(5) 嗜好の変化

妊娠中には70〜80％の妊婦に味覚，嗅覚に何らかの変化が認められ，味覚のうち塩味，甘味，酸味を識別する能力は非妊時より鈍るといわれている．妊娠中の嗜好の変化には個人差が認め

られるため，嗜好の変化を把握しておくことは妊婦の栄養管理上重要である．

(6) 代謝の変化

① エネルギー代謝：基礎代謝は妊娠中に亢進する．とくに妊娠の中期以降は大きく増加し，末期には＋20〜30％程度になるといわれている．身体各部の酸素消費量から考えると，妊娠末期では，この基礎代謝の1/2は胎児・胎盤由来のもので，母体の心拍動や呼吸量の増大によるものは1/3にすぎないとされ，酸素消費量の増大がおもに子宮動脈領域に集中して起きている．

　妊娠中の基礎体温は，妊娠13〜16週ぐらいまで高温相（37 ℃前後）が続く．この生理的な体温上昇は，プロゲステロンの作用によって代謝が亢進するためといわれている．基礎体温は妊娠16週を過ぎると次第に下降し，24週以降になると低温相にもどり，そのまま分娩時まで維持される．

② たんぱく質代謝：妊婦のたんぱく質代謝の機構は非妊時と大差ないといわれているが，たんぱく質の代謝は胎盤からのホルモンにより亢進し，とくに妊娠後半期では，エストロゲンやhPL，インスリンの同化作用によって，血液量の増大，子宮や乳腺の発達，胎児・胎盤の発育などに多量のたんぱく質の蓄積がみられる．妊婦の体重増加のうち，たんぱく質の蓄積量は母体と胎児はほぼ同量である．なお，胎児では，妊娠初期からたんぱく質の蓄積が認められる．

③ 脂質代謝：妊娠中は非妊娠時に比べて，血中脂質が高い傾向にある．これは，妊娠中のホ

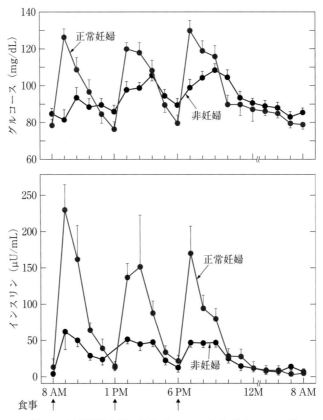

図 4.2 正常妊娠末期の母体グルコースおよびインスリン値
[Phelps RL et al., *Am. J. Obstet Gynecol*, 1981 改変]

ルモンの分泌と深く関係している．胎児への脂肪の蓄積は，妊娠初期にはあまり行われず，妊娠後半期以降である．妊娠中の母体の脂質代謝は，妊娠前半は脂質を蓄積する同化作用，後半期は脂肪を分解する異化作用をすることが特徴である．これは，胎児へのエネルギーの供給のためであり，妊娠末期において胎児へ急激な脂肪の蓄積をもたらす．

　正常妊娠の妊婦の血液は，高脂肪（とくにトリグリセリド），低グルコース，低たんぱくになっており，この低グルコース状態の補正のために，胎盤由来のホルモンによって，脂質とたんぱく質の異化が進み，肝臓での糖新生が亢進してくる．胎児発育のおもなエネルギー源はグルコース（ブドウ糖）であるから，これを効率よく供給するための妊娠による適応であると考えられている．

④ 糖代謝：胎児の発育に必要なエネルギーとしてはグルコースが重要な役目を果たしているが，糖の貯蔵には限度があるので，妊婦は必要に応じて，脂質，たんぱく質もエネルギー源に利用できるようなメカニズムになっている．

　妊婦に糖負荷試験をすると，血糖値は非妊娠時に比べて空腹時に低く，摂食後には高い状況となる．また，インスリン値は，空腹時には非妊娠時と比べても大きな差がないにもかかわらず，摂食後は高インスリン血症をきたす．摂食すると，血糖値は非妊娠時よりも上昇するが，高インスリン血症のため，同化が促進され，血糖値は下降する．このことから妊婦は，胎児へのグルコース供給を円滑にするためにインスリン抵抗性が高いとされる（図4.2）．

(7) 血液・循環器系の変化

　妊娠中は，胎盤循環におけるガス交換を容易にし，胎児への供給などのためにも，血液循環量が著しく増加し，とくに妊娠後半期の8か月頃には血漿量は非妊時の+40〜50%，赤血球数は+15〜30%になる．したがって，血液は非妊時に比べて薄まった状態になり，赤血球数，血色素量，ヘマトクリット値は低下傾向にある．白血球数は増加し5000〜12000個/μLになることもある．血小板数はやや減少し，フィブリノゲンは+30〜50%増え，血液は凝固しやすくなり，血沈も促進する．

(8) 呼吸器系の変化

　妊娠すると酸素の消費量は約20%程度の増加が認められる．妊娠末期になると，子宮によって横隔膜が圧迫されるため，肩で呼吸をするようになり，肺の換気能力がよくなる．呼気中の二酸化炭素（CO_2）が増し，酸素（O_2）は減り，呼吸数と呼吸の深さが増加する．1回の換気量は約40%増量し，やや過呼吸の状態が持続する．

(9) 消化器系の変化

　消化器の機能そのものには，あまり変化は認められない．妊娠初期には大多数の妊婦につわりが出現する．つわりは，経産婦よりも初産婦に多く，一般的には，胎盤が形成される妊娠12〜16週に自然に消失する．なお，妊娠末期になると子宮の増大によって胃が押し上げられ，腸管が圧迫されることと，プロゲステロンの作用によって消化管の運動機能が低下して，胃もたれや便秘が起こりやすくなる．

(10) 泌尿器系の変化

　妊娠による子宮増大のために，膀胱，尿管が圧迫され，頻尿（尿意頻数），尿失禁，尿の滞留などが起こりやすくなる．また，物質代謝が亢進するために老廃物が増加して，腎血流量，

糸球体濾過率はともに上昇する．腎機能は高まるので，クレアチニンや尿素は効率的に排泄されるが，グルコースやたんぱく質の排泄も高まるので，正常妊婦においても，一過性の糖尿やたんぱく尿がみられることがある．また，アルドステロンが増加し，腎尿細管でのナトリウムの再吸収が促進するため，ナトリウムが蓄積しやすく浮腫になりやすい．

（11）骨・関節系の変化

妊娠すると，骨盤関節の結合組織や付属する靱帯が柔らかくなり関節は移動性が増す．また，新生児の体内カルシウムは約 25〜30 g で胎児期に母体から供給される．妊娠末期には子宮が前方に突き出るため，脊柱のわん曲が起きやすくなる．

（12）精神・神経系の変化

妊娠中には，精神・神経が過敏になり，時に憂鬱傾向，全身倦怠，頭痛，歯痛，神経痛などが認められる．自律神経の乱れから感情が不安定になり，分娩への不安などを訴えることもあるが多くは一過性のものである．

▌4.1.5　分 娩

分娩は妊娠経過の期間によって種類分けされている．

　　流　産：妊娠 12〜22 週未満の妊娠中断

　　早　産：妊娠 22〜37 週未満までの分娩

　　正期産：妊娠 37〜42 週未満の分娩

　　過期産：妊娠 42 週以降の分娩

分娩とは，胎児およびその付属物（胎盤，卵膜，臍帯，羊水）が子宮筋収縮（陣痛）と腹圧によって，産道を通って母体外へ排出されることをいい，娩出力，胎児，産道を分娩の三大要素という．

▌4.1.6　産 褥

妊娠や分娩によって変化した母体が妊娠前の状態に回復するまでの期間を産褥期といい，一般的には 6〜8 週間を要するといわれている．

分娩直後の子宮の大きさは，子供の頭くらいであるが，出産後 6 週間で妊娠前の大きさに戻るといわれている．子宮の復古は母乳を与えている産婦では促進され，出血や感染などは子宮復古を妨げる．全身的な回復や生活の適応が認められるのには 6〜12 か月を要するといわれている．

●**悪露**　産褥期に排泄される分泌物を悪露という．おもに，子宮粘膜からの分泌物で，はじめは血性，後に粘液性になり，約 3〜4 週間で止まる．なお，母乳栄養の授乳婦は悪露の量も少なく，持続期間も短いといわれている．

4.2　妊娠期の栄養的特徴

▌4.2.1　妊娠期の食事摂取基準

妊娠期は，非妊娠時の年齢階級別食事摂取基準に付加すべき量を食事摂取基準としている．妊婦の付加量は，胎児の成長，胎児付属物，母親の子宮の増大などを考慮して算定されている．区分は，妊娠期を妊娠初期（〜13 週 6 日），妊娠中期（14 週 0 日〜27 週 6 日），妊娠後期（28

週0日～）の3区分としている.

妊娠期に注意すべきエネルギーおよび栄養素について以下に述べる。

(1) エネルギー

妊婦のエネルギー付加量は，妊娠による総エネルギー消費の変化量とエネルギー蓄積量の合計として求められる．妊娠中の総エネルギー消費量の増加率は，妊娠初期，中期，後期とも妊婦の体重増加率とほぼ一致している．そのため，妊娠による各時期の総エネルギー消費の変化量は，最終体重増加量11 kgに対応するように補正すると，初期＋19 kcal/日，中期＋77 kcal/日，後期＋285 kcal/日となる．また，エネルギー蓄積量は，妊娠によるたんぱく質および脂肪としてのエネルギー蓄積量から，初期44 kcal/日，中期167 kcal/日，後期170 kcal/日と推定される．これらの値から妊娠期の付加量は，初期50 kcal/日，中期250 kcal/日，後期450 kcal/日と設定されている.

(2) たんぱく質

妊娠期の体たんぱく質蓄積量は，体カリウム増加量によって間接的に算定でき，体重増加量による変化を考慮して求められる．妊娠各期のたんぱく質蓄積量の比は，初期：中期：後期＝0：1：3.9であることから，1日の体たんぱく質蓄積量は初期0 g/日，中期1.94 g/日，後期8.16 g/日となる．推定平均必要量の付加量は，たんぱく質の蓄積効率（43％）を考慮して，初期0 g/日，中期5 g/日，後期20 g/日とした．さらに推奨量の付加量は，初期0 g/日，中期5 g/日，後期25 g/日と設定されている.

目標量の設定は，妊婦の推奨量の％エネルギー値を考慮し，妊娠初期と中期は13～20％，後期は15～20％としている.

(3) ビタミンA

妊娠期間中に3600 μgのビタミンAが胎児に蓄積され，このほとんどの量が妊娠期最後の3か月に蓄積される．そのため，妊娠後期に必要量が設定されており，推定平均必要量の付加量は60 μgRAE/日，推奨量の付加量は80 μgRAE/日としている．過剰摂取は胎児奇形をもたらす可能性があるため，成人の耐容上限量（2700 μgRAE/日）以上の摂取は望ましくない.

(4) 葉酸

葉酸の欠乏は，母体の巨赤芽球性貧血と胎児の神経管閉鎖障害の発症に影響する．妊娠中期，後期は葉酸の分解と排泄が促進するとされる．妊婦の赤血球中葉酸濃度を適正量に維持することができる量として中期・後期の推定平均必要量の付加量は200 μg/日とし，推奨量の付加量は240 μg/日と設定されている．また，胎児の神経管閉鎖障害は受胎後およそ28日で閉鎖する神経管の形成異常である．そのため，妊娠を計画している女性および妊娠初期は，神経管閉鎖障害の発症予防に有効な赤血球中葉酸濃度を達成するために，通常の食品以外の食品に含まれる葉酸（プテロイルモノグルタミン酸）を400 μg/日摂取することが望まれている.

(5) カルシウム

新生児の身体に含まれているカルシウムの大半は，妊娠後期に母体から供給，蓄積され，一方で，妊娠中は母体の腸管からカルシウムの吸収率が著しく増加する．これらのことから付加の必要はないとされている．しかし，非妊娠時よりカルシウム摂取量が推奨量未満の女性は，母体と胎児の需要に対応するため推奨量を目指すべきである.

（6）鉄

　妊娠期に必要な鉄は，汗や便などの基本的鉄損失に，①胎児の成長に伴う鉄貯蔵，②臍帯・胎盤中への鉄貯蔵，③循環血液量の増加に伴う赤血球量の増加による鉄需要の増加があり，この需要の大半が妊娠中期や後期に集中する．また，妊娠中の中期以降はおもに非ヘム鉄の吸収率が約 40％まで増加するといわれている。妊娠期はこれらの鉄の需要量と吸収率を考慮して付加量が算出されている．推定平均必要量の付加量は，初期 2.0 mg/日，中期・後期 8.0 mg/日，推奨量の付加量は，初期 2.5 mg/日，中期・後期 9.5 mg/日と設定されている．

4.2.2　各妊娠期の食事の留意点

　① 妊娠以前：最近の若い女性はやせ願望が強く，無理なダイエットによって低栄養による貧血や無月経などが認められる一方で，一定数の肥満も認められる．妊娠前の健康状況は不妊や妊娠時の母児の異常などを招きやすい．妊娠中の健康維持や健康な子どもを出産するためには，妊娠前からの食生活について適切な管理が必要である．

　② 妊娠初期（〜13 週 6 日）：妊娠初期は，つわりのために食事摂取量が減少することがあるが，胎児の発育に必要な栄養は少ないので，母体に必要な栄養摂取を心がける．つわりによる嘔吐がある場合には食べやすいものを食べて脱水予防のために水分摂取に注意する（4.4.1 項参照）．妊娠初期はエネルギーの付加量は少ないので，食べ過ぎないように気をつける．

　③ 妊娠中期（14 週 0 日〜27 週 6 日）：妊娠の継続上では安定期とされている．母体や胎児付属物による血液量の増加や胎児の成長による骨格・筋肉増加などのために食事を心がける．妊娠中期になるとつわりが消失する妊婦が多く，この頃から食欲が増すことがあるためエネルギー過剰に気をつけ，過度に体重が増加しないよう注意する．

　④ 妊娠後期（28 週 0 日〜）：胎児の成長が急速におこるためバランスの良い食事を心がけて，とくに妊娠高血圧症候群の発症予防のために塩分の摂取過剰や休養に注意する．妊娠後期は胎児の成長により子宮が増大し胃が圧迫されて非妊娠時のように一度に多くの食事量を摂ることが困難である．少量ずつ，何回にも分けて食事を摂るようにする．

4.3　妊娠期の栄養アセスメント

　日本での母子保健推進に関する法律をみると，妊産婦手帳制度（現在の母子健康手帳），児童福祉法・労働基準法，母子保健法，男女雇用機会均等法，育児介護休業法などがある．こうした法律の制定や改正によって，妊娠，出産，育児を取り巻く環境は良好になってきた．なかでも，母子健康手帳制度は，妊娠期の母体および胎児の健康管理と，出産後の母子の健康管理に大きく貢献している．

4.3.1　臨 床 診 査

　① 年齢：母体の年齢は，妊娠によるリスクを考える上で重要である．たとえば，20 歳未満の若年妊娠は，低出生体重児や妊娠・分娩に関する知識不足から，妊娠期の管理不十分になりがちである．一方で，35 歳以上の高年初産婦では，妊娠高血圧症候群や流早産，周産期死亡，分娩異常，帝王切開などの頻度が高くなる．また，35 歳以上になると，卵子の老化による遺伝子異常などの発生率も高くなる．

② 妊娠兆候：妊娠によって母体に現れるさまざまな症状を妊娠兆候という．本人自身が気づく自覚兆候と，医師や助産師が決定する他覚兆候がある．産婦人科を受診するきっかけとなる妊婦の自覚兆候としては，月経停止，つわり，微熱（基礎体温が低下しない）がある．

③ 既往歴：非妊時の病歴，前の妊娠・出産の状況などは，妊娠中の母体の健康維持や胎児の発育，分娩などに影響を及ぼすことがあるため，妊婦本人はもちろんのこと家族の状況についても把握しておく必要がある．糖尿病，高血圧，腎疾患，循環器疾患などは妊娠にとって重要な危険因子となるためしっかりと把握しておく．

④ 妊娠・出産・分娩回数：過去の妊娠・分娩，産褥の経過は，新たな妊娠の経過や出産に影響することが多い．妊娠経過（合併症の有無），分娩方法（正常分娩か帝王切開分娩か），分娩異常の有無などについて把握する必要がある．

▌4.3.2　臨床検査

① 血圧：妊娠中は心拍出量，循環血液量などは増加するが，動脈末梢血管抵抗が減少するために，通常は血圧に大きな変動はみられない．血圧は妊娠高血圧症候群の指標として重要である．特に，妊娠末期には血圧上昇が重篤な症状の兆候になることも多いため，頻繁な検診が必要である．

② 尿たんぱく・尿糖：妊娠中の尿の検査では尿たんぱくと尿糖が行われる．尿たんぱくは正常でもごく少量排泄することがある．妊娠中の尿糖においても排泄されることはめずらしくない．連続して出現する場合は注意が必要である．

③ 血液検査：妊娠中は血液量の増加のため赤血球は増えるが，血漿量の増加はそれ以上であるので，単位当たりの赤血球数，ヘモグロビン値，ヘマトクリット値が低下する．血清総たんぱく質，アルブミンは胎児の需要増加のために減少する．白血球数，血清脂質は総コレステロール，HDL コレステロール，中性脂肪とも増加傾向が認められる．

▌4.3.3　身体計測

① 身長：身長は骨盤の大きさと関連し，低身長（150 cm 未満，特に 145 cm 以下）の女性では狭骨盤の確率が高く，帝王切開になる場合が多い．

② 体重：妊娠中の栄養状態を評価する重要な指標となる．また，非妊時の肥満や過度のダイエット，るい痩は不妊の原因にもなる．妊娠初期にはつわりのため体重が減少することがあるが，過度の体重減少をもたらさなければ，母体，胎児ともに大きな影響はないといわれている．妊娠による生理的な体重増加は非妊娠時に体格が普通体重（BMI 18.5 以上 25.0 未満）の場合は 10～13 kg（表 4.2 参照）とされているが，過度の体重増加は，妊娠高血圧症候群，微弱陣痛などの一因となる可能性がある．

③ その他：浮腫の有無と程度，腹囲と子宮底長の計測，超音波による胎児診断などがある．

▌4.3.4　生活習慣

① 喫煙：妊娠中の喫煙は，血管の収縮をもたらし，血行障害，低酸素状態を引き起こし，喫煙習慣のある妊婦は，ない妊婦より低体重児の発症頻度が高い傾向がみられる．妊娠中の喫煙は禁忌とするべきであり，さらに家族や周囲の喫煙による受動喫煙についても注意する必要がある．

② 飲酒：妊娠中の飲酒は，催奇形，発育遅延などの胎児アルコール症候群を起こすことがあ

り，特に分裂期にある妊娠初期の飲酒には注意する必要がある．

③ 服薬：妊娠中の服薬による胎児への副作用は，形成不全，臓器異常，代謝異常などのさまざまな催奇形への影響がある．とくに，臓器が形成される妊娠初期に催奇形因子（服薬，ウイルス感染など）が作用すると，胎児異常が起きることがあるので，服薬やレントゲン撮影など医師の指示を受けるべきである．

④ 身体活動：正常な妊娠経過をたどっている妊婦は原則として，普通の生活を維持することは問題ない．ただし，腹圧がかかるような動きや，激しい急激な運動は避ける．また，妊娠中から新たに運動を始める必要はない．妊娠中に適した運動としては，散歩，妊婦体操，妊婦エアロビクス，妊婦水泳などがあるが，専門のインストラクターのもとで定期的に医師のチェックを受けることが望ましい．

⑤ 労働環境：女性の社会参加の増加に伴い，勤労妊婦の割合が増加している．勤労妊婦は働いていない妊婦よりも妊娠中，および出産時の異常発生率が高いといわれている．しかし，異常発生頻度は労働条件によっても大きく異なっているため確認が必要である．出生率の確保のためにも，働く妊婦の労働条件の向上は重要な懸案である．

4.4 妊娠期の栄養と病態・疾患，生活習慣

4.4.1 つわり，悪阻

つわりは月経停止後，妊婦が最初に自覚する妊娠兆候である．おもに，胃部不快感や，早朝，空腹時の吐き気，嘔吐などの胃腸症状のほか，味覚の変化などを感じることもある．つわりは妊婦の70～80％が体験し，妊娠5～6週から始まり，胎盤が形成される妊娠16週くらいまで続く．つわりの症状や期間は個人差が大きく，まったく感じない者や出産まで持続する者までさまざまであるが，一般には，栄養面での大きな影響は認められない．

つわりの症状が正常の範囲を超え，重篤になったものを妊娠悪阻という．発症率は妊婦の0.5％以下と低いものである．悪阻になると1日中，悪心，嘔吐を繰り返し，栄養障害を引き起こす．嘔吐が頻繁の際は脱水に注意する．ウェルニッケ脳症の予防にはビタミンB_1の摂取に留意する．

●つわりの食事の留意点

① 早朝や空腹時に症状が強く出ることが多いので，空腹にならないように工夫する．いつも手軽に食べられるものを用意しておくとよい．

② 嗜好の変化があり，食欲のないことも多いので，食べたいときに食べたいものを食べるようにする．虫歯になりやすいので，歯の清潔には注意する．

③ つわりのときに好まれる食べ物は酸味の多いもの，さっぱりしたもの，臭いの少ないものなどがある．臭いや湯気に敏感になるので同じ食品でも熱いものより冷たいものが好まれる．

4.4.2 過体重・低体重

妊娠中は各種のホルモンの分泌がさかんになり，脂肪の蓄積も起こりやすく，胎児の代謝に必要なエネルギー確保や産後の回復のためにエネルギーが蓄えられる．しかし，妊娠中の肥満は母体や胎児に異常を招きやすく，太りすぎないように管理する必要がある．とくに，妊娠後

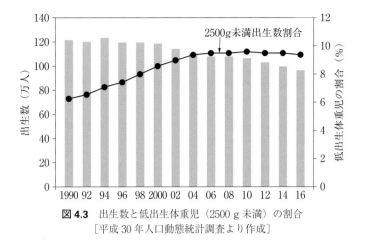

図 4.3　出生数と低出生体重児（2500 g 未満）の割合
［平成 30 年人口動態統計調査より作成］

表 4.2　体格区分別における推奨体重増加量

妊娠前の体格*²	推奨体重増加量	
	妊娠全期間を通した増加量*¹	妊娠中期から末期における 1 週間当たりの増加量
低体重：　　　　18.5 未満	12〜15 kg	0.3〜0.5 kg/週
普通体重：　18.5 以上 25.0 未満	10〜13 kg	0.3〜0.5 kg/週
肥満（1 度）：25.0 以上 30 未満	7〜10 kg	個別対応
肥満（2 度）：30 以上	個別対応（上限 5 kg までが目安）	個別対応

＊1　「増加量を厳格に指導する根拠は必ずしも十分ではないと認識し，個人差を考慮したゆるやかな指導を
　　　心がける」産婦人科診療ガイドライン産科編 2020 CQ010 より.
＊2　体格分類は日本肥満学会の肥満度分類に準じた.
＊　　［厚生労働省：妊産婦のための食生活指針　妊娠期の至適体重増加チャート，「妊産婦のための食生活指針」
　　　改定の概要（2021 年 3 月）より改変］

半期から分娩後にかけての肥満は，出産後もそのまま肥満状態が維持される傾向があり，妊娠
回数が増すたびに肥満度も増加することが多くみられる．肥満は，出産後の生活習慣病の発症
要因であるので，太りすぎには注意する.

　一方，最近では，妊娠前にやせであった妊婦や，母体の体重増加量が少ない妊婦も認められ
る．また，妊娠中に体重増加がほとんどない場合もみうけられる．このような場合は子宮内胎
児発育遅延（IUGR）や，低出生体重児（6.4.1 項参照）のリスクが高くなるため避けるべき
である．近年，出生数に対する低出生体重児の割合が増加している（図 4.3）.

　妊娠中の適正な体重増加は，妊娠前の体型によって異なる．「妊産婦のための食事バランス
ガイド」（2006 年）では，「体格区分別妊娠全期間を通しての推奨体重増加量」（表 4.2）に，
体格区分別の推奨体重増加量が示されている．妊娠中の体重増加の正常値の限界は 1 週間に
500 g 未満とされ，それ以上は浮腫によるものが多いので注意を要する.

■4.4.3　貧　血

　妊婦にみられる貧血は「妊娠性貧血」と「妊娠母体偶発合併症疾患としての貧血」に大別さ
れる．日本産婦人科学会栄養問題委員会では，これらの診断基準を表 4.3 のように定義してい

表 4.3　妊娠貧血の分類

1 妊娠性貧血 ① Hb 値 11g/dL 未満，および② Ht 値 33％ 未満（Hb 値 11g/dL 未満，または Ht 値 33％ 未満） ①，②の中で小球性低色素性・血清鉄低下・TIBC（総鉄結合能）上昇など鉄欠乏が認識されるものは妊娠性鉄欠乏性貧血 2 鉄欠乏性貧血 3 溶血性貧血 4 巨赤芽球性貧血 5 再生不良性貧血 6 続発性貧血（肝・腎疾患・感染症，膠原病など） 7 その他	妊娠母体偶発合併症としての貧血 診断は血液学的診断基準に従う

［日本産科婦人科学会栄養問題委員会の資料より］

る．非妊時の女性はヘモグロビン濃度 12.0 g/dL 未満を貧血と診断するが，妊娠中は生理的貧血を考慮に入れて 11.0 g/dL 未満を貧血と診断している．妊婦が貧血の場合，疲労感，倦怠感，めまい，動悸，息切れなどがみられることがあるが，母体が貧血状態であっても，重症でない限り，胎児への影響は少ない．貧血はむしろ母体へのダメージの方が大きい．

（1）妊娠中の鉄需要の増加

妊婦の血漿量は妊娠初期から徐々に増加し，妊娠 8 か月頃をピークに約 40〜50％の増量を示す．これに対して赤血球の増加は約 15〜30％で，見かけ上の赤血球数，血色素濃度，ヘマトクリット値は低下する．妊娠中は月経が停止するので月経による鉄分の損失はないが，母体の赤血球数の増加だけでなく，胎児，胎盤の発育のための鉄の需要量も増加するため妊娠中は鉄不足に陥りやすい．妊娠期間中の胎児と胎盤の鉄貯蔵量は個人差はあるものの 300 mg 程度であるといわれ妊娠中期と末期に多い．そのため，鉄の需要量は妊娠初期よりも中期と末期に増加する．さらに，分娩時には正常出産でも出血によって鉄分の損失があり，分娩後に貧血に陥ることも認められる．

若い女性は，非妊時からの鉄の摂取量および貯蔵量が少ない傾向がみられる．妊娠によって先に述べたような鉄の需要増加に加えて，つわりによる一時的な摂取量の減少などが加わると，相対的な鉄欠乏性貧血が発生することがある．

（2）妊娠性貧血の栄養管理

食事療法と鉄剤の投与が行われる．基本的には食事による改善を目指し，薬剤投与は食事療法による貧血の改善がみられない場合に医師の指導によって食事療法と併用して行う．

赤血球の合成には主として鉄とたんぱく質が必要であるが，特に鉄の供給が不十分であると，赤血球の主要な成分であるヘモグロビンの生成が不足して鉄欠乏性貧血になる．妊娠時に最も多くみられるのが鉄欠乏性貧血で，妊婦貧血の 70〜80％を占めている．食品中の鉄分にはヘム鉄（おもに動物性食品）と非ヘム鉄（おもに植物性食品）があり，ヘム鉄の方が吸収がよい．レバーはヘム鉄を含む食品の代表であるが，レバーの連続した大量摂取は，ビタミン A の過剰摂取につながることがあるので注意を要する．ビタミン C は鉄分の吸収率を高め，葉酸は赤血球の造血に影響を及ぼすため積極的に摂取することが望ましい．

4.4.4 妊娠高血圧症候群

妊娠高血圧症候群の定義は，「妊娠時に高血圧（140/90 mmHg）を認めた場合，妊娠高血圧

表 4.4　妊娠高血圧症候群の定義および分類（日本妊娠高血圧学会，日本産科婦人科学会，2018）

定義	妊娠時に高血圧（140/90 mmHg）を認めた場合，妊娠高血圧症候群とする．妊娠高血圧症候群は妊娠高血圧腎症，妊娠高血圧，加重型妊娠高血圧腎症，高血圧合併妊娠に分類される． たんぱく尿とは，たんぱく尿 300 mg/ 日以上もしくは，随時尿でたんぱく尿 / クレアチン比が 0.3 mg/ mg・Cr 以上と定義する．
病型分類	①妊娠高血圧腎症 1）妊娠 20 週以降に初めて高血圧を発症し，かつ，たんぱく尿を伴うもので，分娩後 12 週までに正常に復する場合 2）妊娠 20 週以降に初めて発症した高血圧で，たんぱく尿を認めなくても以下のいずれかを認める場合で，分娩後 12 週までに正常に復する場合 ・基礎疾患のない肝機能障害：ALT もしくは AST>40 IU/L，治療に反応せずほかの診断がつかない重度の持続する右季肋部もしくは心窩部痛 ・進行性の腎障害：血清クレアチニン >1.0 mg/dL，他の腎疾患は否定 ・脳卒中，神経障害：間代性痙攣，子癇，視野障害，一次性頭痛を除く頭痛など ・血液凝固障害：妊娠高血圧症候群に伴う血小板減少＜ 15 万/μL，血管内凝固症候群，溶血 3）妊娠 20 週以降に初めて発症した高血圧で，たんぱく尿を認めなくても子宮胎盤機能不全（胎児発育不全，臍帯動脈血流波形異常，死産）を伴う場合 ②妊娠高血圧：妊娠 20 週以降に初めて高血圧を発症し，分娩後 12 週までに正常に復する場合で，かつ妊娠高血圧腎症の定義に当てはまらないもの ③加重型妊娠高血圧腎症 1）高血圧が妊娠前あるいは妊娠 20 週までに存在し，妊娠 20 週以降にたんぱく尿，もしくは基礎疾患のない肝腎機能障害，脳卒中，神経障害，血液凝固障害のいずれかを伴う場合 2）高血圧とたんぱく尿が妊娠前あるいは妊娠 20 週までに存在し，妊娠 20 週以降にいずれかまたは両症状が増悪する場合 3）たんぱく尿のみを呈する腎疾患が妊娠前あるいは妊娠 20 週までに存在し，妊娠 20 週以降に高血圧が発症する場合 4）高血圧が妊娠前あるいは妊娠 20 週までに存在し，妊娠 20 週以降に子宮胎盤機能不全を伴う場合 ④高血圧合併妊娠：高血圧が妊娠前あるいは妊娠 20 週までに存在し，加重型妊娠高血圧腎症を発症していない場合
症候による亜分類	重症について：次のいずれかに該当するものとする 1）病型分類①〜④において，収縮期血圧 ≧ 160 mmHg，拡張期血圧 ≧ 110 mmHg のいずれかの場合 2）病型分類①または③において，母体の臓器障害または子宮胎盤機能不全を認める場合

＊1　妊娠たんぱく尿とは，妊娠 20 週以降に初めてたんぱく尿が指摘され，分娩後 12 週までに消失した場合をいうが，病型分類には含めない．
＊2　子癇とは，妊娠 20 週以降に初めて痙攣発作を起こし，てんかんや二次性痙攣が否定されるものをいう．痙攣発作の起こった時期によって，妊娠子癇・分娩子癇・産褥子癇と称する．
［高血圧治療ガイドライン 2019（JSH 2019）より改変］

症候群とする．妊娠高血圧症候群は妊娠高血圧腎症，妊娠高血圧，加重型妊娠高血圧腎症，高血圧合併妊娠に分類される．」とされた．分類には，症候による亜分類，病型分類，発症時期による分類があり（表 4.4），発症時期の分類は，妊娠 34 週未満を早発型，妊娠 34 週以降を遅発型としている．妊娠高血圧症候群は，重症化すると母体では子癇，脳出血，肝機能障害などを引き起こす危険性があるだけでなく，胎児発育不全や常位胎盤早期剝離など胎児にも危険性がある．危険因子として，非妊娠時から高血圧や糖尿病を有すること，肥満，初産婦，高齢妊婦，多胎妊娠，妊娠高血圧症候群の既往や家族歴を有する妊婦などがいわれており，危険因子をもつ妊婦は医師の指示を受けるべきである．

　妊娠高血圧症候群の栄養指導について，1 日あたり 6 g 未満の厳しい減塩は有効性が認められていないため推奨されていない．食塩摂取量の目安として，食事摂取基準 2020 年版の目標

表 4.5　妊娠糖尿病の診断基準

	診断基準
妊娠糖尿病	75 g OGTT において次の基準の 1 点以上を満たした場合に診断する. ①空腹時血糖値≧ 92 mg/dL（5.1 mmol/L） ②1 時間値≧ 180 mg/dL（10.0 mmol/L） ③2 時間値≧ 153 mg/dL（8.5 mmol/L）
妊娠中の明らかな糖尿病[*1]	以下のいずれかを満たした場合に診断する. ①空腹時血糖値≧ 126 mg/dL　②HbA1c 値≧ 6.5% 随時血糖値≧ 200 mg/dL あるいは 75 g OGTT で 2 時間値≧ 200 mg/dL の場合は，妊娠中の明らかな糖尿病の存在を念頭に置き，①または②の基準を満たすかどうか確認する[*2].
糖尿病合併妊娠	①妊娠前にすでに診断されている糖尿病 ②確実な糖尿病網膜症があるもの

*1　妊娠中の明らかな糖尿病には，妊娠前に見逃されていた糖尿病と，妊娠中の糖代謝の変化の影響を受けた糖代謝異常，および妊娠中に発症した 1 型糖尿病が含まれる．いずれも分娩後は診断の再確認が必要である．

*2　妊娠中，とくに妊娠後期は妊娠による生理的なインスリン抵抗性の増大を反映して糖負荷後血糖値は非妊時よりも高値を示す．そのため，随時血糖値や 75 g OGTT 負荷後血糖値は非妊時の糖尿病診断基準をそのまま当てはめることはできない．

［糖尿病診療ガイドライン 2019 より改変］

量（6.5 g/日未満），日本産科婦人科学会の指針（7〜8 g/日），そして，妊娠高血圧の重症への進展を予防する可能性があるとされる摂取量（10 g/日以下）などを参考に適切な摂取量を心がける．

■ 4.4.5　妊娠糖尿病

　妊娠糖尿病は，「妊娠中にはじめて発見または発症した糖尿病に至っていない耐糖能異常である．妊娠中の明らかな糖尿病，糖尿病合併妊娠は含めない．」と定義され，妊娠前から糖尿病である場合（糖尿病合併妊娠）と区別している（表 4.5）．糖代謝異常妊娠は，正常妊娠と比較すると母児併発症のリスクが高い．母体では流産，早産，妊娠高血圧症候群，羊水過多などがあり，胎児においては，胎児死亡，先天異常，巨大児，胎児発育不全，新生児低血糖，高ビリルビン血症などのリスクが高くなる．

　●**妊娠糖尿病の治療**　妊娠前の肥満や妊娠中の過度な体重増加は，巨大児や妊娠高血圧症候群などのリスクとなるため，健全な胎児の発育と母体の適切な体重増加量の管理，そして血糖コントロールの維持が重要である．妊婦の適切な体重増加量については厚生労働省「妊産婦のための食生活指針」で推奨体重増加量として示されており，非妊娠時に BMI 25.0 以上の肥満については，おおよそ 5 kg を目安とし臨床的な状況を踏まえ個別対応が必要である（表 4.2 参照）．

耐糖能異常妊娠の血糖の管理は，低血糖に陥らないようにコントロールする（表 4.6）．食事療法として特定の指標は見られないが，極端なエネルギー摂取量を制限することや糖質制限は推奨されていない．厚生労働省「日本人の食事摂取基準（2020 年版）」を参考にエネルギーや栄養素の摂取量を調節する．また，1 回当たりの食事量を減らして食事回数を増やすなど

表 4.6　母体血糖管理目標（日本糖尿病学会）

項目	管理目標値
空腹時血糖値	95 mg/dL 未満
食後血糖値	以下①または②とする ①食後 1 時間値　140 mg/dL 未満 ②食後 2 時間値　120 mg/dL 未満
HbA1c	6.0〜6.5% 未満

［糖尿病診療ガイドライン 2019 より改変］

の食事法を工夫することも血糖コントロールに有用である.

4.4.6　栄養素と奇形

① 葉酸：葉酸の摂取不足による胎児の中枢神経系の先天異常として，神経管閉鎖障害の発生の増加が欧米で報告され，サプリメントなどで1日 400 μg の葉酸摂取をした結果，この異常の発生が低下したといわれている．我が国では 2000（平成 12）年に当時の厚生省から「神経管閉鎖障害の発症リスク低減のための妊娠可能な年齢の女性等に対する葉酸の摂取に係る適切な情報提供の推進について」によって，葉酸摂取の指導が提言されている.

② ビタミンA：ビタミンA の過剰摂取が催奇形性をもたらす可能性があることが明らかにされ，妊娠 3 か月以内，または妊娠を希望する女性は，ビタミンA を含むサプリメントや健康食品などの多量摂取や常用について注意する必要がある.

4.5　妊娠期の栄養ケア

近年，思春期の女性には極端なやせ願望の傾向が見られ，無理なダイエットによって貧血，月経不順，摂食障害などの食行動異常や食生活の乱れからさまざまな健康管理上の問題が生じている．こうした思春期の食生活の乱れや健康管理の歪みは妊娠期の母体や胎児への影響のみでなく，女性の不妊症の原因の 1 つにもなっている.

妊娠期および授乳期の望ましい食生活，からだや心の健康にも配慮した「妊産婦のための食生活指針」が厚生労働省から 2006 年に示された（表 4.7）．この指針では，妊娠前からの食生活の重要性が認識されることも視野に入れて作成されている．活用には，妊婦を取り巻く社会状況や 1 人の妊婦の個人的な状況を把握して適切な健康管理の指導を行うことが大切である.

表 4.7　妊産婦のための食生活指針

- 妊娠前から，健康なからだづくりを
- 「主食」を中心に，エネルギーをしっかりと
- 不足しがちなビタミン・ミネラルを，「副菜」でたっぷりと
- からだづくりの基礎となる「主菜」は適量を
- 牛乳・乳製品などの多様な食品を組み合わせて，カルシウムを十分に
- 妊娠中の体重増加は，お母さんと赤ちゃんにとって望ましい量に
- 母乳育児も，バランスのよい食生活の中で
- たばことお酒の害から赤ちゃんを守りましょう
- お母さんと赤ちゃんの健やかな毎日は，からだと心にゆとりのある生活から生まれます

［厚生労働省，2006］

5 授乳期

5.1 授乳期の生理的特徴

(1) 体重の変化

母体の体重は分娩によって一気に4〜6kg程度の減少をみる。その後、循環血液量の減少や子宮の収縮によって、2kg程度の体重減少がみられる。分娩後の体重減少は食事内容や、運動量、授乳方法によっても異なるが、産後6か月くらいまでに妊娠前の体重に戻ることが望ましい。

(2) 月経再開と排卵

授乳期は、乳児による吸啜刺激によってプロラクチン（乳汁分泌ホルモン）が下垂体から分泌し、性腺刺激ホルモン（ゴナドトロピン）の分泌が抑制されているために排卵が起こりにくい。そのため、授乳婦では産褥期と授乳期の一定期間で無月経となる。月経の再開は、授乳の有無が大きく影響している。排卵の再開は、一般的に母乳のみで哺乳している母親は人工乳哺育の母親に比べて遅い傾向といわれている。しかし、排卵の再開には個人差が大きい。

(3) その他

① 体温：37.0℃を正常の上限として考える。

② 脈拍：正常値は60〜90拍/分で安定しており、非妊時と変わらない。

③ 呼吸：非妊時と変わらない。

④ 血圧：非妊時と変わらない。ただし、妊娠高血圧症候群発症者については、後遺症のフォローが必要である。

⑤ 尿：出産直後は、妊娠中の水分貯留状態から正常な水分代謝へと戻る時期である。そのため、分娩後2〜3日は尿量の増加がみられるが（頻尿）、産後6週間ほどで非妊時の状態に戻る。

⑥ 皮膚：妊娠中の色素沈着やしみは、産後数か月の間に次第に薄くなっていく。

5.2 授乳期の栄養的特徴

5.2.1 乳汁の分泌

妊娠中は胎盤からエストロゲンとプロゲステロン、下垂体前葉から乳汁分泌ホルモンのプロラクチンの分泌が始まる。これらのホルモンによって乳腺の発育、増殖が盛んになる。そのほか、副腎皮質ホルモン、成長ホルモン、甲状腺ホルモンも乳腺の発達に関与しているが、妊娠

表5.1 100 g 当たりの乳汁成分比較

	初乳	成熟乳	牛乳(普通乳)
熱量 (kcal)	67	70	67
脂肪 (g)	3.2	3.5	3.8
乳糖 (g)	5.7	7.4	4.8
たんぱく質 (g)	2.3	1.3	3.3
鉄分 (mg)	0.05	0.04	Tr
カルシウム (mg)	31	27	110
リン (mg)	16	14	93
ナトリウム (mg)	50	15	41
カリウム (mg)	75	48	150

[牛乳は日本食品標準成分表2015より]

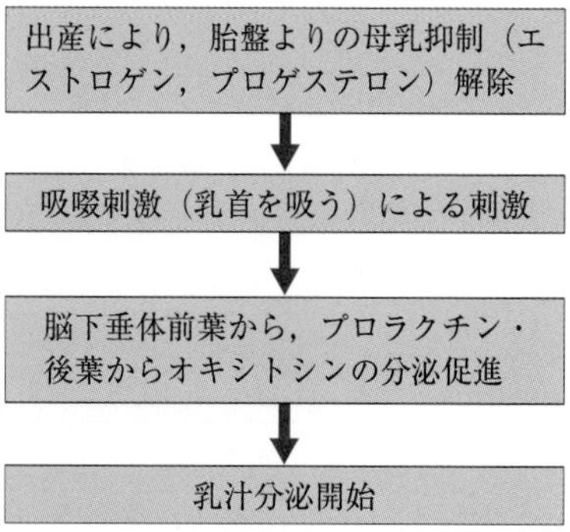

出産により，胎盤よりの母乳抑制（エストロゲン，プロゲステロン）解除

↓

吸啜刺激（乳首を吸う）による刺激

↓

脳下垂体前葉から，プロラクチン・後葉からオキシトシンの分泌促進

↓

乳汁分泌開始

図5.1 母乳分泌のメカニズム

中は本格的な乳汁分泌には至らない．これは，胎盤から分泌されるエストロゲンがプロラクチンの抑制作用をもっているからである．そのため，出産後は，胎盤からの抑制が解かれ，本格的な乳汁の分泌が開始される．分娩後1日目の乳汁はわずかに出るだけであるが，乳児による吸啜刺激によって下垂体前葉からプロラクチン，後葉からオキシトシンの分泌が高まり，2〜3日すると乳房は緊張して乳汁分泌が急激に増加する（図5.1）．産後3日目までに90%の産褥婦に乳汁分泌が認められる．その後個人差はあるが，約1年間母乳を分泌し続ける．なお，分娩直後から1週間くらいまでの水溶性の透明な母乳を初乳という．その後，粘度のある黄色を帯びた移行乳を経て白色の成熟乳（成乳）となる（6.2.2項参照）．

5.2.2 授乳期の食事摂取基準

授乳期における推定平均摂取量の設定が可能な栄養素は，母乳含有量をもとに付加量が設定され，母乳の泌乳量は，哺乳量として報告されている量0.78 L/日をもとにしている．また，目安量の設定に留まる栄養素は児の発育に問題ないと想定される日本人授乳婦の中央値とし，値が明らかでない場合は，非授乳時の値を目安量として示している．付加量の設定には，個人間変動や推奨量算定係数などを考慮して算定されて，丸め処理が行われている．なお，授乳婦に対する付加量であって，人工栄養の場合は付加量を設定する必要はない．授乳期の付加量は，母乳の分泌状況や妊娠中の体重増加など，個人差が大きいので考慮する必要がある．

授乳期に注意すべきエネルギーおよび栄養素について以下に述べる．

① エネルギー：授乳期の総エネルギー消費量は妊娠前と同様であり，授乳婦に特有なエネルギーの付加量を設定する必要はない．しかし，母乳のエネルギー量は総エネルギー消費量に含まれていないため考慮する必要がある．分娩後の体重減少として体組織の分解が起こるためエネルギーが得られることも考慮する．このことから,授乳婦の推定エネルギー必要量（kcal/日）は「妊娠前の推定エネルギー必要量（kcal/日）＋授乳婦のエネルギー付加量（kcal/日）」として求められ，授乳婦のエネルギー付加量（kcal/日）は「母乳のエネルギー量（kcal/日）−体重減少分のエネルギー量（kcal/日）」で求められ，付加量は350 kcal/日としている．

② たんぱく質：授乳婦は授乳によって母乳に含まれるたんぱく質を損失するため，たんぱく質維持必要量に付加する必要がある．たんぱく質維持必要量への付加量は，「（母乳中たんぱく質量）/（食事性たんぱく質から母乳たんぱく質への変換効率）」で求められる．食事性たんぱく質から母乳たんぱく質への変換効率は70%とされ，母乳中のたんぱく質濃度の平均値は，離

表 5.2　妊婦・授乳婦の食事摂取基準（推奨量の付加量，目安量，目標量）

エネルギー・栄養素		妊婦（付加量）			授乳婦（付加量）
		初期	中期	後期	
推定エネルギー必要量（kcal/日）[注1]		+50	+250	+450	+350
たんぱく質（g/日）	推奨量	+0	+5	+25	+20
脂質 n-6 系脂肪酸（g/日）	目安量	9	9	9	10
n-3 系脂肪酸（g/日）	目安量	1.6	1.6	1.6	1.8
ビタミン 脂溶性 ビタミンA（μgRAE/日）[注2]	推奨量	+0	+0	+80	+450
ビタミンD（μg/日）	目安量	8.5	8.5	8.5	8.5
ビタミンE（mg/日）[注3]	目安量	6.5	6.5	6.5	7.0
ビタミンK（μg/日）	目安量	150	150	150	150
水溶性 ビタミンB$_1$（mg/日）	推奨量	+0.2	+0.2	+0.2	+0.2
ビタミンB$_2$（mg/日）	推奨量	+0.3	+0.3	+0.3	+0.6
ナイアシン（mgNE/日）	推奨量	+0	+0	+0	+3
ビタミンB$_6$（mg/日）	推奨量	+0.2	+0.2	+0.2	+0.3
ビタミンB$_{12}$（μg/日）	推奨量	+0.4	+0.4	+0.4	+0.8
葉酸（μg/日）[注4]	推奨量	+0	+240	+240	+100
パントテン酸（mg/日）	目安量	5	5	5	6
ビオチン（μg/日）	目安量	50	50	50	50
ビタミンC（mg/日）	推奨量	+10	+10	+10	+45
ミネラル 多量 食塩相当量（g/日）	目標量	6.5 未満	6.5 未満	6.5 未満	6.5 未満
カリウム（mg/日）	目安量	2000	2000	2000	2200
カルシウム（mg/日）	推奨量	+0	+0	+0	+0
マグネシウム（mg/日）	推奨量	+40	+40	+40	+0
リン（mg/日）	目安量	800	800	800	800
微量 鉄（mg/日）	推奨量	+2.5	+9.5	+9.5	+2.5
亜鉛（mg/日）	推奨量	+2	+2	+2	+4
銅（mg/日）	推奨量	+0.1	+0.1	+0.1	+0.6
マンガン（mg/日）	目安量	3.5	3.5	3.5	3.5
ヨウ素（μg/日）[注5]	推奨量	+110	+110	+110	+140
セレン（μg/日）	推奨量	+5	+5	+5	+20
クロム（μg/日）	目安量	10	10	10	10
モリブデン（μg/日）	推奨量	+0	+0	+0	+3

注1）妊婦個々の体格や妊娠中の体重増加量及び胎児の発育状況の評価を行うことが必要である．
注2）プロビタミン A カロテノイドを含む．
注3）α-トコフェロールについて算定した．α-トコフェロール以外のビタミン E は含んでいない．
注4）妊娠を計画している女性，妊娠の可能性がある女性及び妊娠初期の妊婦は，胎児の神経管閉鎖障害のリスク低減のために，通常の食品以外の食品に含まれる葉酸（狭義の葉酸）を 400μg/ 日摂取することが望まれる．
注5）妊婦及び授乳婦の耐容上限量は，2,000μg/ 日とした．

乳開始までの 6 か月間を母乳のみで授乳した場合において 12.6 g/L としている．これらに 1 日の平均泌乳量を考慮し，推定平均必要量の付加量は 15 g/日，推奨量の付加量は 20 g/日としている．目標量の設定は，授乳婦の推奨量の%エネルギー値を算出して 15～20% としている．

③ ビタミン D：乳児や新生児において，ビタミン D 不足によるくる病が報告され，危険因子として日照機会が乏しいことや母乳栄養がある．しかし，母乳中のビタミン D およびビタミン D 活性を有する代謝物の濃度は，授乳婦の栄養状態，季節などによって変動すること，さらに，測定法によって値が大きく異なることから，目安量は非授乳時の 18 歳以上と同じ 8.5 μg/日としている．

④ カルシウム：授乳中は，腸管でのカルシウム吸収率が非妊娠時に比べて軽度に増加し，尿中カルシウム排泄量は減少する．そのため，通常よりも多く取り込まれたカルシウムが母乳に供給され付加量は設定されていない．

⑤ 鉄：鉄の吸収率は非妊娠時の状態（15%）に戻るため母乳中の鉄濃度，哺乳量，吸収率を考慮して推定平均必要量の付加量を 2.0 mg/日，推奨量の付加量を 2.5 mg/日としている．なお，この値は月経がない場合に付加する．

5.3 授乳期の栄養アセスメント

(1) 臨床診査
① 年齢：母親の年齢は，母児関係の確立に大きく影響する．とくに，若年者や高齢の場合には配慮を必要とする場合が多い．

② 過去の妊娠・分娩・産褥歴：初めての授乳か育児歴があるかによって授乳指導が異なるので，注意が必要である．また，過去の産褥の経過や乳汁の分泌状況，母親の育児に対する考え方，上の子どもの性別および年齢差は育児に大きく影響する．

③ 授乳や育児に対する支援体制：分娩後の育児は，分娩による母体の疲労や授乳による睡眠不足，さらに経産婦は上の子どもの育児など体力的にも精神的にも大変な時期である．そのため，家族の構成，夫とのパートナーシップのあり方，職場の環境，地域のサポートシステムなど母乳育児支援体制の状態を把握することは重要である．

(2) 臨床検査
分娩時の出血と産褥期の悪露の状況により貧血に陥ることがある．授乳や育児に支障をきたすような疾病は育児に影響を及ぼすため把握する必要がある．

(3) 身体計測
産褥期は 1 か月に 1～2 回の間隔で体重を測定する．産褥 1 週間で 5～7 kg の減少，その後は 1 か月に 1～2 kg 程度の体重減少を目指すのが母体に負担がかからず望ましい．そのためにも，妊娠中の過度の体重増加は抑えた方がよい．

(4) 生活習慣
① 嗜好品：コーヒーや紅茶のカフェイン，アルコールは乳汁に移行する．アルコールやタバコはプロラクチンの分泌を減少させ，乳汁分泌量の減少を招くため控えることが望ましい．

② 服薬：薬剤によっては母乳に移行するものもある．授乳中の服薬は医師の指示を仰ぐ．

5.4　授乳期の栄養と病態・疾患，生活習慣

(1)　母乳分泌不足

　母親側の原因としては，体質，栄養状態，合併症の有無，精神状態，疲労などが考えられる．栄養状態としては，食事量，水分不足，栄養不良，貧血などが考えられる．全授乳婦の約5%程度が，体質的な原因などで母乳分泌量が不足するといわれている．乳児の健全な発育に影響を及ぼすようなら，ほかの栄養法の併用を考える．

(2)　摂食障害

　産褥期は内分泌系の急激な変化や肉体疲労，新しい生活への不安などから情緒不安や憂鬱状態に陥ることがある（マタニティブルー）．なお，憂鬱や不安感などから拒食傾向がみられることがあるので，症状に応じた輸液などの治療のほか，カウンセリングなども必要である．

5.5　授乳期の栄養ケア

(1)　体重のコントロール

　産褥の初期に体重の増加がみられるときは，浮腫やエネルギーの摂取過剰を考える．一方，体重の減少が大きい場合は，疲労や食事内容の改善を考慮する．母乳を与えない母親が妊娠中の蓄積脂肪を3か月で消費して非妊時の体重に戻すためには，1か月9000 kcal，1日約300 kcalを余分に消費しなければならず，エネルギー制限に加えて，適度な運動により妊娠中に蓄積されたエネルギーの消費を心がけなければならない．なお，授乳期の食事摂取基準は授乳期の全期間を通しての泌乳量（0.78 L/日）を基準に算定されているので，個人の泌乳量に応じてエネルギーの摂取を考慮することも必要である．

(2)　母乳産生の食生活の管理

　母乳産生には，休養，精神の安定，バランスのよい栄養の摂取が基本とされ，母乳の成分は母親の栄養摂取状況によって変化する．母乳の大部分は水分であるため，シチューやスープなどのような形で食事から水分を補給することも重要である．新生児のビタミンK欠乏（新生児メレナ，特発性乳児ビタミンK欠乏症）予防のためにビタミンK含量の多い納豆，鶏肉，卵などの摂取を心がけることもよい．

(3)　授乳の支援ガイド

　授乳は，子どもに栄養などを与えるだけでなく，母子の絆を深め，子どもの心身の健やかな成長や発達を促すために重要であり，適切な授乳の支援が必要とされる．医療機関や地域において支援が求められている．2019年に改訂された「授乳・離乳の支援ガイド」には授乳等の支援のポイントがまとめられている（表5.3）．

表 5.3　授乳などの支援のポイント

授乳開始から授乳のリズムの確立まで	・とくに出産後から退院までの間は母親と子どもが終日，一緒にいられるように支援する． ・子どもが欲しがるとき，母親が飲ませたいときには，いつでも授乳できるように支援する． ・母親と子どもの状態を把握するとともに，母親の気持ちや感情を受けとめ，あせらず授乳のリズムを確立できるよう支援する． ・子どもの発育は出生体重や出生週数，栄養方法，子どもの状態によって変わってくるため，乳幼児身体発育曲線を用い，これまでの発育経過を踏まえるとともに，授乳回数や授乳量，排尿排便の回数や機嫌などの子どもの状態に応じた支援を行う． ・できるだけ静かな環境で，適切な子どもの抱き方で，目と目を合わせて，優しく声をかえるなど授乳時のかかわりについて支援を行う． ・父親や家族などによる授乳への支援が，母親に過度の負担を与えることのないよう，父親や家族などへの情報提供を行う． ・体重増加不良などへの専門的支援，子育て世代包括支援センターなどをはじめとする困ったときに相談できる場所の紹介や仲間づくり，産後ケア事業などの母子保健事業などを活用し，きめ細かな支援を行うことも考えられる．
授乳の進行	・母親などと子どもの状態を把握しながらあせらず授乳のリズムを確立できるよう支援する． ・授乳のリズムの確立以降も，母親などがこれまで実践してきた授乳・育児が継続できるように支援する．

［厚生労働省：授乳・離乳の支援ガイド 2019 より一部抜粋］

6 新生児期・乳児期

出生後7日未満を早期新生児期，28日未満を新生児期，その後1年未満を乳児期という．新生児期・乳児期は，一生の中で最も成長が著しい時期であるが，その成長には個人差が大きい．成長に合わせた栄養管理が望まれる．

6.1 新生児期・乳児期の生理的特徴

6.1.1 新生児の生理

(1) 呼吸器系・循環器系の適応

胎児は胎盤を経由して酸素を取り入れており，酸素を取り入れた血液（動脈血）は臍静脈を通って胎児に送られる．そのため，肺循環の必要性がなく血液はほとんど肺には流れない．しかし，出生による第一声とともに，胎盤による酸素供給が停止し，呼吸反射が引き起こされ肺呼吸が始まる．肺拡張と肺胞の酸素分圧の上昇により肺循環の抵抗が低下して血流が増加し，成人と同様の肺循環が行われる．胎児循環は肺呼吸の開始により消失する．

●**胎児循環**　胎児期の血液循環をいう．その特徴として，胎盤で動脈化された血液を下大静脈へ送る静脈管，右心房から左心房へ血液を送る心房中隔の穴（卵円孔），肺動脈の血液を下大動脈へ送る動脈管の3つの短絡の存在である．静脈管，卵円孔，そして動脈管は出生後の早い段階で閉鎖する．

(2) 新生児の体水分量と生理的体重減少

新生児の体水分量は，体重の約80％で月齢が早いほど体水分の割合は多く，成長とともに体水分の割合は少なくなる．乳児は体重1kg当たり成人の3〜4倍の水分を必要とし，水分必要量は120〜150 mL/kg/日を目安とする．さらに，新生児や乳児の腎機能において，糸球体濾過率と尿細管機能は成人に比べて未熟であり尿濃縮力が低い．そのため，脱水を起こしやすく水分補給には注意を要する．

正期産における出生児の平均体重は約3000 gであり，生後2〜3日に150〜200 g（体重の5〜10％）の体重減少がある．これを生理的体重減少といい，体表面からの水分蒸発や胎便の排泄などによって体重が減少する．胎便は，生後2日間程度は黒緑色をしており，胎内で飲み込んだ羊水，腸の上皮細胞，胆汁色素などを含んでいる．乳汁を飲むことによって，黄色がかった便（移行便）から，3〜4日で普通便となる．

（3）新生児生理的黄疸

新生児の 70～80％に生後 2～3 日で黄疸が出る．通常は 1 週間～10 日で消失する生理的な現象である．これは，出生後に胎児期の古い赤血球が急激に破壊され，血中のビリルビン濃度が高まることによって起こる．主に肝臓でのビリルビン代謝能力の未熟さが原因である．黄疸が長引くこと（遷延性黄疸）や強く出る場合は治療を要する．

（4）新生児反射

新生児に特異的にみられる反射を新生児反射といい，哺乳に必要な反応である場合が多い．吸啜反射，探索反射のほか，把握反射，瞬目反射などがある．

6.1.2 成長，発達

① 身長：身長の伸びは初期に著しい．身長の増加は生後 1 か月で 4 cm/月，2 か月で 3 cm/月，3 か月で 2 cm/月，4～12 か月までは 1 cm/月程度である．満 1 年で身長は出生児の約 1.5 倍になる．

② 体重：生理的体重減少のあと生後 6 か月までは急激な成長がみられる．平均的な体重増加量は 1～3 か月で 25～30 g/日，3～6 か月で 15～20 g/日，6～9 か月で 8～10 g/日，9～12 か月では 6～8 g/日程度で，生後 3～4 か月で出生児体重の約 2 倍，1 年で約 3 倍になる．

③ 頭囲・胸囲：出生時の頭囲は男女ともに約 33 cm，胸囲は 32 cm であり，頭囲は胸囲より大きい．頭囲と胸囲のバランスは正常な発育の目安として重要で，生後 1 年でほぼ同じとなる．その後は胸囲の方が大きくなる（図 6.1）．

④ 大泉門・小泉門：出生時の頭蓋骨は分かれており，出生後，急速に縫合する．左右頭頂骨の前後に大泉門と小泉門がある．生後 6 か月頃で小泉門が，1 年 6 か月頃で大泉門が閉鎖する（図 6.2）．大泉門の早期閉鎖は小頭症や狭頭症，閉鎖遅延は水頭症やくる病などの疑いがある．

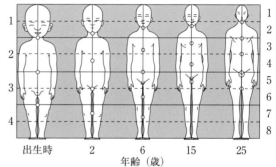

図 6.1 成長と身体各部のバランス

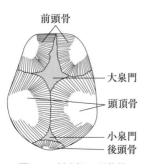

図 6.2 新生児の頭蓋骨

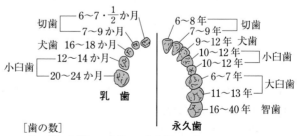

［歯の数］
乳 歯：切歯 2，犬歯 1，小臼歯 2
$5 \times 4 = 20$ 本
永久歯：切歯 2，犬歯 1，小臼歯 2，大臼歯 1，智歯 1
$4 \times 7 \sim 4 \times 8 = 28 \sim 32$ 本（4 本は智歯）

図 6.3 生歯の時期

［母子歯科保健指導要領，日本小児歯科学雑誌，**26**(1)，1998 より］

⑤ 生歯・化骨：乳歯生歯には個人差があるが，生後6〜7か月で生え始め，3歳頃までに20本の乳歯がはえそろう（咀嚼力完成の目安）（図6.3）．骨の発育は，手根部の化骨数をみて推定できる．出生時には化骨はみられないが，発達とともに年齢とほぼ同じ個数が出現する．

6.1.3 生理機能の発達

(1) 体 温

体温は成人より高く，37 ℃前後のことが多い．新生児は，調節可能な環境温度範囲が狭く環境温度の変化によって体温が変化しやすい．特に，熱産生について，新生児は成人と異なり，肩甲骨間，肋間，脊椎などに分布している褐色脂肪組織によって熱産生を起こしている．生後1年程度で「ふるえ」による熱産生へ移行していく．

(2) 消化器官

胃の容量は新生児期では約45 mLであるが生後2か月で約250 mLとなる．また，乳児の胃は筒状で溢乳などがしやすい形をしている．乳汁の胃内停滞時間は母乳で2〜3時間，牛乳3〜4時間，人工乳はその中間くらいである．乳児の腸管の長さは，身長の約10倍で，成人の4.5倍に比べて比率が大きい．乳児期は，一般に消化液中の酵素含量が少なく，生後1年くらいで急速に成人に近づくといわれている．

(3) 胃内消化・吸収

① たんぱく質：胃粘膜から分泌されたペプシノゲンは胃酸によりペプシン（たんぱく分解酵素）となり，たんぱく質をポリペプチドに分解する．ペプシンの活性レベルは約2歳で成人まで達する．乳汁カゼインは胃の中の凝乳酵素レンニンによって，パラカゼインカルシウムになって凝固（凝塊：curd），その後ペプシン消化を受ける．

② 脂質：胃リパーゼは低い膵液リパーゼ活性の作用を助けており，乳児の脂質消化には重要である．

(4) 小腸内消化・吸収

① たんぱく質：トリプシンの活性は出生直後は低い．小腸でアミノ酸まで分解，吸収されて，一部は門脈を介して肝臓に運ばれる．

② 脂質：膵液リパーゼ活性は，乳児期のはじめは十分ではなく，生後半年以降に成人と同じになる．乳児の脂質消化は，乳児側だけでなく，食事の脂肪酸組成も関係している．長鎖脂肪酸は中鎖脂肪酸や短鎖脂肪酸より，また飽和脂肪酸は不飽和脂肪酸より消化吸収が劣る．

③ 炭水化物：乳児期の膵アミラーゼ活性は低いので，多糖類の多くはそのまま糞便に出てしまう．しかし，この酵素は年齢とともに活性化していく．なお，乳児は二糖類分解酵素（スクラーゼ，マルターゼ，ラクターゼ）が出生時からあり，ラクターゼ（乳糖分解酵素）の活性が高い．しかし，ラクターゼが欠損している乳児の場合は，乳糖不耐症（6.4.6項参照）となる．

6.1.4 運動，精神機能の発達

出生後1年の乳児の発育の目安を表6.1に示す．

表 6.1 乳児の発育目安

出生後	発育の状態
0か月	1日の大部分眠っている．大部分の動きが反射運動による．
1か月	音や声に注意を払うようになる．
2か月	あやせば，笑う．喃語が始まる．
3か月	声を出して笑う．首がすわる．目の前の動くものを目で追う．
4か月	手に触れた物をつかむ．泣くと涙が出る．
5か月	膝の上で足を跳ねる．腕をのばして物を取る．つかんだ物を口にもっていく．
6か月	寝返りができる．
7か月	支えなしで座ることができる．人見知りをする．
8か月	這い這いをする．バイバイ，いないいないバーができるようになる．
9か月	つかまり立ちをする．
10か月	「マンマ」などの単語をいう．
11か月	つたい歩きができる．
12か月	ひとり立ちをする．歩行を始めることもある．

6.2 新生児期・乳児期の栄養的特徴

6.2.1 新生児期・乳児期の食事摂取基準

　乳児の食事摂取基準は，エネルギー摂取量は推定エネルギー必要量，その他の栄養素は目安量としている（鉄の基準のみ 6〜11 か月は推定平均必要量および推奨量）．これは，出生後 6 か月未満の乳児では推定平均必要量や推奨量を決定するための実験ができないためである．年齢区分は，成長に合わせてより詳細な年齢区分設定が必要と考えられたエネルギーおよびたんぱく質では，「0〜5 か月」「6〜8 か月」「9〜11 か月」の 3 つの区分とされ，その他の栄養素では「0〜5 か月」「6〜11 か月」としている．

　栄養素の目安量の算定については，6 か月未満の乳児は，母乳中の栄養素濃度と健康な乳児の母乳摂取量の積とされ，6〜11 か月の乳児では，0〜5 か月の乳児および（または）1〜2 歳の小児の値から外挿して算出されている．しかしながら，各月齢区分に与えられた値は，あくまでもその月齢区分を代表する一点に過ぎないため，対象とする乳児の成長に合わせて柔軟に活用することが望ましい．

6.2.2 乳汁栄養

　乳汁栄養には，母乳栄養，人工栄養，混合栄養がある．厚生労働省の乳幼児栄養調査より，近年，母乳栄養の割合が増加し，混合栄養も含めると生後 1 か月および生後 3 か月ともに約 9 割となっている（図 6.4）．

(1) 母乳栄養法

　母乳栄養法の利点は，乳児，とくに新生児から生後 3 か月くらいまでの児にとっては自然で最もすぐれたものである．その利点としては表 6.2 のようなことが考えられる．

●母乳の成分組成

　① 初乳：分娩直後から 1 週間くらいまでの母乳を初乳という．母乳栄養児が乳汁栄養期間中に大部分飲む成乳とは成分組成が異なる．初乳は，成乳よりたんぱく質は多く，脂質と乳糖が少ないので，成乳よりエネルギーはやや少ない．無機質の全量は多い．初乳は，免疫学的にきわめてすぐれた性質をもっている．分泌型免疫グロブリン IgA 抗体は児の消化管壁を覆い，

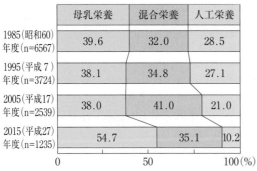

	母乳栄養	混合栄養	人工栄養
1985（昭和60）年度（n=6567）	39.6	32.0	28.5
1995（平成7）年度（n=3724）	38.1	34.8	27.1
2005（平成17）年度（n=2539）	38.0	41.0	21.0
2015（平成27）年度（n=1235）	54.7	35.1	10.2

[注] 昭和60年度・平成7年度・平成17年度は0～4歳児の保護者，平成27年度は0～2歳児の保護者を回答者とした.

[厚生労働省：平成27年乳幼児栄養調査より改変]

図6.4　授乳期の栄養方法の推移（3か月）

表6.2　母乳の利点

①母乳の成分組成は乳児の成長に最適である．乳児の消化能力に応じており，吸収もよく負担が少ない．
②初乳にはIgA抗体，リゾチーム，ラクトフェリンなどの感染防御因子が含まれており，新生児の免疫力を高め，感染防止に役立っている．
③衛生的であり細菌の汚染の可能性が低い．
④産後の母体回復や子宮復古を促す．
⑤母子間のスキンシップになり，精神的安定に寄与している．
⑥授乳が簡単で経済的である．

細菌やウイルスの進入を防いでいる．また，微生物の細胞を溶かし，増殖を抑制するリゾチームが多く含まれている．ブドウ球菌や大腸菌の増殖を抑制するラクトフェリンも含まれている．病原菌を食べる貪食作用のある白血球やリンパ球も多く含まれていて，新生児期の感染防御因子としての役割を果たしている．胎児のときに母親の胎盤から移行したIgG抗体も，受動免疫として乳児の感染防御の役割を果たしている．

② 成乳：母乳中のたんぱく質は約1.1～1.3％含まれており，牛乳の約1/3である．その組成はラクトアルブミンが多く，カゼインが少ないため，胃の中でソフトカードといわれる微細な柔らかい塊り状態になり消化されやすい．シスチンやタウリンも多く含んでいる．

脂質は，最も母親の食事の影響を受ける．日本人の母親の母乳には欧米人に比べて，n-3系不飽和脂肪酸のα-リノレン酸や，ドコサヘキサエン酸（DHA）が約10倍含まれているといわれているが，これは母体の植物油や魚油摂取の影響であると考えられる．

母乳の脂質は3.5％程度含まれ，消化のよい不飽和脂肪酸が中心である．母乳には7％ほどの乳糖が含まれている．そのほか，わずかに含まれているオリゴ糖（ガラクトシルラクトース）は乳糖以外の特殊な糖であり，糖たんぱく質とともに腸内のビフィズス菌の繁殖促進因子として有効である．無機質は牛乳の1/3で，カルシウムとリンは牛乳より少なく，鉄，銅は牛乳より多い．母乳には牛乳よりビタミンA，ナイアシン，ビタミンCが多く，ビタミンB_1，B_2，Kが少ない．

(2) 母乳栄養の実際

授乳開始時期は通常，母児の疲労が回復後，出生後8～12時間後に行われる．UNICEF/WHOでは母乳育児成功のため出産後できるだけ早く授乳開始を勧めている．ただし，母児の体の回復に応じて無理のないように行う．

新生児期の授乳法は自律授乳がよい．初めは不規則な授乳間隔であっても，生後1か月くらいには，ほぼ定まってくる．生後1か月くらいで3時間おきの1日6～8回，生後3か月くらいでは4時間おきに1日5回程度になり，この頃から深夜の授乳が少なくなってくる．乳児の1回当たりの哺乳量，授乳間隔，授乳回数には個人差があり，また日によっても異なることが

多い．1回の授乳時間は 10～15 分を哺乳するのが目安であり，20 分以上経過しても乳首を離そうとしないときは，母乳の分泌不足が疑われる．1日の総哺乳量は生後1か月で 620～750 mL，2か月で 740～790 mL，3か月で 840～900 mL くらいである．

(3) 母乳栄養の推進

　乳児にとって母乳は，栄養的にも，消化吸収，感染防止の面でも，また母子のスキンシップの点でも最適である．母乳分泌促進のためには，十分な栄養の補給と休養が大切である．育児ストレスによるイライラや，睡眠不足は母乳分泌不足の原因になるといわれている．母乳栄養の啓発活動の1つに，産科医療施設に対して「母乳育児成功のための 10 カ条」を提示している（表 6.3）．

表 6.3　母乳育児成功のための 10 カ条（10 ステップ）2018 改訂

1a. 母乳代替品のマーケティングに関する国際規準（WHO コード）と世界保健総会の決議を遵守する．
1b. 母乳育児の方針を文章にして，施設の職員やお母さん・家族にいつでも見られるようにする．
1c. 母乳育児に関して継続的な監視およびデータ管理のシステムを確立する．
2. 医療従事者が母乳育児支援に十分な知識，能力，技術をもっていることを確認する．
3. すべての妊婦・その家族に母乳育児の重要性と方法について話し合いをする．
4. 出生直後から，途切れることのない早期母子接触をすすめ，出生後できるだけ早く母乳が飲ませられるように支援する．
5. お母さんが母乳育児を始め，続けるために，どんな小さな問題でも対応できるように支援する．
6. 医学的に必要がない限り，母乳以外の水分，糖水，人工乳を与えない．
7. お母さんと赤ちゃんを一緒にいられるようにして，24 時間母子同室をする．
8. 赤ちゃんの欲しがるサインをお母さんがわかり，それに対応できるように授乳の支援をする．
9. 哺乳びんや人工乳首，おしゃぶりを使うことの弊害についてお母さんと話し合う．
10. 退院時には，両親とその赤ちゃんが継続的な支援をいつでも利用できることを伝える．

［WHO/UNICEF：Ten Steps to Successful Breastfeeding（revised 2018）（一般社団法人日本母乳の会訳）より］

(4) 母乳栄養の問題点

　母乳栄養を行ううえで，一番の問題は母乳不足である．母乳不足を知る手がかりとしては，哺乳時間の延長，授乳間隔の短縮，体重増加不良，児の不機嫌，便秘などが考えられる．母乳不足の兆候はいち早く察知して対策を講じなければならない．

●授乳が困難な場合

　① 母側の原因：母乳分泌不足，乳首の陥没や扁平，裂傷，乳腺炎，伝染性疾患，母親の疾患（心不全，腎不全，重症腎炎，糖尿病，悪性腫瘍，精神病など）は授乳が困難となる．

　② 児側の原因：低体重児に多くみられる吸啜力の微弱，先天性口腔奇形，口内炎，鵞口瘡（がこうそう），鼻づまりなどは哺乳が困難になる．

　③ 母乳黄疸：母乳中のホルモン関連物質が原因となって，生後1か月くらい軽い黄疸が続く状態で，遷延性黄疸ともいう．母乳を中止すると軽減するが，成熟児ではそのまま母乳栄養を続けても問題はないといわれている．母乳性黄疸は母乳栄養児の約 10～15％にみられる．母乳中の成分がビリルビン抱合を抑制するため起こる．

　④ 成人 T 細胞白血病（ATL）：HTLV-1 ウイルスの母乳による感染である．成人 T 細胞白血病の発病は早くて 30 歳代，多くは 50 歳代前後である．キャリアと判明した母親からの母乳の授乳は避ける方がよい．

⑤ その他：母親の飲酒，喫煙，特定の薬剤の服用など．

(5) 人工栄養法

　母乳の分泌量不足や，母乳栄養の継続が困難な場合に育児用のミルクを与える．これを人工栄養という．育児用ミルクとは，母乳の代替として飲用に供する乳児用調製粉乳および乳児用調製液状乳のことである．

●**育児用ミルク**　乳児用調製粉乳は「乳及び乳製品の成分規格等に関する省令」（昭和26年，昭和54年改定）によって規格が定められ，表示の許可基準に適合したものが特別用途食品として位置づけられている．2018年（平成30年）乳児用調製液状乳（乳児用液体ミルク）の許可基準が設定され，調製液状乳の承認を受けたものであれば，国内でも製造販売することが可能となった．特別用途食品として乳児用調製乳に乳児用調製粉乳と乳児用調製液状乳が含まれている．

　人工栄養の育児用ミルクは牛乳を原料として，質的にも量的にも母乳に近づけるためにさまざまな改良と調整が加えられている．おもな改良点は，牛乳中のカゼインの一部をラクトアルブミンに置換し，さらに，たんぱく質濃度やアルブミンを母乳に近づけるよう調整を行っている．牛乳中の脂質の大部分を植物油で置換する．リノール酸とα-リノレン酸の比率を調整し，リン脂質を添加している．そのほか，乳糖の添加，無機質・ビタミンの調整，タウリン，シスチンの強化，DHAの添加，ビフィズス菌の増殖因子であるオリゴ糖やラクチュロースの添加，免疫増強効果が期待されるβ-カロテンの配合など，母乳の組成，作用に近づけるための調整が行われている．

●**調乳操作**　乳児用調製粉乳を使用する場合は，それぞれの使用説明法に従って行う．現在，我が国で発売されている乳児用調製粉乳は母乳に近い13〜14%程度に溶解するようになっている．指示どおりの濃度に調製して，自律栄養法で哺乳を行う．

　各社の乳児用調製粉乳の希釈濃度は，全授乳期を通じて同一濃度による単一調乳方式である．希釈濃度（ミルクの濃さ）は月齢に関係なく一定になる．1回に飲む量の目安としては，1〜2か月児では120 mL，3〜4か月児では160 mL，5〜6か月児では160〜200 mL程度である．

　乳児用調製粉乳を用いる場合の調乳操作の手順は，無菌に近い状態で毎回の哺乳のたびに調乳を行う無菌操作法（略式無菌法）で行う．調乳に使用する湯は，沸騰後70℃以上に保ち，沸かしてから30分以上放置しないようにする．また，調乳後2時間以内に使用しなかったミルクは使用しない．

●**授乳の仕方**　乳児を膝の上に抱き，哺乳瓶の乳首をミルクで満たして，唇に十分に含ませる．できるだけ空気の嚥下を少なくするように工夫する．授乳後は児を垂直に抱き，飲み込んだ空気を吐き出させる（ゲップ）．哺乳時間は10〜15分程度がよいとされている．

●**乳児用液体ミルク**　液状の人工乳を容器に密封したもので常温での保存が可能である．滅菌済のため衛生的であり，調乳の手間がなく消毒した哺乳瓶に移し替えてすぐ飲むことができる．しかし，飲み残しは雑菌が繁殖しやすいので与えないよう注意する．調乳が困難な場合だけでなく，災害によりライフラインが断絶した場合においても授乳をすることができるため，災害時の備蓄品として準備しておくのもよい．

(6) 混合栄養法

　母乳栄養法のみを継続できない場合に，不足分を育児用ミルクで補うことを混合栄養法という．与え方には，毎回授乳の際には母乳を与え，不足分を育児用ミルクで補う方法と，1日の哺乳のうち何回かを母乳で行い，残りの回数は育児用ミルクを与える方法の2種類がある．

6.2.3　離　乳

(1) 離乳の定義

　厚生労働省「授乳・離乳の支援ガイド」（2019年3月改訂）では「離乳とは，成長に伴い，母乳又は育児用ミルク等の乳汁だけでは不足してくるエネルギーや栄養素を補完するために，乳汁から幼児食に移行する過程」をいう（表6.4参照）．

(2) 離乳の意義

　① 栄養の補給：生後5〜6か月になると乳汁のみでは栄養の補給を行うことが困難になる．特にエネルギー不足，鉄分の不足が起こるため乳汁以外の離乳食で補給する必要がある．

　② 摂食・消化機能の発達：乳児は，5か月くらいになると乳汁以外の食物に興味を示すようになる．また，唾液の分泌も盛んになり，唾液中の消化酵素の分泌が高まってくる．この頃から，唾液と混ざり合ったドロドロした食物を飲み込むことができるようになり，咀嚼（噛むこと）や嚥下（飲み込むこと）の学習は，幼児期以降の食生活の確立に重要である．

　③ 正しい食習慣の確立および精神的発達：離乳が進むに従い，食事時間，回数などが次第に固定し，幼児以降の食習慣の確立につながる．咀嚼や味覚の形成，嗅覚や視覚を刺激しながら食事をすることによって大脳の発達が促進され，乳児の精神的発達を促すといわれている．

6.2.4　離乳の支援ガイド

　2019年3月に厚生労働省「授乳・離乳の支援ガイド」が改訂された（表6.4）．以下に概要を示す．

(1) 離乳の開始

　離乳の開始とは，なめらかにすりつぶした状態の食物を初めて与えたときをいう．開始時期の子どもの発達状況の目安は，首のすわりがしっかりして寝返りができ，5秒以上座れる，スプーンなどを口に入れても舌で押し出すことが少なくなる（哺乳反射の減弱），食べ物に興味を示すなどがあげられる．その時期は生後5〜6か月頃が適当である．ただし，子どもの発育および発達には個人差があるため月齢はあくまでも目安である．離乳の開始前の子どもにとって，最適な栄養源は乳汁（母乳または育児用ミルク）であり，離乳の開始前に果汁やイオン飲料を与えることの栄養学的な意義は認められていない．

(2) 離乳の進行

　① 離乳初期（生後5〜6か月頃）：離乳食は1日1回与える．母乳または育児用ミルクは子どもの欲するままに与える．離乳食を飲み込めること，舌ざわりや味に慣れることがおもな目的である．

　② 離乳中期（生後7〜8か月頃）：離乳食は1日2回にし，舌でつぶせる固さのものを与える．母乳または育児用ミルクは離乳食の後に与え，離乳食とは別に母乳は子どもの欲するままに育児用ミルクは1日に3回程度与える．

　③ 離乳後期（生後9〜11か月頃）：離乳食は1日3回にし，歯ぐきでつぶせる固さのものを

表6.4 離乳の進め方の目安

以下に示す事項は，あくまでも目安であり，子どもの食欲や成長・発達の状況に応じて調整する．

		離乳の開始 ⟶ 離乳の完了		
		離乳初期 (生後5〜6か月頃)	離乳中期 (生後7〜8か月頃)	離乳後期 (生後9〜11か月頃)	離乳完了期 (生後12〜18か月頃)
食べ方の目安		・子どもの様子をみながら1日1回1さじずつ始める ・母乳や育児用ミルクは飲みたいだけ与える	・1日2回食で食事のリズムをつけていく ・いろいろな味や舌ざわりを楽しめるように食品の種類を増やしていく	・食事リズムを大切に，1日3回食に進めていく ・共食を通じて食の楽しい体験を積み重ねる	・1日3回の食事リズムを大切に，生活リズムを整える ・手づかみ食べにより，自分で食べる楽しみを増やす
調理形態		なめらかにすりつぶした状態	舌でつぶせる固さ	歯ぐきでつぶせる固さ	歯ぐきで噛める固さ
1回当たりの目安量	Ⅰ 穀類	・つぶしがゆから始める	全がゆ50〜80 g	全がゆ90〜軟飯80 g	軟飯90〜ご飯80 g
	Ⅱ 野菜・果物	・すりつぶした野菜なども試してみる	20〜30 g	30〜40 g	40〜50 g
	Ⅲ 魚 または肉 または豆腐 または卵 または乳製品	・慣れてきたら，つぶした豆腐・白身魚・卵黄なども試してみる	10〜15 g 10〜15 g 30〜40 g 卵黄1〜全卵1/3個 50〜70 g	15 g 15 g 45 g 全卵1/2個 80 g	15〜20 g 15〜20 g 50〜55 g 全卵1/2〜2/3個 100 g
歯の萌出の目安			乳歯が生え始める	・1歳前後で前歯が8本生えそろう ・離乳完了期の後半頃に奥歯（第一乳臼歯）が生え始める	
摂食機能の目安		口を閉じて取り込みや飲み込みができるようになる	舌と上あごで潰していくことができるようになる	歯ぐきで潰すことができるようになる	歯を使うようになる

[注] 衛生面に十分配慮して食べやすく調理したものを与える．

[厚生労働省：授乳・離乳の支援ガイド　2019より]

与える．食欲に応じて離乳食の量を増やし，離乳食の後に母乳または育児用ミルクを与える．離乳食とは別に，母乳は子どもの欲するままに，育児用ミルクは1日2回程度与える．手づかみ食べは，生後9か月頃から始まり，1歳過ぎの子どもの発育および発達にとって積極的にさせたい行動である．食べ物を触ったり，握ったりすることで，その固さや触感を体験し，食べ物への関心につながり，自らの意志で食べようとする行動につながる．

(3) 離乳の完了

　離乳の完了とは，形のある食物をかみつぶすことができるようになり，エネルギーや栄養素の大部分を母乳または育児用ミルク以外の食物からとれるようになった状態をいう．その時期は生後12〜18か月頃である．離乳の完了は，母乳または育児用ミルクを飲んでいない状態を意味するものではない．食事は1日3回とし，そのほかに1日1〜2回の間食を目安とする．母乳または育児用ミルクは，子どもの状況に応じて与える．

▌6.2.5　離乳食の進め方の目安

（1）食品の種類と組合せ

食品の種類と組合せは離乳の進行に応じて，食品の種類や量を増やしていく（表6.4参照）.

① 食品の種類：離乳の開始は，おかゆ（米）から始める．慣れてきたら野菜や果物，さらに慣れたら豆腐や白身魚，固ゆでした卵黄など種類を増やしていく．離乳が進むにつれて，魚は白身魚から赤身魚，青皮魚へ，卵は卵黄から全卵へと進め，脂肪の多い肉類は少し遅らせる．ヨーグルト，塩分や脂肪の少ないチーズも用いてよい．新しい食品を始めるときには離乳食用のスプーンで1さじずつ与え，子どもの様子をみながら量を増やしていく．牛乳を飲用として与える場合は，鉄欠乏性貧血の予防の観点から1歳を過ぎてからが望ましい．また，はちみつは，乳児ボツリヌス症を引き起こすリスクがあるため，1歳を過ぎるまでは与えない．

母乳育児の場合，生後6か月の時点で，鉄やビタミン D 欠乏の指摘もあることから，適切な時期に離乳を開始し，鉄やビタミンDの供給源となる食品を意識的に取り入れることが重要である．

② 食品の組合せ：離乳食に慣れた離乳中期頃には，穀類（主食），野菜（副菜）・果物，たんぱく質性食品（主菜）を組み合わせた食事とすることが望ましい．

③ フォローアップミルクの使用：フォローアップミルクは母乳代替食品ではなく，離乳が順調に進んでいる場合は，摂取する必要はない．離乳が順調に進まず鉄欠乏のリスクが高い場合や，適当な体重増加が見られない場合には，医師に相談した上で，必要に応じてフォローアップミルクを活用すること等を検討する．

（2）調理形態・調理方法

離乳の進行に応じて食べやすく調理したものを与える．子どもは細菌に対する抵抗力が弱いので，調理を行う際には衛生面に十分に配慮する．

米がゆは，乳児が口の中で押しつぶせるように十分に煮る．初めは「つぶしがゆ」とし，慣れてきたら粗つぶし，つぶさないままへと進め，軟飯へと移行する．野菜類，たんぱく質性食品は，初めはなめらかに調理し，しだいに粗くしていく．離乳中期頃から，つぶした食べ物をひとまとめにする動きを覚え始めるので，飲み込みやすいようにとろみをつける工夫も必要になる．調味料については，離乳の開始頃では調味料は必要ない．離乳の進行に応じて，調味料を使用する場合は，それぞれの食品のもち味を生かしながら，薄味で調理する．油脂類も少量の使用とする．

▌6.3　新生児期・乳児期の栄養アセスメント

乳児の栄養状態をできるだけ正確に評価することは，健康の維持・増進のために非常に大切である．乳児期の適切な栄養管理はその後の一生の健康を左右するため，重要である．

（1）身体計測

① 体重：栄養状態や健康状態の指標として，最も重要である．体重測定は正確に計測することが大切である．

② 身長：身長は栄養状態よりも，遺伝的な形質に左右される．比較的長期の栄養状態の評価

に用いられる.

③ 胸囲:乳児期では,頭囲と胸囲との発育のバランスで評価を行う.

④ 皮下脂肪厚:栄養状態や肥満の評価に用いる.

⑤ その他:カウプ指数(7.3.2項参照),肥満度,化骨,生歯,大泉門の閉鎖などの身体の発育,哺乳量など.

●**乳幼児身体発育パーセンタイル曲線**　厚生労働省では,10年ごとに乳幼児の身体発育に関する全国調査を行い,その結果をもとにパーセンタイル曲線を作成している.これは母子健康手帳にも載せられ,発育評価の目安として使用されている.図6.5の一番上が97パーセンタイル曲線,一番下が3パーセンタイル曲線で,両曲線の間にあればほぼ正常であるとする.

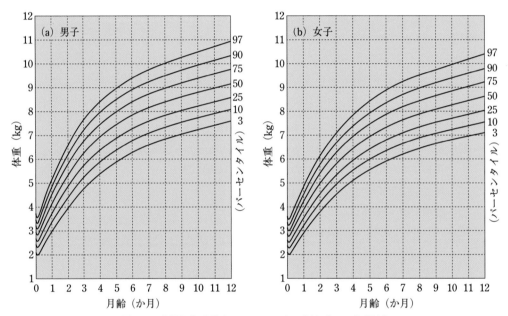

図6.5　乳幼児体重発育パーセンタイル曲線(2010年調査)
[厚生労働省:平成22年乳幼児身体発育調査報告書,2011より]

(2) 臨床検査

血液検査(血清アルブミン値,総たんぱく量)による黄疸や貧血の検査,尿検査などがある.また,先天性代謝異常を早期に発見するためにマススクリーニングが行われる.

(3) 臨床診査

乳児の顔色,皮膚,口唇,口腔内など,目で見ることができる部分の観察を行う.乳児期の問診としては,身体の発育,運動機能,乳汁や離乳食の摂取状況などがある.理学的検査はX線検査などである.X線で手根骨を撮影して,骨の発育状態の評価ができる.

6.4 新生児期・乳児期の栄養と病態・疾患，生活習慣

6.4.1 低出生体重児

妊娠中の在胎週数に関係なく，出生時に低体重の新生児を表6.5のように区分する．

低出生体重児は，吸啜反応があっても，不十分なことが多いので，経管栄養が原則となる．経鼻チューブ栄養は鼻腔刺激や気道が狭くなったりするので，経口チューブ栄養が多い．栄養方法としては，一般的には母乳がよい．超低出生体重児に母乳を長期間与えるとエネルギー，たんぱく質，電解質などが不足するため，エネルギーの高い未熟児用ミルクを与える．低出生体重児用のミルクは，吸収のよい糖質やたんぱく質を多くし，脂肪を少なくして調整されている．

表6.5 低体重新生児の区分

区分	出生時体重
低出生体重児	2500 g 未満の新生児
極低出生体重児	1500 g 未満の新生児
超低出生体重児	1000 g 未満の新生児

子宮内発育遅延児や低出生体重児は，発育の遅れを取り戻すために（キャッチアップ），通常の乳児の摂取量の目安（110～120 kcal/kg/日）より多く必要であるといわれているが，児の状態によって適宜加減して与えている．低出生体重児の場合，電解質の不足にも注意を要する．

6.4.2 発育不良

発育不良の類似語としてはやせ，栄養失調，低栄養などがある．発育不良の原因はさまざまで，食事の量的・質的欠陥や消化吸収障害，代謝障害，代謝異常などが考えられる．症状としては，成長障害が重要である．高度の発育不良では体重増加不良，皮下脂肪の減少（老人様顔貌），顔面蒼白，便秘，下痢，免疫力低下などがある．食事療法としては，母乳不足のときは育児用ミルクを与える．離乳期以降では，食品の組合せ，量，調理法に留意しながら，高エネルギー食と良質たんぱく質の摂取を心がける．

一方で，発育パーセンタイル曲線やカウプ指数による評価で太りすぎ，過体重が疑われる場合がある．乳児期は一生のうちで最も成長の著しい時期であり，幼児期になると解消される場合が多いため，体重を経過観察する必要はあるが，食事制限は原則行わない．

6.4.3 乳児ビタミンK欠乏症

新生児および乳児のビタミンKの欠乏によって，生後2～3日にみられる新生児メレナ（消化管出血），約1か月前後にみられる突発性乳児ビタミンK欠乏症（頭蓋内出血）を起こすことがある．ビタミンKは胎盤を通過しにくいこと，母乳中のビタミンK含量が少ないこと，腸内細菌によるビタミンK産生や供給量が低いことが考えられている．現在では予防のため，出生後すぐから生後2か月頃まで定期的にビタミンK_2シロップの投与がされている．

6.4.4 貧 血

乳児期の貧血の大部分は鉄欠乏性貧血である．母乳に含まれる鉄は少なく，胎児期に貯蔵した鉄を生後5か月くらいで使い果たすために，離乳期に鉄欠乏性貧血を起こしやすい．また，低体重の乳児も胎生期の貯蔵鉄が少ないために貧血を起こしやすい．貧血傾向になっても，すぐに症状が出るわけではなく，顔色不良，不機嫌，食欲不振，疲れやすい，不活発などの症状がみられたり，免疫力の低下によって感染症にかかりやすくなったりする．

乳児期の貧血は予防も重要であるが，特に低体重の乳児は体内貯蔵鉄が少ないので，早期に血液検査を行う必要がある．また，離乳期には鉄含有量の多い食品（卵黄，レバー，しらす干し，ほうれん草，小松菜など）を献立に取り入れることも必要である．離乳開始の遅れは鉄の補給ができなく，乳児の貧血の原因になることもあるので注意を要する．

6.4.5　乳児下痢症

乳児期にみられる下痢を主症状とした疾患を乳児下痢症という．急性消化不良症も同じ意味である．原因はさまざまであるが，腸内感染が多く，なかでもウイルス感染が大多数を占め，ロタウイルスによる感染が多い．冬の乳幼児の下痢の80〜90％はロタウイルスによるものといわれている．その他，特殊なものとして乳糖不耐症があるが，これは先天性のラクターゼ欠損と二次性の乳糖不耐症がある．乳児下痢症の一般的な症状は，下痢，発熱，嘔吐，食欲不振などがある．

食事療法は，症状に応じて行うが脱水症の予防，または治療が重要である．一般的には授乳を続ける．嘔吐が激しい場合は絶食をする．水分補給は湯冷まし，番茶，イオン飲料，薄いおもゆなどがよい．離乳期以降の食事療法は下痢の症状に応じて，おもゆ，10倍粥，スープなど，水分の多い消化のよいものを与え，繊維の多いものや脂肪の多いものは避ける．症状の改善にあわせて，数日かけて食事を戻していく．

6.4.6　乳糖不耐症

乳糖分解酵素ラクターゼの欠損または活性が低いことによって，乳糖未分解による下痢が起こる．先天性乳糖不耐症と，ウィルス感染や腸炎などにより一時的にラクターゼ活性が低下して起こる二次性乳糖不耐症がある．治療には乳糖を除去したミルクを与える．

6.4.7　便　秘　症

排便回数が少ない，排便困難（便が硬い，出にくい，痛いなど）がある場合を便秘という．乳児期における便秘症は食事が原因の場合が多い．具体的には母乳の不足，人工乳の不足，濃厚調乳，牛乳の過飲，離乳食の繊維不足などが考えられる．

便秘の食事療法としては，母乳不足の場合は人工栄養に切り替える．哺乳量が十分であっても，便秘する場合はマルツエキス（麦芽糖を80％前後含む，水飴状のもので，発酵性が強く便秘の治療に使用）や砂糖湯などを与えてみる．離乳期以降の便秘の場合は，ヨーグルト，乳酸菌飲料，100％果汁などを与える．食物繊維を多くとる．便秘の治療は乳児の月齢と症状に応じて食事での改善をはかるのがよい．食事で改善しない場合は医師の指示のもとに，浣腸や緩下剤を使用する．

6.4.8　食物アレルギー

食物アレルギーは，特定の食物を摂取した後にアレルギー反応を介して皮膚，呼吸器，消化器あるいは全身性に生じる症状のことである．そのほとんどは食物に含まれるたんぱく質が原因で生じる．乳児の食物アレルギーの発症は，「育児用粉ミルク中の抗原物質の腸管からの，透過性亢進によるもの」「母親が妊娠中に摂取した食物による胎生期での感作によるもの」「腸管のIgA抗体が少ないことによるもの」などがある．アレルギー反応により，じん麻疹などの皮膚症状，腹痛や嘔吐などの消化器症状，息苦しさなどの呼吸器症状が複数同時にかつ急激に出現した状態をアナフィラキシーといい，乳児期に起こるアナフィラキシーは食物アレル

ギーによることが多い．アナフィラキシーショックが起こった場合，意識レベルの低下などがみられ，命の危険がある．

　食事療法としては，アレルゲンとなる食品を特定して，除去することである．食物アレルギーは乳児期が最も多く，早ければ生後2か月くらいから，3歳児では3～5%くらいにみられるが，成長とともに減少する．乳児ではアレルゲンになりやすい食品として，卵，牛乳，小麦の割合が高い．なお，食物アレルギーをもつ消費者の健康危害の発生を防止する観点から，過去の健康危害の程度，頻度を考慮し特定原材料7品目が定められており，容器包装された加工食品について，当該特定原材料を含む旨の表示が義務付けられている（表6.6）．

表6.6　特定原材料等（計28品目）

特定原材料（7品目）	特定原材料に準ずるもの（21品目）
えび，かに，小麦，そば，卵，乳，落花生（ピーナッツ）	アーモンド，あわび，いか，いくら，オレンジ，カシューナッツ，キウイフルーツ，牛肉，くるみ，ごま，さけ，さば，大豆，鶏肉，バナナ，豚肉，まつたけ，もも，やまいも，りんご，ゼラチン

［消費者庁ホームページ，2019］

6.4.9　先天性代謝異常

　先天性代謝異常とは，生まれつき代謝酵素の欠損，あるいは活性低下によって体内代謝系に異常が生じて，生命にかかわる重大な事態に陥ったり，成長障害や日常生活に支障をきたす状態になったりする疾患である．現在までにわかっている先天性代謝異常の種類は300種にも及ぶ．我が国では，それらのおもなものについて，新生児に対してマススクリーニングテストを行って早期発見につとめている．先天性代謝異常疾患は早期発見と食事療法が重要であるが，代謝障害物質を除去した特殊ミルクなどが使用されている．以下におもな代謝異常疾患について述べる．

（1）フェニルケトン尿症

　フェニルアラニンからチロシンへの転換酵素フェニルアラニンヒドロキシラーゼの先天性欠損症である．常染色体劣性遺伝による．症状は出生時には普通であるが，赤毛，湿疹，皮膚が白いなどの特徴が出現し，生後4～5か月頃から，精神運動発達の遅れがみられるようになる．放置しておくと知能運動障害をきたす．尿はフェニルピルビン酸排泄のため，かび臭いにおいがある．治療は，診断後，速やかにフェニルアラニン除去食を与える．乳汁栄養期はフェニルアラニン除去ミルクなどを与え，離乳期以降は低フェニルアラニン食を与えて成人になるまで，治療食を継続する．

（2）ヒスチジン血症

　ヒスチダーゼの先天性欠損，常染色体劣性遺伝である．大部分は無症状であるが一部に言語発達遅延と軽い知能障害がある．

　そのほか，ガラクトース血症，ホモシスチン尿症，メープルシロップ尿症，などがあるが，いずれも常染色体劣性遺伝によって起こるものである．

6.5 新生児期・乳児期の栄養ケア

　乳児期は，一生のうちで最も発育が著しい時期である．成長に見合った適切な栄養補給を心がける必要がある．

(1) 乳汁栄養期

　正常な発育状態であるかをチェックする（母子健康手帳，定期健診など）．母乳分泌不足による発育不良が疑われる場合は，育児用ミルクで補う場合もある．

(2) 離乳期以降

　各発育区分に適応した食品を適切な調理方法で提供していく．以下に要点を示す．

① 離乳食への移行および進行は焦らないで進める．

② 食欲・機嫌・便の性状などを観察しながら栄養補給を行う．

③ できるだけ多くの種類の食品や調理方法に慣れるようにする．

④ 離乳中期まではできるだけ加熱したものを与える（食物アレルギー予防のため）．

⑤ 衛生的に取り扱う．

⑥ 個性を尊重する．無理強いを避ける．

(3) 親子関係の支援

　乳児をもつ母親の中には育児についての不安，孤立感などの悩みを抱えている者も多い．地域の子育て支援，保健相談などを通じて母親の不安解消に努め，健全な親子関係を築く支援を行う．

(4) 正しい食習慣の形成

　乳児期の栄養，とりわけ離乳食のあり方は，幼児期以降のよい食習慣形成の基礎となる．咀嚼機能，食物選択，食事環境づくりに留意して，食事は楽しいという意識づけを行う．

7 幼児期(成長期)

　幼児期は 1〜5 歳までをいう．この時期は離乳が完了し，身体の発育，運動機能や精神機能の発達が盛んであり，成長に必要な栄養素の補給だけでなく，味覚や嗜好の基礎も培われる．食事のマナーなどの社会性の教育を始め，食を通じたコミュニケーションから食事の楽しさを実感させて，心の成長につなげる．摂食・嚥下機能は発育途上であるため未熟性が残り，発育速度は年齢差だけでなく個人差もあるため，一人ひとりの子どもに合った食事内容で対応する．この時期は生涯の食生活の土台となることを認識し，保護者や保育者は望ましい食習慣の確立に努める必要がある．

7.1　幼児期の生理的特徴

　幼児期は乳児期に次いで発育が著しいため，発育区分として前期の 1〜2 歳と後期の 3〜5 歳に分けて栄養管理を行う．幼児期の生理的特徴は，発育・発達の理解が基礎となる．

7.1.1　幼児期の身体変化

　乳児期に比べ幼児期の年間の成長率は緩やかになる．幼児期の成長は秩序正しく一方向に進み，連続的な変化であるが，その速度には個体差がある．発育には臓器特異性があり，臓器によって発育の速度が異なり，スキャモンの発育曲線から，幼児期には，リンパ型，神経型，一般型の発育がとくに著しいことがわかる（3 章参照）．幼児期の成長の特徴を以下に示す．

7.1.2　幼児期の成長

　① 身長：1〜2 歳児では年間に約 12 cm，3〜5 歳では年間約 7 cm 伸び，年間の伸び率は幼児期後半になると緩やかになる．4 歳で，出生児身長（約 50 cm）の約 2 倍（約 100 cm）になる．

　② 体重：1〜2 歳児では年間約 1〜2 kg の増加，その後は約 1 kg 増加する．1 歳で出生時の約 3 倍，3 歳で 4〜5 倍の重さになる．

　③ 頭囲：1 歳では年間約 13 cm 伸び，2 歳児では約 2 cm，3〜4 歳児では約 1 cm 伸びる．出生時頭囲が約 33 cm であったものが 5〜6 歳になると 50〜51 cm まで成長する．

　④ 胸囲：出生時には頭囲より胸囲のほうが若干小さく約 31 cm であるが，1 歳児で頭囲と胸囲がほぼ同じ大きさになる．1 歳以降は，十分に栄養素が摂取できていれば，胸囲のほうが頭囲より大きくなる．

　⑤ 臓器：乳児期に垂直型であった胃は 3 歳で成人のような水平型になる．胃の容量は乳児期

より増加し，拡張時で 400〜800 mL となり，成人の 13〜26% 程度の容量になる．胃容量増加により 1 回の摂食量も増加する．消化酵素の分泌は乳児期より増加するが，消化機能は十分に完成していない．また，肝臓の解毒作用，腎臓の濃縮作用も成人と比べ未熟である．

7.1.3　幼児期の発達

発達とは機能面が成熟し能力が広がることを指す．食べることに関連する機能として，消化機能，口腔機能，運動機能，精神機能などがある．生理的機能の発達はもとより，運動機能の発達により道具を上手に使えるようになり，精神機能の発達により言語の理解と表現が可能となる．この時期に望ましい生活習慣をしつけることにより，早期から自然に身につけることが可能となる．

(1)　口腔機能

乳歯は生後 6〜7 か月で生え始め，3 歳頃までに 20 本が生え揃う（図 6.3 参照）．2 歳頃から本格的に咀嚼力が高まる．

(2)　運動機能

下肢や身体全体を使った大きな動き（粗大運動）が先行してできるようになり，次いで指先などを使った小さな動き（微細運動）ができるようになる．1 歳で歩けるようになり，2 歳では階段の昇り降り，3 歳では片足たちができるようになる．また，道具を使う機能が発達し，1 歳では物をつかむことができるようになり，コップで飲むことができるようになる．4 歳では，スプーンや箸を上手に使えるようになる．

(3)　知能・言語・精神機能

脳重量は 5 歳児で成人比の 90% が完成しており，それに伴い幼児期における知能の発達が著しい．言語を理解して行動するようになり，自分の意思を言語を使って表現できるようになる．情緒の発達においては，2〜3 歳で自我が確立し自己主張が強くなり，第一次反抗期がおとずれ，主体的行動が多くなる．4〜5 歳では考える力，判断する力，想像する力が豊かになる．

7.2　幼児期の栄養的特徴

7.2.1　幼児期の食事摂取基準

幼児期の年齢区分は，1〜2 歳と 3〜5 歳に分かれる．エネルギー摂取量の評価は，成長曲線（身体発育曲線）を用いて，成長曲線のカーブに沿っているか，成長の経過を縦断的に観察する．推定エネルギー必要量は，基礎代謝量に身体活動レベルを乗じて，年齢区分ごとの成長に必要なエネルギー蓄積量を付加する．体重 1 kg 当たりの基礎代謝量（基礎代謝基準値 kcal/kg/日）は 1〜2 歳が最も高く，次いで 3〜5 歳である．身体活動レベルは，Ⅱ（ふつう）の 1 区分である．たんぱく質の推定平均必要量は，たんぱく質維持必要量（0.66 g/kg 体重/日）と成長に伴い蓄積されるたんぱく質蓄積量から要因加算法により算出した．たんぱく質，脂質，炭水化物のエネルギー産生栄養素バランスは，成人と同じ比率である．2020 年版から 3〜5 歳の目標量が新たに設定された栄養素は，飽和脂肪酸が 10% エネルギー比率以下，食物繊維が 8 g/日以上である．カルシウムと鉄の推定平均必要量・推奨量は要因加算法によって設定された．食事摂取基準の策定に有用な研究で小児を対象としたものが少ない栄養素は，外挿法を用いて成

人の値から推定した．幼児期は年齢に伴って必要量も増加するため，成長の度合いをみながら不足しないように十分な量を摂取する．

7.2.2 幼児期の食事と摂食行動

幼児期は身体の大きさも小さく，消化機能も未熟であるが，発育・発達が盛んであり，乳児期よりも身体の発育と運動機能が高まり，自発的な動きが増え活発になる．身体活動量が増加することから，幼児期の体重1kg当たりの栄養必要量は成人よりも多くなる．

幼児に与える食事は，咀嚼能力や消化機能が発達途中であることを考え，咀嚼可能な形態であり，かつ抵抗力の弱い幼児には食品衛生上，安全な食事を提供する．

また，幼児期は胃容量も小さく，1回に食べる量に限界があるため，1〜2歳児には間食を午前と午後の2回，3〜5歳では間食を1回与え，1日に必要な栄養量は間食を含めた食事で供給する．間食のエネルギー配分は，1〜2歳では1日に必要なエネルギー量の10〜15％となる約100〜150 kcal，3〜5歳では1日のエネルギー量の15％となる約200 kcalを目安とする．保育所などでは，1日当たりの食事摂取エネルギーの50％を昼食と2回の間食（1〜2歳児）で，45％を昼食と1回の間食（3〜5歳児）で提供することを目安とする例が多い（巻末付録2の表4参照）．間食の内容は，3度の食事で不足しがちなビタミンやミネラルの供給をするために，果物や野菜，乳製品などを積極的に使用し，糖質や脂質偏重にならないように留意する必要がある．与え方は，食事の食欲を落とさないように，食後2〜3時間空け，規則正しく与える．

●**摂食行動**　年齢別幼児の摂食行動の特徴は以下のようになる．

① 1〜2歳児：自分でスプーンをもってすくって食べる行動をとるが，まだ上手く使うことができず食物をこぼす．離乳期に比べ摂食量が増加するが消化機能は未熟であるため食べ過ぎると腹痛や下痢を起こしやすい．食物の好みが出てきて，食べたい食物を欲しがり，食べたくないものは口から出してしまう行動が起こる．食欲や摂食量にはムラが生じやすい．

② 3〜4歳児：スプーンや箸が上手に使えるようになり，食事のスピードも速くなる．第一次反抗期が起こり，何でも自分で食べようとする自立した行動が起こってくる．同時に好き嫌いが生じやすい．食べ方は友人や環境に影響されやすいが，食欲は一定に落ち着いてくる．

③ 5歳児：何でも食べられるようになるが，食の嗜好が固定化する時期である．集団生活や多様な遊びから社会性が育ち，集団での食事ができるようになる．

7.3 幼児期の栄養アセスメント

幼児期の栄養アセスメントとして，臨床診査，身体計測，食事調査を行い，侵襲的な検査を伴う臨床検査は疾病の疑い，栄養状態不良があるときに必要に応じて実施する．

7.3.1 臨床診査

顔色，皮膚のつや，表情，食欲，睡眠などの自他覚症状の観察以外に，必要に応じて体温，脈拍，血圧，便，尿などの理学的検査について診査する（表7.1，表7.2）．体調不良の意思表示がうまくできない幼児の把握として，「子どもの不機嫌」「不活発な状況」も見逃さず観察し，原因となる疾患がないか確認する．とくに疾患がない場合でも，体温異常がある場合がある．自律神経の体温調節機構がうまく働かないことにより，体温が36℃未満の低体温や37℃以上

表7.1 幼児の血圧および脈拍

	安静時呼吸数 (回/分)	安静時脈拍数 (回/分)	収縮期血圧 (mmHg)	拡張期血圧 (mmHg)
乳児	30～40	110～130	80～90	60
幼児	25～30	90～110	90～100	60～65
学童	20～25	80～90	100～120	60～70
成人	15～20	60～80	120～130	70～80

[鮒坂二夫監修, 米谷光弘編著:健康 理論編, 保育出版社, 2009, p.18, 表一部改編]

表7.2 幼児の赤血球基準値

年　齢	ヘモグロビン (g/dL)	ヘマトクリット (%)	赤血球数 (10^{12}/L)	MCV (fL)	MCH (pg)	MCHC (%)
出生時	16.5	51	4.7	108	34	33
1週後	17.5	54	5.1	107	34	33
1か月後	14.0	43	4.2	104	34	33
6か月後	11.5	35	3.8	91	30	33
2歳	12.0	36	4.5	78	27	33
6歳	12.5	37	4.6	81	27	34

MCV:平均赤血球容積, MCH:平均赤血球ヘモグロビン量, MCHC:平均赤血球ヘモグロビン濃度.
[伊藤節子ら編著:応用栄養学 改訂第4版, 南江堂, p.156 一部改変]

の高体温が恒常化している. この原因として, エアコンによる室内温度環境, 睡眠リズムの乱れ, 身体活動の不活発, 朝食欠食などの生活習慣がある. 体温異常がある場合は,「遊ばずにじっとしている」「集中力に欠ける」「落ち着きがない」などの情緒や行動が不安定な傾向が観察される.

7.3.2 身体計測

身長, 体重, 頭囲, 胸囲を測定し, 発育が良好であるか判断するために評価指標として成長曲線(図7.1, 図7.2)とカウプ指数(図7.3)を用いる. 日本小児内分泌学会と日本成長学会は, 乳幼児期および就学期以降の小児の体格データは, 2000年を体格標準値として用いることを推奨している(平成22年 乳幼児身体発育調査報告書).

(1) 発育曲線

パーセンタイル発育曲線のカーブが大幅にずれていないか確認する. さらに3パーセンタイル値未満と97パーセンタイル値を超える値は, 成長の偏りがある場合が多く, 精密検査の対象となりうる. 身長が3パーセンタイル以下の発育不全がある場合, SGA(small-for-gestational age)性低身長症などのさまざまな疾患や虐待などの早期発見に有効となる. 10パーセンタイル値未満と90パーセンタイル値を超える値の幼児については, 成長の偏りがある可能性があることが多く, 経過観察を要する.

(2) カウプ指数

身長と体重のバランスを知るための体格評価指数として乳幼児に使用されている. 成長度の判定は, カウプ指数だけでなく, 体重と身長の発育曲線の経過をみて総合的に判断するのがよい.

カウプ指数 = [体重(kg) ÷ 身長(cm)^2] × 10^4

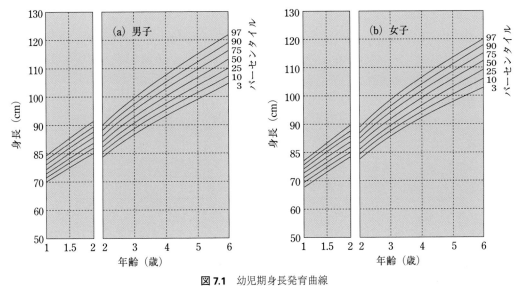

図 7.1 幼児期身長発育曲線
［厚生労働省：平成 24 年度乳幼児身体発育マニュアルより］

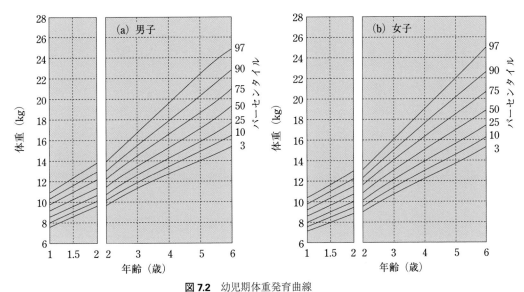

図 7.2 幼児期体重発育曲線
［厚生労働省：平成 24 年度乳幼児身体発育マニュアルより］

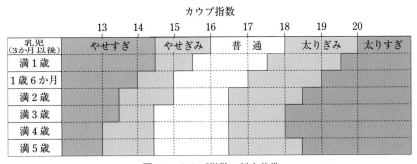

図 7.3 カウプ指数の判定基準

（3）頭囲と胸囲

　頭囲と胸囲の評価は，その比率で成長の遅れがないか判断することが多い．頭囲が胸囲に比べて，著しく大きい場合や著しく小さい場合には，成長を阻害する疾患が存在する可能性がある．

▌7.3.3　食事調査

　食事の内容や量の把握のほか，食事時間の規則性，空腹感，間食の内容，こ食（孤食・個食・子食・小食・固食・粉食・濃食）の食習慣などを保護者や保育者に確認する．食事量にムラがある場合，または食事量の把握が曖昧な場合は，一定期間，目安量による食事記録を行い，摂食量や生活習慣との関係を把握するとよい．食事への関心が低い保護者には，「とくに食の問題がない」という認識が多く，客観的にみて問題があることも，食に関心がないために問題視されないことがあるので注意する．

▌7.4　幼児期の栄養と病態・疾患，生活習慣

　幼児の生活習慣は保護者の生活習慣に影響されることが多く，とくに就寝時間や食事時間などが遅くなりやすい．就寝時間が遅くなることや，十分な睡眠時間を確保できない状況では睡眠中に分泌される成長ホルモンが低下し成長を遅らせる可能性や，肥満に関連する食欲を調節するホルモンの動態が変化し肥満につながりやすくなる．健康を維持するために，まずは規則正しい生活リズムを身につけて続けることが基本である．

▌7.4.1　低体重・やせ，肥満

（1）低体重・やせ

　標準体重を表す式から計算する方法では標準体重に比べ，−15％以下であれば「やせ」，−20％以下は「やせすぎ」と判定する．成長期にある幼児期では，何らかの疾患や治療以外で体重の減少がおこることはほぼない．体重が減少している原因として，偏食や食欲不振，代謝障害によるものが考えられる．低体重であっても，とくに問題がみつからず健康で元気な場合は，成長過程の一時的な現象の可能性もあるため，体重の変動を経過観察する．

（2）肥　満

　幼児期の急激な体重増加が成人期の内臓脂肪型肥満と関連するというコホート研究や，5歳で肥満であった場合，そのうち59％が12歳で肥満になるという研究結果などから，幼児の肥満予防と対策は重要である．肥満は体脂肪が過剰に蓄積した状態である．脂肪細胞数が過剰に増える脂肪細胞増殖型肥満，脂肪細胞の大きさが肥大する脂肪細胞肥大型肥満，その混合型が知られている．新生児から幼児期にかけて体脂肪率は，男女とも1歳頃までに20％前後に上がり，2〜3歳には減少傾向に転じて，6歳頃には底値になり，女子は7歳前後から再度増えるという傾向がある．

　脂肪細胞は一度増殖すると減ることはなく，脂肪細胞増殖型肥満はやせにくい，リバウンドしやすいという特徴をもつ．生涯で脂肪細胞が増殖する時期は，胎児期，乳幼児期，思春期とされる．2歳までの幼児は脂肪細胞を増殖しやすいため，肥満は脂肪細胞増殖型肥満になりやすい．2歳〜学童期までは脂肪細胞の増殖が緩やかになる一方で，脂肪細胞が肥大することも

同時に起こり，脂肪細胞増殖・肥大混合型肥満になりやすい．脂肪細胞の増殖や肥大をさせないような食生活の管理が重要である．

　体重は，標準体重に比べ＋15％以上であれば「肥満」と判定する．また，母子健康手帳に掲載されている「乳幼児身長発育曲線」に，身長と体重をグラフにプロットしても判定できる．幼児期の肥満は，成人と異なり成長期であるため，正常な成長を妨げないように配慮し，生活習慣や生活リズムの見直しをすることで改善を目指す．

●**幼児期の標準体重**　日本小児医療保健協議会（幼児肥満ガイド，2019）による幼児期（1歳以上6歳未満）の標準体重を表す式は以下のとおりである．

$$男児標準体重(kg) = 0.00206\,X^2 - 0.1166\,X + 6.5273$$
$$女児標準体重(kg) = 0.00249\,X^2 - 0.1858\,X + 9.0360$$

　　　対象となる身長：70 cm 以上 120 cm 未満．X：身長（cm）

　乳幼児期のBMIは，年齢に伴い特徴のある推移を呈する．男女とも，出生時から6か月頃までに急激増加しピークに達し，その後徐々に低下し，5歳頃にボトムを形成し，再度増加に転じる．5歳前後から，BMIが再増加する現象をアディポシティリバウンドと呼ぶ．幼児期に起こるアディポシティリバウンドの開始年齢が早いほど，将来，肥満になりやすく（図7.4），また，2型糖尿病や心筋梗塞などの生活習慣病を発症するリスクが高くなることがこれまでの観察研究で明らかになっている．

7.4.2　低栄養，脱水
（1）低栄養

　現在の我が国では，基礎疾患がなく，かつ適切な保育環境にある幼児では低栄養の結果として栄養失調症になることはない．食糧不足にある開発途上国や，我が国においても幼児虐待などにより食事が十分に摂取できない環境では，低栄養状態になることがある．体格判定で「やせすぎ」の場合は，栄養失調症の可能性がある．エネルギーとたんぱく質両方が不足している（マラスムス）のか，たんぱく質が不足している（クワシオルコル）かを見きわめて対応する．

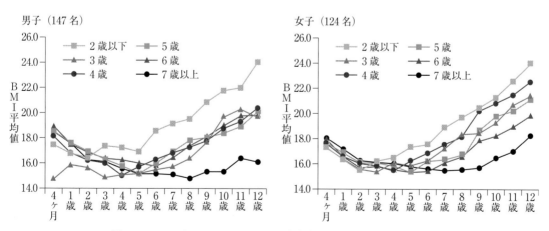

図7.4　アディポシティリバウンドの開始年齢別12歳までのBMIの変化

［有阪治ほか：肥満研究，**10**：138-146，2004；有阪治：チャイルドヘルス，**21**(1)：53-56，2018］

(2) 脱　水

　幼児の体重に占める水分は成人より多い．また体重1 kg 当たりの水分量や水分代謝量が成人より多いため，下痢や発熱，高温環境下などで脱水を起こしやすい．

▎7.4.3　う　蝕

　乳歯が生えそろう2〜3歳にう蝕が発生しやすいが，この時期は基本的歯科保健習慣を身につける時期としても非常に重要である．う蝕の発生要因として甘味食品や飲料の高頻度摂取，1歳6か月を過ぎての就寝時の授乳，母親のう蝕経験，不十分な口腔内ケア，フッ化物歯面塗布回数がある．間食は1日2回とし，歯科検診時にフッ化物歯面塗布を受け，保護者が毎日仕上げ磨きをすることにより，う蝕の予防が可能である．

▎7.4.4　食物アレルギー

　離乳期に最も多く発生し，乳幼児期に起こりやすいが，年齢とともに軽減する．適切な対処をすれば学童期前までに約8〜9割は自然に治る．原因食品は年齢とともに変化し，幼児期では鶏卵，乳製品，小麦粉，甲殻類の順に多い．「平成30年度　食物アレルギー全国実態調査結果」（消費者庁）によると，即時型食物アレルギーの原因物質は鶏卵34.7%，牛乳22.0%，小麦が10.6%，くるみ5.2%，落花生5.1%の順であり，近年の特徴としてカシューナッツやアーモンドなどの「木の実類」を原因とするアレルギーが急増している（表6.6参照）．

　アレルギー症状は，皮膚症状が最も多く，消化器症状，呼吸器症状などが起こる．アレルギー反応によるこれらの症状が複数同時にかつ急激に出現した状態をアナフィラキシーといい，その中でも，血圧が低下して意識低下や脱力がある場合（アナフィラキシーショック）は，直ちに対応しないと生命にかかわる重篤な状態を招く．アナフィラキシーショックを引き起こす可能性が高い児の対応として，原因食物の周知や，緊急時の対処について保護者と保育や調理関係者間で情報を共有しておくことが不可欠である．

▎7.4.5　鉄欠乏性貧血

　幼児期は，成長による鉄需要の増加，食事性鉄の摂取不足，基礎疾患による鉄吸収障害（食物アレルギーなど）が原因となり，体内鉄が減少し，ヘモグロビン産生が障害され発症する鉄欠乏性貧血が起こりやすい．特に，母乳栄養で離乳食が順調に進行しなかった1歳時，1歳をすぎても母乳栄養中心で食事が十分に摂取できていない幼児では発症しやすい．このような場合，母乳を中断し，フォローアップミルクを与え，離乳を進めていくが，必要に応じて鉄剤の投与も行う．また，乳児期後半から幼児期にかけて，1日に600 mL 以上，3か月以上続けて牛乳を飲むと，鉄欠乏性貧血と低たんぱく血症を合わせて発症する「牛乳貧血」になる可能性がある．牛乳貧血は，月齢6か月以降は鉄不足になりやすいことに加え，牛乳は鉄分が少なく，かつ吸収率が悪いため，牛乳だけで鉄分を補えない．乳幼児には飲ませ過ぎないように注意が必要である．

▎7.4.6　周期性嘔吐症

　年に数回発作が起こり，突然，激しい嘔吐を繰り返す．2〜10歳の子どもに限られ6歳頃をピークとして，思春期になると自然に治る．原因は明らかになっていないが，脳や神経の発達が未熟なためではないかと考えられている．過労やストレス，感染などが誘因となる．発表会，運動会，遠足，旅行などの日の夜や翌朝に嘔吐発作が起こりやすい．一般に周期性嘔吐症を起こ

す子どもはやせ型が多く，神経質であるなどの報告がある．

7.5　幼児期の栄養ケア

　幼児の食の問題行動として，「偏食」「遊び食べ」「むら食い」「噛まない」「飲み込めない」「食事時間が長い・短い」「食が細い（小食）」などがある．「平成27年度 乳幼児栄養調査結果」（厚生労働省）によると，保護者が子どもの食事で困っていることは，2～3歳未満では「遊び食べをする」，3～5歳では「食べるのに時間がかかる」であった．

（1）食事時間が長い

　「食事時間が長い」は，おおむね30分以上食事に時間がかかる場合である．30分以上時間がかかる場合は，食事内容の工夫や空腹になるような生活リズムに整える．無理強いや急がせ過ぎは丸のみの習慣がつきやすく，食べ物が口の中にあるときは水分で流し込まないようにし，よく噛んで食べる習慣は欠落しないように注意する．

（2）偏　食

　1歳半頃から徐々に多くなる．極端な偏食で栄養不良になる場合を除けば，一過性のものととらえ，類似の食品で栄養補給が可能であるが，苦手意識を持たずに少しずつ食べられるように調理法や好奇心を育てるなどの工夫をするとよい．また食環境を変えることで，子どもの気分も変わり食べることもある．

（3）遊び食べ・むら食い

　「遊び食べ」は食事中に食事に集中せず，食べ物や食器で遊び始め，席をたってほかの遊びを始める行動であり，一般的には幼児後期になって自分で食事を食べるようになると落ち着く．また，「むら食い」は食欲が日によってむらがある食べ方である．「遊び食べ」と「むら食い」については，一過性のものであれば心配はないが，長く続くようならば，食事の環境を見直し，空腹状態で食事をさせているか，食欲不振になるような原因がないか，食卓におもちゃなど食事への集中を妨げるものが置いてないかなど食環境を見直し食事に集中できる環境を整える必要がある．

（4）噛まない・飲み込めない

　噛まない原因の1つとして，日本人の食事が軟化して噛まなくても飲み込める食事が増えたことがあげられる．咀嚼しないで飲み込むことで，消化不良を起こし，摂取した栄養素の消化吸収率が下がる．また歯や顎が発達せず，噛まないことは満腹感を感じにくく，肥満を招きやすい食習慣を身につけることにつながる．1～2歳児で歯が生えそろう時期に，噛む習慣づけをさせることが重要であるが，3～4歳になっても咀嚼がうまくできない場合は，離乳期に咀嚼訓練につまずいている問題を見つけてやり直すのがよいとされている．うまく飲み込めない場合は，咀嚼力が未熟で咀嚼ができていないのか，一口量が多いなどの原因が考えられる．

（5）小　食

　同年齢の子よりも食事量が少ないことを保護者は気にすることがあるが，個人にとって最適な食事量を見きわめることは難しい．他人との比較でなく，その子にとって，ゆっくりでも元気に成長できていれば，とくに少食として心配することはない．

　幼児期の利用が多い保育所や幼保連携型認定こども園では,「保育所における食事の提供ガイドライン」(平成24年 厚生労働省),「児童福祉施設における食事の提供に関する援助及び指導について」(令和2年 厚生労働省),「児童福祉施設における「食事摂取基準」を活用した食事計画について」(令和2年 厚生労働省,巻末付録2の表3参照) などを参考にしながら,児童福祉施設と家庭が連携しながら望ましい食習慣の基礎づくりを目指す.

8 学童期(成長期)

　学童期は6〜11歳までの小学校6年間にあたる．この6年間は幼児期に比べ成長速度が緩やかになり，身体的にも心理的にも比較的安定した時期である．大きな変化としては，学校生活という本格的な集団行動に入り社会性が広がり，社会の中の自分について意識し始め，自己概念の発達が進む．学童期後半では発育急進期に入り，急激に身長が伸びる．学童期後半には思春期を迎え，性成熟に対する心身の発達速度のアンバランスを生じやすく，個人によっては精神的不安定になることもある．

8.1　学童期の生理的特徴

　学童期前半の成長は幼児期に引き続き緩やかに進むが，学童期後半では急激に身体が発育する発育急進期（成長スパート）を迎える．

　① 身長：学童期前半では，年間平均5〜6cm程度伸び，学童期後半では，女子が男子より2年ほど早く発育急進期に入り，9〜11歳で年間平均6〜7cm伸びる．男子は11〜13歳で発育急進期を迎え，年間平均7〜8cm伸びる．

　② 体重：学童期前半では，年間平均約2〜3kg程度増加し，学童期後半の発育急進期では男子は約5〜6kg，女子は4〜5kg増加する．

　③ 生殖器の発達：学童期は思春期前半にあたる．性ホルモンの分泌が盛んになり始め，生殖器官が急速に発達し性成熟が進む．女子は，初経2〜3年前から卵巣中の卵胞の発育が進みエストロゲンの分泌量も増えてくるが，排卵は起こらない．

　④ 脳・神経系の発達：脳・神経系の発達はおよそ12歳頃には完成する．脳重量は6歳で成人のほぼ90%に達しているため，学童期では脳重量の増加は停止し，知的な機能の発達が進み，直線的な思考から，抽象的・論理的な複雑な思考も可能となる．情緒面の発達により，感情表現が豊かになり，感情の抑制もできるようになる．

　⑤ 免疫機能の発達：免疫機能に関与するリンパ器官は，10〜12歳頃急激に発達が進み，成人の倍量になるが，その後退縮し成人レベルに落ち着く．

8.2　学童期の栄養的特徴

8.2.1　学童期の食事摂取基準

　　学童期の年齢区分は，6〜7歳，8〜9歳，10〜11歳に分かれる．エネルギー摂取量の評価は，成長曲線（身体発育曲線）を用いて，成長曲線のカーブに沿っているか，成長の経過を縦断的に観察する．推定エネルギー必要量は，基礎代謝量に身体活動レベルを乗じて，年齢区分ごとの成長に必要なエネルギー蓄積量を付加する．身体活動レベルは，成人と同じ3区分である．

　　たんぱく質の推定平均必要量は，たんぱく質維持必要量（0.66 g/kg 体重 /日）と成長に伴い蓄積されるたんぱく質蓄積量から要因加算法により算出した．たんぱく質，脂質，炭水化物のエネルギー産生栄養素バランスは，成人と同じ比率である．2020年版から6〜11歳で目標量が新たに設定された飽和脂肪酸は10%エネルギー比率以下とされた．カルシウムと鉄の推定平均必要量・推奨量は要因加算法によって設定された．6〜14歳の鉄の推奨量は，2020年版では下がっている（9.2.1項参照）．小児を対象とした有用な研究がない栄養素は，外挿法を用いて成人の値から推定した．

8.2.2　学童期の食生活の特徴

　　学童期の子どもは母親に依存していた幼児期から，学校での集団生活，友だちとの遊びの中で徐々に自立してくる．食生活においても，本人の嗜好を重視した家庭内の食事が中心だった幼児期から学校給食などの家庭外での食事の機会が増え，食べたことのない食品や料理および地域の食文化との出会いにより，味覚や嗜好の幅が広がる．高学年になると，食べ物を選ぶ機会も増えてくる．この時期に嗜好に偏ることなく自分に必要な食の量や種類の選択ができ，適切な食べ方を習慣化していないと小児生活習慣病や成人期以降の生活習慣病発症のリスクを高める．そのため，学校教育では，各学年の理解度に合わせ，正しい食生活が送れるような「食の選択能力」を高める食育が行われる．また，家族構成員の減少や保護者の就業により，子どもが学校から帰宅すると1人で過ごす時間が多くなり，孤食になりやすい環境がある．家庭での食事時間は家族とコミュニケーションができる楽しい時間となるよう，「こ食」（孤食，子食，個食，小食，粉食，固食，濃食）環境をできるだけ減らすような家庭に向けての食育も重要となる．

8.3　学童期の栄養アセスメント

8.3.1　身体計測

　　日本小児内分泌学会と日本成長学会は，日本人成人身長の年代間の成長促進現象（secular trend）は男女とも17.5歳の5年ごとの平均身長は変わらないことから，ほぼ終了したと考えられる．また，男児13.5歳，女児11.5歳の平均身長の増加に関する"成熟"の成長促進現象は男女ともに2000年にほぼ終了したと考えられる．そのため，就学期以降の小児の体格データは，当面は2000年を体格標準値として用いることを推奨している．

　　① 身長：学童期前半では緩やかに伸びるが，後半では急激に伸びる．前半では胴体が伸び，後半では四肢が伸びて，学童期では1年間に平均5〜6 cm伸びる．身長がよく伸びる伸長期

と体重が顕著に増加する充実期が交互におとずれる.

② 体重：学童期では健康であれば体重が減少することはない. 体格が標準になるように, 身長の伸びに応じて体重の増減を観察する. 男子では高学年になると, 筋肉が発達し, 体脂肪率が減少してくる. 女子は, 高学年になると, 生殖機能の発達から脂肪を体内に蓄えやすくなるが, 体脂肪率の変動はほとんどない.

③ 成長曲線：男女とも高学年に発育急進期を迎え, 急激に成長が進む.

④ ローレル指数：学童期の体格の評価はローレル指数を使用する. ローレル指数は一般的には160以上が肥満であるが, 高学年の身長の高いものには小さく, 低学年の身長の低いものには数値が大きくなる傾向がある. そのため, 身長別の判定基準もある.

表8.1 学童期の栄養状態と臨床検査（診断基準）

評価する内容		指　標	基　準
栄養状態	エネルギー	成長曲線, 肥満度（%）	一定期間の成長の方向性の確認のため, 体重や身長が成長曲線のカーブに沿っていて, 極端な増減により曲線から大きく外れていない状況であれば, エネルギー収支バランスが適正であると判断できる. 肥満度は正常であることが望ましい.
	たんぱく	総たんぱく質（g/dL） アルブミン（g/dL）	6.2〜7.7 3.6〜4.7
	鉄	ヘモグロビン（g/dL） ヘマトクリット（%）	11.5〜14.4 34.5〜43.0
臨床検査（診断基準）	小児脂質代謝異常症	総コレステロール（mg/dL） LDLコレステロール（mg/dL） 中性脂肪（mg/dL） HDLコレステロール（mg/dL）	190未満 110未満 140未満 40以上
	小児糖尿病	血糖値（mg/dL）	（1）空腹時血糖値≧126 mg/dL, （2）75 gOGTT 2時間値≧200 mg/dL, （3）随時血糖値≧200 mg/dL, （4）HbA1c（NGSP）≧6.5%のうち, いずれかを認めた場合は, 「糖尿病型」と判定する. 別の日に再検査を行い, 再び「糖尿病型」が確認されれば糖尿病と診断する. また, 血糖値とHbA1cが同一採血で糖尿病型を示すこと〔（1）〜（3）のいずれかと（4）〕が確認されれば, 初回検査だけでも糖尿病と診断してよい.
	小児高血圧	血圧（mmHg）	低学年：収縮期　130以上,　拡張期　80以上 高学年：収縮期　135以上,　拡張期　80以上
	小児メタボリックシンドローム（6〜15歳）	腹囲（cm） 血清脂質（mg/dL） 血圧（mmHg） 血糖値（mg/dL）	（1）に該当し, （2）〜（4）のうち2項目を有する場合に, 「メタボリック症候群」と診断する. （1）腹囲　80 cm以上（腹囲身長比が0.5以上のとき腹囲80 cmを満たす場合. 小学生は75 cm以上を満たす場合） （2）血清脂質　中性脂肪120 mg/dL以上かつ/またはHDLコレステロール40 mg/dL未満 （3）血圧　収縮期血圧125 mmHg以上かつ/または拡張期血圧70 mmHg以上 （4）空腹時血糖　100 mg/dL以上

［厚生労働省：日本人の食事摂取基準2020年版, 奥山虎之：小児科学レクチャー, **3**(2), 2013, 原　光彦：小児保健研究, **72**(5), 2013, 日本小児内分泌学会：小児糖尿病診断基準, 日本高血圧学会：小児高血圧診断基準, 2019, 大関武彦：小児のメタボリックシンドロームの概念と日本人小児の診断基準（厚生労働省研究班）, 2008から作成］

$$ローレル指数 = [体重(kg) \div 身長(cm)]^3 \times 10^7$$

判定基準：160 以上が肥満，100 以下がやせ

肥満基準：身長 110〜130 cm 未満／180 以上，130〜150 cm 未満／170 以上，

150 cm 以上／160 以上

8.3.2 臨床検査

栄養の過不足による栄養状態不良，何らかの疾患，生活習慣病の疑いがある場合は，臨床検査を実施し健康状態を確認する．学童期の生活習慣病発症を予防するためには，臨床検査による疾患の早期発見は意義が大きい．

8.4　学童期の栄養と病態・疾患，生活習慣

学童の多くは放課後に学習塾や習い事に通い，多忙な生活を送っている．またこれらの課外活動により，生活時間が夜型に移行し，夕食時間や就寝時間が遅くなる傾向がある．そのため，翌朝の起床が遅くなり，すっきりと目覚められないなどの理由で，朝の食欲がなく，朝食を摂取せず登校する児童がいる．学童の朝食欠食率は年々低下してきているが，これは平成 18 年から文部科学省が推進している国民運動「早寝・早起き・朝ごはん」の成果とも考えられる．身体活動量に影響する遊びの種類は 2 極化している．パソコンやゲームなどの室内遊びが中心の場合，屋外で体を動かす時間が減少し，1 日の身体活動量が低くなる．一方，放課後，スポーツクラブなどで運動を行っている場合，身体活動量が高くなるが，疲労は蓄積しやすい．食生活においては，「こ食」習慣があると，栄養が偏る食事に陥りやすいので，注意が必要である．

小児生活習慣病は，不健康な生活習慣や身体活動の低下，偏った食生活により発症しやすいため，規則正しい生活習慣を改善できるように，家庭や学校で適切な教育が求められている．また，不適切な生活習慣を続けることにより，「だるい」「疲れる」「いらいらする」などの不定愁訴の主訴も増加する傾向がある．

8.4.1　肥満，やせ

(1) 肥　満

学童期には摂取エネルギーが消費エネルギーを上回る単純性肥満が多い．学校保健統計（文部科学省）では，身長から算定した標準体重に比べて肥満度が＋20％以上の児童を「肥満傾向児」としている．令和元年度学校保健統計調査報告書（文部科学省）によると，学年ごとにばらつきがみられるが，11 歳では男子 11.1％，女子 8.8％存在し，この 10 年間では横ばいもしくは増加傾向である．学童期の肥満の 40％が思春期肥満に移行し，思春期肥満の 70％が成人肥満へと移行するといわれている．学童期の肥満は，肥満の原因となる脂肪細胞数が増殖して肥大する脂肪細胞増殖・肥大混合型肥満になりやすく，このタイプの肥満は改善することが難しくなる．この時期の肥満治療は将来の生活習慣病を予防するうえで重要になるが，発育期では，成長に必要な栄養の不足にならないように食事制限にも配慮する．

近年は消費エネルギーの機会が減ったために運動不足による肥満が起こりやすい環境であり，エネルギー摂取量だけでなく身体活動量を把握することや，精神的ストレスによる過食，夜型生活の生活リズム，不規則な食事時間など，家庭での食事環境を総合的に見直す視点が必

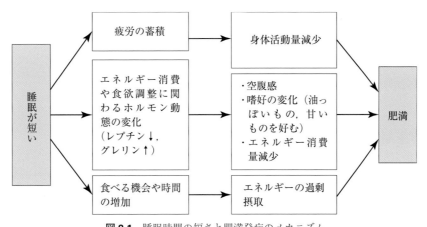

図 8.1 睡眠時間の短さと肥満発症のメカニズム
[有阪 治：臨床栄養, **110**(6), 医歯薬出版, 2007, p.817 の図を一部改変]

要である. とくに睡眠時間の不足は肥満発症に関係するホルモン（レプチン, グレリン）の動態を変化させ, 肥満を起こしやすい嗜好や代謝につながることから注意が必要である（図 8.1）.

(2) や せ

標準体重の−20%以下の体重まで減少した状態を「痩身傾向児」といい, 2019 年度学校保健統計調査報告書（文部科学省）によると, 学年ごとにばらつきがみられるが, 11 歳では男子 3.3%, 女子 2.7%存在し, この 10 年間では横ばいもしくは増加傾向である. 学童期にやせが生じている場合, 代謝性疾患や消化吸収障害, 感染症, 精神的疾患などが疑われるので, 早期に専門医の診断が必要である. また, 体型を気にする女子の誤ったダイエットなどが原因で起こるやせには注意が必要である.

8.4.2 鉄欠乏性貧血

学童期の貧血はほとんどが鉄欠乏性貧血である. 原因として, 学童期の成長や身体活動量の増加に, 食事からの鉄供給が間に合わない, 食生活が不規則, 偏食傾向が強い, 欠食回数が多い, 摂食量が極端に少ないなどの偏った食生活により起こる. とくに学童期後半になると, 男児は運動量の増加や筋肉の発達, 女児は月経の開始により, より鉄の体内需要が高まり貧血は起こりやすくなる.

8.4.3 小児生活習慣病

小児期に発生する生活習慣病を小児生活習慣病という. 近年では, 肥満児童が小児高血圧, 小児糖尿病, 小児脂質代謝異常症を発症している. 小児メタボリックシンドローム診断基準(別掲表 8.1) によって, 内臓肥満がある子どもには生活習慣病発症予防の対処が必要である.

(1) 小児高血圧

発生率は 10%以下であるが, 確実に成人期高血圧に移行するといわれている. 食事療法を受け, 生活習慣を規則正しくし, 重症化を予防する.

(2) 小児糖尿病

学童期は全児童が尿糖検査を行っている. 2 型糖尿病の検出者は, 年々微増している. 肥満児童に発生が多いため, 肥満の改善を優先的に行う.

（3）小児脂質代謝異常症

　食の洋風化，極端な偏食や嗜好重視の間食習慣，運動不足などにより内臓脂肪が増加し，血中の中性脂肪，LDL コレステロールの増加による脂質代謝異常も増えている．成人脂質代謝異常症に移行しやすいので，学童期に適切に対処し改善する．

8.5　学童期の栄養ケア

　学童期の成長と身体活動量に合わせ，「日本人の食事摂取基準（2020 年版）」（厚生労働省），「学校給食摂取基準」（文部科学省，表8.2）を参考にエネルギーおよび栄養の補給をする．適切な身体活動量の下，成長のために必要な量を考慮し，学校給食がない日の栄養摂取量が低下しないように，家庭と連携して，日々の食事の質と内容を適正に保つように努める．家庭では，摂取量が少なくなりがちな食品（野菜や果物，魚介類，乳製品など）を積極的に摂取し，外食や中食など味付けの濃い料理の摂取頻度が高くならないように注意する．間食は時間と量を決め，スナック菓子やスイーツなどの摂りすぎによる脂質，糖質，食塩相当量の過剰摂取に注意する．アレルギー，肥満など個別栄養指導が必要な児童には，教職員の共通理解の下，保護者と連携して，子どもの状態に合わせた指導を実施する．

表8.2　児童又は生徒一人一回当たりの学校給食摂取基準

区　分	基　準　値			
	児童（6～7歳）の場合	児童（8～9歳）の場合	児童（10～11歳）の場合	生徒（12～14歳）の場合
エネルギー（kcal）	530	650	780	830
たんぱく質（g）	学校給食による摂取エネルギー全体の13～20%			
脂質（%）	学校給食による摂取エネルギー全体の20～30%			
ナトリウム（g）（食塩相当量）	2未満	2未満	2.5未満	2.5未満
カルシウム（mg）	290	350	360	450
マグネシウム（mg）	40	50	70	120
鉄（mg）	2.5	3	4	4
ビタミンA（μgRAE）	170	200	240	300
ビタミンB₁（mg）	0.3	0.4	0.5	0.5
ビタミンB₂（mg）	0.4	0.4	0.5	0.6
ビタミンC（mg）	20	20	25	35
食物繊維（g）	4以上	5以上	5以上	6.5以上

　［注］1）　表に掲げるもののほか，次に掲げるものについても示した摂取について配慮すること．
　　　　　　亜鉛：児童（6～7歳）2mg，児童（8～9歳）2mg，児童（10～11歳）2mg，生徒（12～14歳）3mg
　　　　2）　この摂取基準は，全国的な平均値を示したものであるから，適用に当たっては，個々の健康および生活活動などの実態ならびに地域の実情等に十分配慮し，弾力的に運用すること．
　　　　3）　献立の作成に当たっては，多様な食品を適切に組み合わせるよう配慮すること．
　［学校給食実施基準（平成30年7月31日）より引用］

9 思春期

WHOは，思春期を心理的，社会的な側面から総合的に捉えて定義しており，①二次性徴の出現から性成熟までの段階，②子どもから大人に向かって発達する心理的な過程，ならびに自己認識パターンの確立段階，③社会経済上の相対的な依存状態から完全独立するまでの過渡期，としている．日本産婦人科学会では，思春期とは，「性機能の発現，すなわち，乳房発育，恥毛発生などの第二次性徴出現にはじまり，初経を経て，第二次性徴の完成と月経周期がほぼ順調になるまでの期間をいう．その期間は，我が国の現状では，8〜9歳頃から17〜18歳頃までとなる」としている．特徴的なのは，男子に比べると女子のほうが思春期への移行はだいたい2年ほど早いとされる．男子における性機能の発現開始は10〜11歳頃からとなり，成熟して第二次性徴が完了するのは17〜18歳頃までとなるため，この期間が思春期と考えられる．しかしこれら思春期に関連する変化は性差だけでなく個人差も大きいとされ，中等度の肥満女児では平均より早く始まり，重度の低体重や低栄養の女児では遅れることが多いとされている．

9.1 思春期の生理的特長

9.1.1 身体的成長

(1) 成長スパート

思春期はおもに身体的成長と性的成熟過程を示す言葉であるように，この時期はとくに身体的発育も著しいものがある．学童期末から思春期前半において，胎児期につぐ2度目の急速な成長（成長スパート：growth spurt）をみせ（3.2.1項参照），1年間に身長で約8 cm前後成長する場合もある（表9.1）．身長や体重の年間発育量がこの時期には最大となるが，とくに男子よりも女子のほうが成長スパートは早く始まるとされている（図9.1）．成長スパートの開始は女子で9歳頃，男子では11歳頃とされるが，近年では年齢の繰り上がり傾向があるとされる．平均身長から男女を比べると9〜11歳では女子が男子よりわずかに大きいが12歳からは男女が逆転する（表9.1）．

(2) 第二次性徴

この時期は，男女ともそれぞれの性ホルモンの影響により諸器官（とくに生殖器など）の急激な成長がみられる．男子の声変わりや女子の乳房の発達などの変化が一例としてあげられる．体の変化に伴い，体がだるい，頭痛やイライラなどの不定愁訴も多く現れるとされる．

男子：脳視床下部から性腺刺激ホルモン放出ホルモン（GnRH）が分泌され，その刺激に

表 9.1 思春期の身長・体重の平均値および標準偏差

年齢 (歳)	男 性						女 性					
	身長(cm)			体重(kg)			身長(cm)			体重(kg)		
	人数	平均値	標準偏差	人数	平均値	標準偏差	人数	平均値	標準偏差	人数	平均値	標準偏差
8	28	127.8	4.9	28	26.6	5.3	34	125.7	4.5	34	26.0	3.8
9	27	131.8	6.8	27	29.1	5.8	26	134.4	5.8	26	29.7	3.9
10	33	138.4	6.5	33	33.8	7.3	30	140.6	7.7	28	33.7	7.6
11	33	145.7	8.0	33	38.8	9.9	25	146.6	6.6	25	37.1	6.4
12	31	153.1	7.9	31	43.4	8.5	19	150.1	5.7	19	41.9	7.2
13	24	160.3	7.6	24	50.4	7.9	24	154.6	5.9	24	47.2	6.7
14	17	165.2	6.5	17	51.0	7.5	19	154.9	5.1	19	48.7	6.9
15	29	168.0	5.4	29	57.9	9.6	29	158.2	5.1	29	49.5	5.7
16	17	173.9	5.2	17	62.6	10.4	25	156.6	3.6	24	49.9	6.8
17	27	169.2	5.8	27	57.3	8.9	21	154.8	5.7	21	47.2	6.2
18	19	170.0	5.7	19	61.1	9.0	14	157.4	6.0	14	50.1	9.2

［注］平均値，標準偏差は全国補正値．体重は妊婦除外．
［平成 30 年国民健康・栄養調査から抜粋して作成］

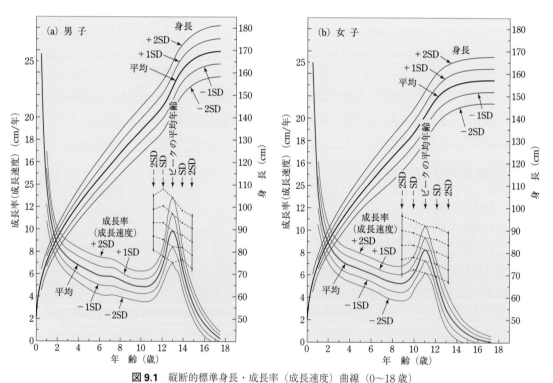

図 9.1 縦断的標準身長・成長率（成長速度）曲線（0〜18 歳）
［平成 12 年度厚生労働省乳幼児身体発育調査報告書および文部科学省学校保健調査報告書の
データを基に作成，（株）ヴイリングより］

よって性腺刺激ホルモン（ゴナドトロピン）の分泌が始まる．その結果，精巣の発育促進がおき，精子の産生とともに男性ホルモン（テストステロン）が分泌される．その分泌により，陰茎や精巣の発育や前立腺などが発達し，生殖器官の成熟が進む．また腋毛・陰毛・剛毛が発生し，声帯の変性による声変わり，また骨格の発達など，より男性らしい体格へと変化をもたらす．

女子：脳視床下部より性腺刺激ホルモン放出ホルモン（GnRH）が分泌され，卵胞刺激ホルモン（FSH）や黄体化ホルモン（LH）の大量分泌が始まると，卵巣が活動を開始するため，月経が始まる．また子宮・卵管・膣などの生殖器官の成熟が進む．また卵胞が成熟することで女性ホルモンの卵胞ホルモン（エストロゲン）や黄体ホルモン（プロゲステロン）が分泌される．女性ホルモンの分泌により，乳房や乳腺などの胸部の発達，また胸部や下腹部などへの皮下脂肪の沈着や，骨盤形成など女性らしい体格へと変化する．また腋毛や陰毛も男性と同様に発生する．

9.1.2 精神的発達

急速な身体的成長とともに，思春期では成人に向けての精神的な発達もみられる．学童期までの大人に依存していた精神状態から，自我が芽生え，自立した精神が明確になる．しかし精神発達の過程は複雑で，3.2.6項で述べたように，身体発育と精神発達とがアンバランスとなり，自我の芽生えとともに強い自己主張も現れるため，いわゆる第二次反抗期と呼ばれる逸脱した行動が顕著になることもある．また感受性の高まりや情緒の不安定などから精神的・身体的症状が現れることもある．そのうえ不適切な身体活動（暴力・暴走行為など）や生活習慣（夜型生活，薬物・飲酒・喫煙など）や誤った食生活に染まりやすい時期でもある．

9.2 思春期の栄養的特徴

思春期は急速な身体発育や，活動量の増加などにより，一生の中で一番エネルギーや各種栄養素からの栄養を必要とする時期である．また食習慣の自立の時期としても大切な時期である．

9.2.1 思春期の食事摂取基準

(1) エネルギー

思春期の推定エネルギー必要量を出すためには，身体活動レベルは成長に合わせ年齢とともに増加する．代表値としてⅡ（ふつう）を設定し，その値からそれぞれ0.2の増減を行ってⅠ（低い）とⅢ（高い）の値を設定した．推定エネルギー必要量は身体活動に必要なエネルギーに加えて，組織合成に要するエネルギー（これは総エネルギー消費量に含む）と組織増加分のエネルギー（エネルギー蓄積量）を余分に摂取する必要がある．

(2) たんぱく質

推定平均必要量は「維持必要量＋新生組織蓄積量」で算出できる．17歳までは成長に伴い蓄積されるたんぱく質蓄積量を要因加算法によって算出する．たんぱく質蓄積量を蓄積効率（40％）で割ることで，新生組織におけるたんぱく質の蓄積量を算出することができる．目標量は，下限値は少なくとも推奨量以上とし，上限値は1歳以上の全年齢区分において20％エネルギーとなっている．

(3) 脂 質

たんぱく質や炭水化物の摂取量を考慮して設定されている．そのため目標量は総エネルギー摂取量に占める割合として，％エネルギーで示されている．脂質の目標量の上限は，飽和脂肪酸の目標量の上限を超えないと期待される脂質摂取量の上限として30％エネルギーとし，下限は脂肪酸の合計エネルギーとグリセロール部分を考慮した値として，20％としている．飽和

脂肪酸は生活習慣病の予防の観点から目標量が定められ，最近の調査で得られた摂取量（中央値）を基に，男女共通の値として，3〜14歳は10％エネルギー以下，15〜17歳は8％エネルギー以下とされている．必須脂肪酸であるn-6系脂肪酸とn-3系脂肪酸は目安量を絶対量（g/日）で算定している．平成28年国民健康・栄養調査における摂取量の中央値からそれぞれの年齢の目安量を算出している．

（4）炭水化物

たんぱく質の目標量の下限値と脂質の目標量の下限値に対応する値よりもやや少ない65％を目標量の上限とし，たんぱく質の目標量の上限値と脂質の目標量の上限値に対応させ50％とした．

（5）カルシウム

体内カルシウムの蓄積量，尿中排泄量，経皮的損失量と見かけのカルシウム吸収率を用いて推定平均必要量を算定し，推奨量は個人間変動係数を10％と見積もり算出した．思春期でも，とくに12〜14歳は骨塩量増加に伴うカルシウム蓄積量が生涯で最も増加する時期であるため，カルシウムの推定平均必要量と推奨量は他の年代に比べて最も多い値となっており，男子はそれぞれ850 mg/日と1000 mg/日で，女子は700 mg/日と800 mg/日を摂取することを推奨している．

（5）鉄

要因加算法を用いて基準値が設定された．「（基本的鉄損失量＋ヘモグロビン中の鉄蓄積量＋非貯蔵性組織鉄の増加量＋貯蔵鉄の増加量）÷吸収率」で推定平均必要量を算出し，推奨量は個人間変動係数を成人と同じ10％と見積り算出した値としている．鉄の推奨量は女子の10〜14歳で8.5 mg（月経なし）と12.0 mg（月経あり），15〜17歳で7.0 mg（月経なし）と10.5 mg（月経あり）であり，男子の10〜11歳で8.5 mg，12〜17歳で10.0 mgとなっている．月経ありの値は過多月経でない者（経血量が80 mL/回未満）を対象とした値である．

9.2.2 思春期における栄養・運動・休養

学童期から青年期への移行期である思春期では，その成長発達に合わせて，エネルギーや栄養素の必要量が男女ともに増加する．思春期に培われた健康的な生活スタイルは，その後の生涯にわたる健康づくりの基盤ともなる．そのためこの時期は望ましい食習慣の形成や食の自己管理能力を身に付け，それに合わせた身体活動や運動の増加，適切な休養や睡眠をとることが必要である．文部科学省では，社会全体で取り組む子どもの生活習慣づくりとして，平成18（2006）年から「早寝早起き朝ごはん」国民運動を推進している．平成28（2016）年度からの「第3次食育推進基本計画」においては，従来の取組を継続しつつ，栄養バランスに配慮した食生活を実践する若い世代を増やすなど，若年層の食育の推進にいっそう取り組むこととしている．さらに学校教育において，文部科学省は，食育の推進に中核的な役割を担う栄養教諭の配置を促進している．また同省は平成29（2017）年度から，栄養教諭を中核として家庭を巻き込んだ取組を推進し，子どもの食に関する自己管理能力を育成することを目的とした「学校給食・食育総合推進事業」を実施している．

子どもの体力低下の原因は，外遊びやスポーツの重要性を学力向上に比べ軽視する傾向が増加したことや，また，生活の利便化や生活様式の変化により，日常生活における身体を動かす

機会の減少を招いているためと考えられる．そのため国としても「健康づくりのための身体活動基準 2013」では，18 歳未満の子どもについても積極的に身体活動に取り組み，子どもの頃から生涯を通じた健康づくりが始まるという考え方が重要であるとした．また平成 20 年学習指導要領の改善が提言され，とくに，体力向上については，年間の体育の授業を通じて「体つくり運動 36」に取り組むことと，さまざまな運動を体験して次第に自身の好みに応じたスポーツを選択していくという展開を組み合わせることが重視されている．平成 27 年度全国体力・運動能力，運動習慣等調査結果から体力合計点の平均は，小学校および中学校ともに女子が平成 20 年度の調査開始以降，最も高い値であった．一方，小学校男子は，調査開始以降最も低い値であった．また健康三原則といわれる「運動」「食事」「睡眠」の 3 つが，大切だと考えているかの質問に対して，食事や睡眠に比べて，運動に対する意識は低かった．さらに，運動を大切だと考えている児童生徒の体力合計点は，大切ではないと考えている児童生徒に比べて約 10 点以上高い結果であった．

　心身の成長には食事と運動だけではなく適切な休養や睡眠も必要となる．2012 年の睡眠時間調査によると，平日の平均睡眠時間は幼稚園児で 10 時間以上確保されていたのが，小学生で 9〜8 時間，中学生で 8 時間未満，高校 1 年生で 6 時間半まで短縮している．さらに，休日と平日の睡眠時間の差は学年とともに拡大し，中学 2 年で 1 時間以上，高校 3 年では約 1.5 時間も休日に長く睡眠をとっており，平日の睡眠不足を休日に補っている傾向が明らかとなっている．思春期の発育に欠かせない「成長ホルモン」は睡眠中に脳下垂体前葉から分泌されるため，夜間はしっかり身体を休めて，睡眠をとることが必要となる．睡眠リズムのアンバランスな状態が続くと概日リズム睡眠障害の 1 つである睡眠相後退症候群が思春期には生じやすくなるため注意する．

> **睡眠相後退症候群**　睡眠相後退症候群の患者は，常に就寝・起床時間が遅くなり，早く寝ようと思っても眠れないという点で，自発的に遅くまで起きている人と区別することができる．

9.3　思春期の栄養アセスメント

　生活習慣病予備群や栄養障害の早期発見のために早い時期からの栄養アセスメントは重要となってくる．文部科学省の学校保健統計調査における小学生から高校生までの発育状態（身長・体重）や健康状態より，低栄養や肥満・その他の栄養状態や健康状態を参照することで早期のアセスメントが望まれる．

> **学校保健統計調査**　栄養状態，脊柱・胸郭・四肢の状態，視力，眼の疾病・異常，難聴，耳鼻咽頭疾患，皮膚疾患，結核，心電図異常，たんぱく・尿糖検出，その他の疾病・異常，歯・口腔，永久歯のう歯数などが定期的に報告されている．

9.3.1　臨床検査

　小児から成人に移行する思春期では，臨床検査の基準範囲は成人に近いものもありさまざまな変動がある．生化学検査では，とくにアルカリホスファターゼ（ALP）は小児では高値であるが，思春期の完了期では低値となりほぼ成人と同様の値となる．これは小児では骨の成長に伴い高値を示すものである．逆に小児期のほうが成人に比べて低値となるものには，総たん

ぱくやクレアチニンなどがある．個人の状態にあわせてさまざまな臨床検査を行うことが必要となるが，思春期でとくに必要な測定項目は次のものがある．

① たんぱく質の栄養状態の判定に血清の総たんぱく質と血清アルブミン

② 血管障害の判定に血清脂質（総コレステロールや HDL コレステロール）

③ 糖尿病的状態の判定に空腹時血糖・尿糖

④ 貧血の判定に血清ヘモグロビンや赤血球数，ヘマトクリット，血清フェリチンなど

令和元年度学校保健統計調査結果の概要の報告によると，小学校では「むし歯（う歯）」の者の割合が最も高く，次いで「裸眼視力 1.0 未満の者」，鼻・副鼻腔疾患の順となっている．中学校，高等学校においては，「裸眼視力 1.0 未満の者」の割合が最も高く，次いで「むし歯（う歯）」，鼻・副鼻腔疾患の順となっている．また尿中たんぱく検出者の比率は，小学校 1.03％，中学校 3.35％，高等学校 3.40％となっており，前年度に比べると，小学校から高等学校で増加している．

9.3.2 身体計測

思春期の時期は，食物選択や生活リズムの乱れが目立ってくる．そのため身長と体重の発育曲線に照らし合わせて判定することが必要である．また極端に発育曲線から外れるようであれば問題はないか検討を加えることが必要である（図 9.2，9.3）．

発育曲線以外にも身長と体重で算出される体格指数はさまざまある．思春期前期（学童期）ではとくにローレル指数を用いるが，ほかにも BMI，肥満とやせの判定表・図や年齢別・身長別・標準体重に対する肥満度など，必要に応じてその他の部位を計測して，低栄養や肥満状態を推定する指標が提案されているので，それらを活用して評価できる（8.3 節参照）．

令和元年度学校保健統計調査結果の概要の報告によると，肥満傾向児の出現率は，前年度比で，男子で 16 歳を除いた各年齢，女子で 6 歳および 15 歳を除いた各年齢で増加している．また痩身傾向児の出現率は，前年度比で，男子で 7 歳から 10 歳および 16 歳の各年齢，女子で 5 歳から 9 歳，11 歳，14 歳および 16 歳の各年齢で減少している．肥満傾向児と痩身傾向児の出

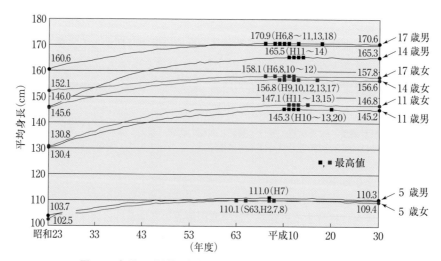

図 9.2　身長の平均値の推移（5 歳 昭和 27・28 年度調査なし）
［文部科学省：平成 30 年度 学校保健統計調査報告書，2019］

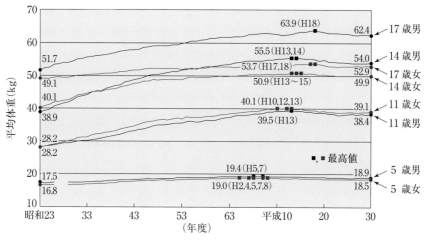

図 9.3　体重の平均値の推移（5 歳　昭和 27・28 年度調査なし）
［文部科学省：平成 30 年度　学校保健統計調査報告書，2019］

現率は，ともにこの 10 年間でおおむね横ばいもしくは増加傾向となっている.

　なお学校保健統計調査では，平成 18 年度から，性別，年齢別，身長別標準体重から肥満度（過体重度）を算出し，肥満度が 20 % 以上の者を肥満傾向児，－20 % 以下の者を痩身傾向児としている．肥満度の求め方は次のとおりである（公益財団法人日本学校保健会「児童生徒の健康診断マニュアル（平成 27 年度改訂版）」）.

$$肥満度（過体重度）(\%) = \frac{実測体重(kg) - 身長別標準体重(kg)}{身長別標準体重(kg)} \times 100$$

9.4　思春期の栄養と病態・疾患，生活習慣

9.4.1　摂食障害

　思春期に特徴的な心身症の代表として摂食障害（eating disorder：ED）があげられる．これは，自身の体重や体型を過剰に気にした強迫観念により生じることが多いと考えられる．摂食障害は思春期から青年期の女子に多く発症する．摂食障害には，おもなものは，神経性やせ症（または神経性無食欲症：anorexia narvosa）と神経性過食症（bulimia nervosa），過食性障害（binge-eating disorder）があげられる．他に回避・制限性食物摂取症，異食症，反芻症もある．「摂食障害の診療体制整備に関する研究」における，2014～2015 年の 1 年間の病院（20 床以上）受診患者数調査による推計値では，神経性やせ症は 1 万 2674 人，神経性過食症は 4612 人，過食性障害は 1145 人で，ほかの特定される食行動障害または摂食障害と分類不能を合わせると 6075 人となり，合計で約 2 万 5000 人であったとされる.

　また，摂食障害全国基幹センター事業成果物の令和元年度事業報告書によると，1993 年の複数の学校の調査研究のまとめより，女子生徒のやせ症は中学生（13～15 歳）で 0.32 %，高校生（16～18 歳）で 0.16～0.41 % であり，また過食症は，高校生（16～18 歳）で 0.92～1.97 % と高率であったとされている．推定発症年齢をみると 10 歳代の占める割合が多く，男女比は1：10 とされている．この症例発症の背景は複雑でさまざまな要因があると考えられるが，成

長スパート期による食欲増大と体つきが変化することに対する極端な痩身願望からくる減食,
精神発達の未熟性や社会的・心理的ストレス,またマスメディアなどの社会状況の影響などが
要因としてあげられる.摂食障害の診断基準について,表9.2,表9.3に示す.

表9.2 神経性食欲不振症(拒食症)の診断基準

1. 標準体重の−20% 以上のやせ
2. 食行動の異常(不食,大食,隠れ食いなど)
3. 体重や体型についての歪んだ認識(体重増加に
  対する極端な恐怖など)
4. 発症年齢:30歳以下
5. (女性ならば)無月経
6. やせの原因と考えられる器質性疾患がない.
	備考 1,2,3,5 は既往歴を含む(たとえば,−20%以上の
	  やせがかつてあれば,現在はそうでなくても基準を満た
	  すとする.)
	  6項目すべてを満たさないものは,疑診例として経過観
	  察する.
	  [厚生労働省特定疾患・神経性食欲不振症調査研究班,1990]

表9.3 アメリカ精神医学会による過食症診断基準(DSM-5)

A 反復する過食エピソード.過食エピソードは以下の両方によって特徴づけられる.
 (1) 他とはっきり区別される時間内に(例:任意の2時間の間に),ほとんどの人が同じような状況同様の
   時間内に食べる量よりも明らかに多い食物を食べる.
 (2) そのエピソードの間は,食べることを抑制できないという感覚(例:食べるのをやめることができない,
   または,食物の種類や量を制御できないという感覚)
B 体重の増加を防ぐための反復する不適切な代償行動.たとえば,自己誘発性嘔吐;緩下剤,利尿薬,そ
  の他の医薬品の乱用,絶食,過剰な運動など
C 過食と不適切な代償行動がともに平均して3か月間にわたって少なくとも週1回は起こっている.
D 自己評価が体型および体重の影響を過度に受けている.
E その障害は,神経性やせ症のエピソードの期間にのみ起こるものではない.

[日本精神神経学会日本語版用語監修:DSM-5精神疾患の診断・統計マニュアル,医学書院,2014より]

■ 9.4.2 貧血(鉄欠乏性)

　思春期の貧血は大部分が鉄欠乏性貧血である.貧血は,赤血球に結合する酸素量が身体の必
要とする酸素必要量に対して不十分な状態であり,血液中の赤血球数や血色素(ヘモグロビン:
Hb)濃度,ヘマトクリット(Ht)が低下を指す状態を示す.WHOによる貧血の基準値(Hb
濃度)は,男性15歳以上は13 g/dL 以下,女性15歳以上で非妊娠時は12.0 g/dL 以下,ま
た男女合わせて5~11.9歳は11.5 g/dL 以下,12~14.9歳は12.0 g/dL 以下としている.日
本での貧血の基準値はさまざまに設定されているが,一般的にはWHOの基準値を参照してい
ると考えられる.東京都予防医学協会では2017年に過去に検査した男子と女子の値から,ヘ
モグロビンの暫定基準値を示しており,男子は中学生で12.0~18.0 g/dL,女子(妊婦除く)
は年齢を問わず12.0~16.0が正常値である.
　平成30年の国民健康・栄養調査結果によると,鉄の1日当たりの摂取量は,女子7~14歳
で6.1 mgと15~19歳で6.7 mg(概算平均6.4 mg),同様に男子で6.5 mgと8.3 mg(概算
平均7.4 mg)となっており,食事摂取基準の推奨量に比べ,約20~45%程度は摂取が不足し
ている.鉄の摂取だけが貧血の予防となるわけではないが,摂取が推奨量を上回っていないこ
とには留意する.

■ 9.4.3 起立性調節障害

　起立性調節障害(orthostatic dysregulation:OD)は起立時にめまいや動悸,立ちくらみ,

頭痛や失神などが起きる心身症としての側面が強い疾患で，身体機能異常が中心となる病態が生じる．思春期に好発する自律神経機能不全の1つである．起立時に低血圧で脳貧血を起こす症例や，反対に血圧に異常を認めない症例もある．また，心理的側面からは，他人に気遣いしすぎてしまい心理的にストレスをためやすい傾向にある．患者の約3割は不登校を合併しているとされる．一人ひとりの症状が同じではないため，心と身体の両面から個別の診療が必要となる．

　起立性調節障害の症状は，中学生から多くなるようで，不登校の子どもたちの約7割は起立性調節障害の症状に苦しんでいる現状がある．身体症状だけでは，不登校なのか，起立性調節障害か判別することが難しい．朝の不調が不登校の初期症状に似ているため，「なまけ」や「さぼり」と誤解され，ODが見逃されてしまい，適切な支援や治療が遅れてしまう場合もあるため，早めの診療・診断・治療が必要である．

▌9.4.4　不適切な身体活動・食生活・生活習慣

　思春期は，生活実態が学童期の延長線上にある子どもたちも多く，ゲーム・TVを見るなど以外にも，近年では学校が終わった後の部活動や塾通いなどの影響で不規則な夜型の生活リズムとなっている者も多い．

　平成31年度全国学力・学習状況調査報告書から，朝食の摂取状況を表9.4に示す．約14%の小学生，約18%の中学生が，朝食を毎日食べる習慣が身についていない．またこの結果は平成21年の調査開始年より大きな変化がない現状がある．さらに，平成22年度の児童生徒の食生活実態調査報告書から，間食・夜食を「ほとんど毎日もしくは4〜5日/週」食べる児童生徒の割合を表9.5に示す．間食は男子に比べ女子で摂取の割合が高く，夜食では女子に比べ男子で摂取の割合が高い．摂取内容もスナック菓子やチョコレート，飴，アイスクリームなどといったものであり，不規則な食習慣の児童生徒が増加している．こうしたことが遠因となって，思春期肥満につながるものと考えられる．思春期肥満は後の成人肥満に移行する可能性もあるため，予防することが重要である．

表9.4　児童生徒の朝食摂取（%）

摂取状況	小学生	中学生
毎日食べる	86.7	82.3
どちらかといえば食べる	8.6	10.7
あまり食べていない	3.6	4.9
まったく食べていない	1.0	2.0

表9.5　児童生徒が間食・夜食を「ほとんど毎日もしくは4〜5日/週」食べる割合

	小学生（%）		中学生（%）	
	男子	女子	男子	女子
間食	43.5	52.3	39.7	44.2
夜食	25.2	20.4	24.7	18.5

> ▌**思春期肥満**　令和元年度学校保健統計調査報告書によると，思春期にあたる児童・生徒の肥満傾向児の出現率は，女子では7〜8%であるが，13・14歳を除いた男子で10%を超えている．

▌9.4.5　薬物乱用，飲酒，喫煙

（1）薬物乱用

　薬物乱用とは，薬物や薬品を本来の医療目的以外での使用や，医療目的でない薬物を不正に使うことである．青少年の乱用が危惧される薬物として，覚せい剤，大麻，MDMA（MDA），コカイン，ヘロイン，シンナーなどの有機溶剤，睡眠薬・抗不安薬などの向精神薬，危険ドラッグなどがあげられる．

　しかし2018年に実施された全国の精神科医療施設における薬物関連性心疾患の実態調査結果より，10歳代の薬物関連障害患者では，「主たる薬物」は市販薬が4割と最も多くを占めて

おり，次いで大麻，覚せい剤の使用となっていた．2014年には「主たる薬物」で最も多かった危険ドラッグが，2018年では危険ドラッグを「主たる薬物」とする10代患者は1人もいなくなった一方で，市販薬を「主たる薬物」とした患者が急増している現状がある．また薬物乱用（とくに大麻）を肯定するような考えが増加しており，海外における医療用または使用目的での大麻の合法化の動きが青少年の意識に何らかの影響を与えている可能性もある．

MDMA 錠剤形で密売され，俗にMDMAは「エクスタシー」，MDAは「ラブドラッグ」と呼ばれる．
危険ドラッグ 「合法ハーブ（脱法ハーブ）」「お香」「アロマ」などと称され，使用すると，意識障害，嘔吐，けいれん，呼吸困難などを起こして，死亡や重体に陥る事件が多発している．
市販薬 咳止め薬やかぜ薬の成分中には，覚せい剤の原料であるエフェドリンや麻薬の成分であるリン酸ジヒドロコデインなどが含まれている場合がある．これらの成分には，咳や頭痛を抑える一方，飲みすぎると眠気・疲労感がなくなり，多幸感や頭がさえたような感覚などの覚せい作用が生じやすい．

(2) 飲 酒

　飲酒では若年者における急性アルコール中毒の危険性が指摘されている．急性アルコール中毒はアルコール飲料の摂取により生体が精神的・身体的影響を受け，主として一過性に意識障害を生ずるものであり，通常は酩酊と称されるものであると定義されている．しかし若年者では体内の代謝がまだ成人よりも低く，アルコール分解速度が遅い，またアルコールに対する耐性が低い，さらには自分の限界がわからないなどの理由からリスクが高いと考えられる．2018年の飲酒・喫煙・薬物乱用についての全国中学生意識・実態調査の報告書から，飲酒場面は，冠婚葬祭（12.4%）や，家族と一緒に（8.8%）という回答が多くみられ，未成年者の飲酒に関して，飲むべきではないと考えている中学生が過半数（82.6%）を占めるが，時と場合によってはかまわない（14.3%）や全然かまわない（1.9%）という回答もあり，飲酒に対する意識は，青少年のまわりにいる大人の意識に大きく影響を受けることが明らかとなっている．

(3) 喫 煙

　喫煙においては，喫煙開始年齢が早ければ早いほど肺がん死亡率は高くなり，さらに近年ではCOPDの発症に喫煙や受動喫煙が影響していることも明らかになっている．国立がん研究センターによると，喫煙開始年齢別に20歳以降・18〜19歳・17歳以下の3つのグループに分けて肺がんの発生率を比べたところ，17歳以下で喫煙を開始したグループでは20歳以降で喫煙を開始したグループに比べて，肺がんの罹患が男性は1.48倍，女性では8.07倍高いことが明らかとなっている．また，「能動喫煙」「受動喫煙」ともに健康影響があることが明らかとなっている．能動喫煙で発症する病気のほとんどは，受動喫煙でも起こるとされ，さらに国立がん研究センターの多目的コホート研究（JPHC研究）」の報告では，たばこを吸わない女性に多い肺腺がんにおいて，受動喫煙のあるグループのリスクは，受動喫煙のないグループの約2倍高く，さらにそのうち37%は夫からの受動喫煙の影響が推計されている．

　薬物・酒・たばこは，いずれも使用により一時的に幸福感・快感をもたらす．しかし使用しても生体は解毒・排除能力があるのでただちに死に至ることもないが，習慣的に使用するうちに，使用者自身に中毒症状や精神異常など健康障害が表れ，これが最近の社会的犯罪を引き起こす引き金にもなる．危険薬物は全人使用禁止，飲酒・喫煙は未成年者を禁止にしている．しかし，未成年者の薬物使用や飲酒・喫煙の経験者は以前に比べれば減少してきているが，いまだになくなってはいないのが現状である．

9.5 思春期の栄養ケア

思春期は急速な成長スパートや活動量の増加などのため，エネルギーや各種栄養素を必要とする時期であり，また精神的な安定も成長・発達や健康維持に欠かすことができない．

(1) 成長・発達に応じたエネルギー・栄養素の補給

第二成長スパート期であるので，体重当たりのエネルギー・栄養素の要求量が成人期よりも大きい．さらに運動部に属する生徒（おそらく身体活動レベルⅢ）からそうでない者までいるので，活動量を反映したエネルギー摂取が必要である．評価は成長曲線やBMIなどを用いて評価することが必要である．

たんぱく質摂取については，思春期でも成長に伴う新生組織蓄積分を摂取することが必要である．そのため，食事摂取基準2020年版では，体重維持のためのアミノ酸必要量に加えて，成長に伴うアミノ酸必要量分も加えられている．したがって，それぞれの不可欠アミノ酸の必要量は成人に比べて高くなっている．動物性たんぱく質比率を50%（魚類の摂取を多めにする）とし，量的には推奨量を参考に摂取するとよい．さらに生活習慣病予防を考慮する観点から，脂質の摂取は総エネルギー比の20〜30%，飽和脂肪酸は目標量以下に留め，同時にその質も考慮する（n-6系脂肪酸やn-3系脂肪酸の目安量を参考にする）．思春期では減量を目的として炭水化物の摂取制限を行いがちであるが，炭水化物を制限して脂質やたんぱく質から同量のエネルギーを補ってしまえば減量効果は期待できない．よって，炭水化物は目標量を参考にし，運動や身体活動で消費することが望ましい．また，食物繊維の目標量も参考にし，後の生活習慣病の発症予防にもつなげるとよい．

思春期における過剰な栄養摂取は将来のメタボリックシンドロームや生活習慣病につながるので，小児（小・中学生）用メタボ診断基準（8章参照）による定期的なチェックも望まれる．さらに，カルシウム，鉄などの不足しがちな栄養素に配慮するように心がける．

(2) 栄養素貯蔵能保持

成長スパート期は，筋肉量や骨量の増加など体成分の蓄積が著しくなる結果，体位が向上する時期である．鉄がヘモグロビン・ミオグロビンとして，ビタミンAが肝臓に，グリコーゲンが筋肉や肝臓にと，それぞれの貯蔵能が高まる時期なので規則正しいバランスのとれた食生活を実践する必要がある．偏食・不規則な食事・過度なダイエットなどは適切な貯蔵能を乱すおそれがあるので避けるよう指導すべきである．

(3) 自己管理能力の習得

思春期は身体的には第二次性徴，精神発達上は第二反抗期，そして強い自我の主張，性的関心などが強まり，心理的起伏が激しい時期である．摂食障害，鉄欠乏性貧血や起立性調節障害，そして小児メタボリックシンドロームなどを防止するためにも不適切な生活・食習慣を見直す．さらに，食育基本法に則り，「食育のあり方」の基本理念を中心に，調理技術や食の選択能力を身につけることなども含め，好ましい生活・食習慣の確立を目指し，自己管理能力を習得させることが必要である．

10　成　人　期

　成人期の年齢範囲は明確に示されていないが，思春期以降，高齢期になる前の64歳までを対象とし，ここでは，青年期，壮年期，中年期の3期に区分する．

●**青年期（思春期以降〜29歳まで）**　青年期は，性成熟および身体的成長がほとんど完成し，精神的にも自立し，社会生活の初期段階にあたる．女性では，妊娠・出産・育児の時期にあたる場合もある．

●**壮年期（30〜49歳）**　壮年期は，社会では中堅となり活躍する時期であり，指導力や責任能力が問われる時期である．家庭では子どもを育てるという重要な役割を担う場合が多い．社会的にも家庭的にも充実する時期である反面，精神的・身体的に大きなストレスを受ける時期でもある．女性の社会進出に伴い，青年期に引き続き，妊娠・出産・育児の時期にあたる場合もある．40歳代後半頃から，更年期障害の症状がみられる場合もある．

●**中年期（50〜64歳）**　中年期は高齢期の前段階であり，加齢の影響を受けて身体の適応力や機能低下の傾向がみられる．長年のライフスタイルや食習慣が関与する生活習慣病の発症が多くなってくる．社会的には管理職に続き，定年を迎える時期であり，更年期うつ病や初老期うつ病などの精神的な障害にも注意が必要となる．壮年期に引き続き，更年期障害の症状がみられる場合もある．とくに女性は50歳代前半の閉経に至るまでの間に，個人差はあるが，更年期障害が続くことが多い．

10.1　成人期の生理的特徴

　青年期は社会的な自立や，結婚など大きく生活が変化する時期であり，正しい食習慣，生活習慣の定着が望ましい時期ではあるが，朝食欠食，外食や夜食の増加が起こりやすい．男性では肥満，女性ではダイエット指向によるやせが多く，後の生活習慣病や貧血の発症が懸念される．

　壮年期以降は社会的には充実するが，不規則な生活，ストレス，運動不足，外食の増加など生活が偏りやすい．また，ほとんどの臓器に機能低下がみられ，基礎代謝量，身体活動量，筋肉量が低下するため，肥満になりやすい．青年期に比べ，多くの疾患に罹患する者の割合が増える（表10.1）．

　中年期はさらに身体機能の衰退が加速し，すべての臓器で機能低下が始まる．男性では30歳代から，女性では50歳代から肥満者の割合が増加し，生活習慣病への罹患が懸念される．

　患者調査における主要な疾病の総患者数の年次推移をみると，高血圧疾患を筆頭に，う蝕・

表 10.1　主要な疾病の年齢階級別推計患者数（単位：1000人）

疾患名	総　数	15〜34歳	35〜64歳
高血圧性疾患	652.5	1.4	138.1
歯肉炎および歯周疾患	469.2	43.0	181.1
脊柱障害	443.2	12.9	109.4
悪性新生物（腫瘍）	309.8	4.1	80.9
う蝕	277.1	44.9	102.4
糖尿病	242.9	2.9	67.1
脳血管疾患	231.9	1.0	32.7
心疾患（高血圧性のものを除く）	198.2	2.1	29.2
脂質異常症	148.2	1.4	47.0
気分[感情]障害（躁うつ病を含む）	119.5	16.0	60.7
乳房および女性生殖器の疾患	94.2	26.7	57.8
白内障	90.8	0.2	9.8
骨の密度および構造の障害	61.7	0.6	4.6
胃潰瘍および十二指腸潰瘍	23.7	1.1	8.0
貧血	18.0	2.9	8.1

［厚生労働省：平成29年患者調査の概要より作成］

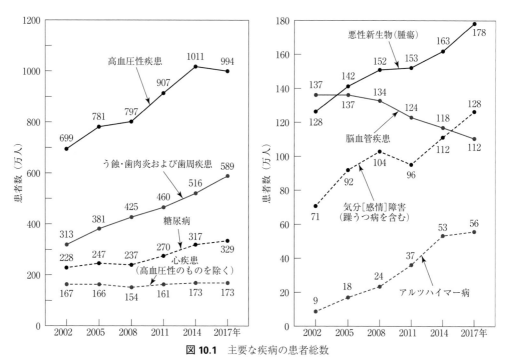

図 10.1　主要な疾病の患者総数
［厚生労働省：平成29年患者調査の概要より作成］

歯肉炎および歯周疾患，糖尿病が上位を占め，増加している．また，近年では気分（感情）障害やアルツハイマー病が増加し，脳血管疾患は減少傾向にある（図10.1）．

10.2　成人期の栄養的特徴

10.2.1　肥満とやせ

　男性では 30 歳代以降の肥満者（BMI 25.0 以上）の割合が 30％を超えており，20 歳代を除いたすべての年代で，肥満者の割合が高い状態が続いている．女性では 50 歳代から肥満者の割合が増加するが，すべての年代において男性よりも肥満者の割合が少ない（図 10.2（a））．

　一方，やせの者（BMI 18.5 未満）の割合は，20 歳代の 19.8％を筆頭に，30 歳代 19.3％と若年女性で高い傾向がみられる（図 10.2（b））．

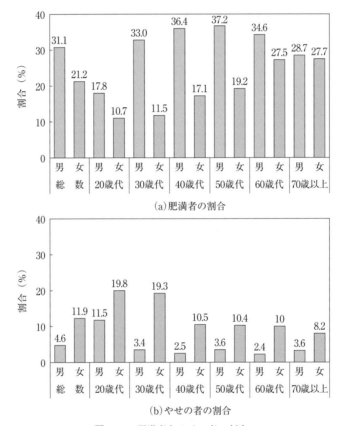

図 10.2　肥満者とやせの者の割合
（肥満度（BMI）を用いて判定，低体重（やせ）：18.5 未満，肥満：25 以上）
［厚生労働省：平成 30 年国民健康・栄養調査より作成］

10.2.2　朝食欠食・食生活

　体温は起床とともに上昇し，朝食を摂ることで上昇はより大きくなる．しかし，朝食を欠食すると十分な体温上昇が起こらず，日常の生活活動に影響を及ぼす可能性がある．また，欠食すると血糖値も低いままとなり，集中力のない生理状態となる．さらに，欠食はまとめ食いにつながり，脂肪蓄積が促進され，肥満になりやすい．

　朝食の欠食率（図 10.3）をみると，男性では 20〜30 歳代で約 30％，40 歳代でも約 25％と高い傾向にある．女性では 20 歳代が約 20％と高く，男女ともに 20 歳代の朝食の欠食率の改

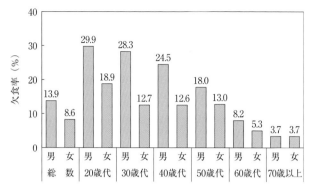

図 10.3　朝食の欠食率
［厚生労働省：平成 30 年国民健康・栄養調査より作成］

善が課題である.

　過栄養や不規則な食生活による肥満の是正に対する具体的な方法を以下に示す.

① 1 日 3 食規則正しく摂る. 欠食や夜食の摂取は体脂肪の増加につながりやすい.

② 早食いを是正する. よく噛んで, 食事時間を長くすることで, 満腹中枢に刺激を与える.

③ 揚げ物や炒め物, マヨネーズなど, 油を多く使用した料理を控える.

④ 砂糖が多く含まれる間食は控え, 主食のご飯・パン・麺の摂りすぎにも注意する.

⑤ 野菜・海藻・きのこ・こんにゃくなどの低エネルギー食品を多く取り入れ, 皿数を増やすことでボリューム感を出す.

⑥ きめ細かな食事指導として, 糖尿病治療のために提唱されたグリセミックインデックス(GI)の数値を考慮した食品や料理の組合せを実行することもよい. GI 値を低めにすることで, 血糖値の上昇を抑え, 脂肪蓄積を抑制しやすい（13 章 p.134 参照）.

10.2.3　運 動 習 慣

　運動習慣のある者の割合は 20〜40 歳代で低く, とくに 20〜30 歳代女性では 10％以下と特に低い傾向にある. 40 歳代以上は年齢が高くなるほど運動習慣のある者の割合が高くなり, 健康への意識の高まりがうかがえる（図 10.4）.「健康づくりのための身体活動基準 2013」（13

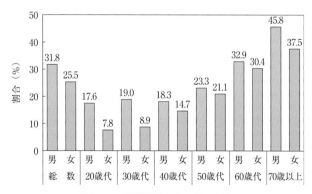

図 10.4　運動習慣のある者の割合
（運動習慣のある者：1 回 30 分以上の運動を週 2 回以上実施し, 1 年以上継続している者）
［厚生労働省：平成 30 年国民健康・栄養調査より作成］

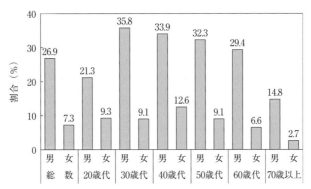

図 10.5　喫煙の状況，「毎日吸っている」者の割合
［厚生労働省：平成 30 年国民健康・栄養調査より作成］

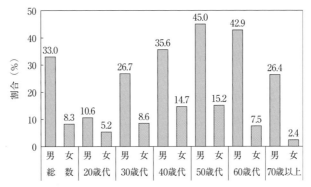

図 10.6　飲酒習慣のある者の割合
［厚生労働省：平成 30 年国民健康・栄養調査より作成］

章，表 13.1 参照）では，18〜64 歳の身体活動の基準として，強度が 3 メッツ以上の身体活動を 23 メッツ・時/週行うことが示されている．具体的には歩行またはそれと同等以上の身体活動を毎日 60 分，または運動では 4 メッツ・時/週が示された（巻末付録 2・表 2 および表 13.1 参照）．

10.2.4　喫煙・飲酒

　喫煙習慣のある者の割合は，男女ともに減少しているが，30〜50 歳代男性では 30％を超えており，60 歳代男性は約 30％と，依然高い割合を維持している．どの年代においても，女性は男性に比べて喫煙率は低いが，40 歳代では 10％を超えている（図 10.5）．喫煙の害は 9 章に示したように，各種がんをはじめ，虚血性心疾患や呼吸器疾患などのリスクが増大する．また，受動喫煙により，低出生体重児や小児の呼吸器疾患などのリスクも高くなる．

　飲酒習慣のある者の割合はすべての年代において男性が女性より多く（図 10.6），とくに 30 歳代から 50 歳代にかけて増加している．適度な量の飲酒とは，1 日平均アルコール（エタノール）で 20 g 程度（2.4.5 項参照）とされており，ビール中瓶 1 本（500 mL）や清酒 1 合（180 mL）程度であり，エネルギー換算すると約 200 kcal となる．適度な量の飲酒はストレス解消や HDL コレステロール値の上昇，LDL コレステロール値の低下により，抗動脈硬化作用が期待される．しかし，長期にわたる過度の飲酒は中性脂肪の増加から動脈硬化性疾患に，また脂

肪肝を経て肝硬変へとつながりやすい．そのため，適量を守ることが重要である．

10.3　成人期の栄養アセスメント

10.3.1　臨床診査

　成人期の栄養アセスメントは，おもに生活習慣病を中心に実施する．栄養状態を判定する情報として，主訴，現病歴，既往歴，家族歴などを問診やカルテから把握する．生活習慣（運動量，座位・立位など仕事の状態と内容，通勤手段や時間，喫煙の有無，睡眠時間，起床・就寝時刻など）や食習慣（食事内容と量，食事に要する時間，間食や夜食の有無と内容，味付けの濃淡，飲酒などの嗜好品の種類と量など）などを対象者，あるいは食事を準備している人から聞き取る．また，身体所見や生理学検査値（脈拍や血圧など）を把握する．

10.3.2　身体計測

　基本事項として，身長，体重を測定し，BMI を算出する．そして，低体重・普通体重・肥満を判定する．BMI が標準でも体脂肪率が高い場合があるため，体脂肪率を測定し，肥満の判定を行う．また，腹囲を測定し，ウエスト周囲径が男性 85 cm，女性 90 cm 以上であれば，腹部 CT 検査を行う．その結果，内臓脂肪面積が 100 cm^2 以上の場合，内臓脂肪型肥満と判定する．一方で，低体重の者は，平常時体重比や体重減少率，標準体重比などから低栄養のリスクを評価する．

10.3.3　臨床検査

　栄養状態を反映する指標として，①血液一般検査，②血液生化学検査，③尿検査などがある．これらの結果より，疾病の有無や程度を把握し，栄養ケアプランを作成する．

　① 血液一般検査：

　　　白血球数，赤血球数，ヘモグロビン，ヘマトクリット，平均赤血球容積，血小板数

　② 血液生化学検査：

・肝臓系：総たんぱく，アルブミン，フィッシャー比，AST，ALT，γ-GTP，総ビリルビン，コリンエステラーゼ（ChE），アルカリホスファターゼ（ALP）など

・腎臓系：尿素窒素（BUN），クレアチニン（Cr），クレアチニン・クリアランス（Ccr），推算糸球体濾過量（eGFR）など

・膵臓系：血清アミラーゼ，血清リパーゼなど

・代謝系：尿酸，ナトリウム，カリウム，クロム，カルシウムなど

・脂質系：総コレステロール(TC)，中性脂肪(TG)，LDL コレステロール，HDL コレステロールなど

・糖代謝系：早朝空腹時血糖，HbA1c，75 g 経口糖負荷試験（75 gOGTT），フルクトサミンなど

・骨代謝系：オステオカルシン・骨型アルカリホスファターゼ（骨形成マーカー）

・その他：血清鉄，総鉄結合能，亜鉛など

　③ 尿検査：尿糖，尿たんぱく，ウロビリノーゲン，潜血，ケトン体，クレアチニン，3-メチルヒスチジン，デオキシピリジノリン（骨吸収マーカー）など

10.3.4　食 事 調 査

　　対象者の実行可能な食事調査の方法，調査期間などを決めて実施する（表2.2参照）．食事調査より得られた結果および，臨床診査での食習慣の問診結果なども踏まえ，①朝・昼・夕における主食・主菜・副菜・汁物などの料理の組合せ，②食事を摂る時間，③食事に要する時間なども考慮して，詳細な評価につなげるとよい．

10.4　成人期の栄養と病態・疾患，生活習慣

10.4.1　生活習慣病

　　生活習慣病とは「食習慣，運動習慣，休養，喫煙，飲酒などの生活習慣が，その発症・進展に関与する症候群」と定義されている．病因は単一ではなく，多様で複合している．たとえば，心筋梗塞は食事内容や喫煙，運動状況などの生活習慣が影響し，高血圧，脂質異常症，肥満，糖尿病などの要因が複合してリスクを高める．

　　日本の死因統計によると，死因の第1位は男女ともに悪性新生物（腫瘍）であり，男性で31%，女性で23%ががんで死亡している．次に，循環器疾患である心疾患と脳血管疾患を合わせると男性で23%，女性で25%となり，循環器疾患による死亡が男性では2位，女性では1位となる（表10.2）．近年，動脈硬化性疾患（心疾患や脳血管疾患）の発症を防ぐには，高血圧症，糖尿病，脂質異常症と診断される前段階（高血圧，耐糖能異常，脂質異常）での生活習慣の改善が有効とされている．つまり，メタボリックシンドローム（内臓脂肪症候群）の診断が，生活習慣病の一次予防につながる．

●**メタボリックシンドロームの病態**　メタボリックシンドロームとは，内臓脂肪蓄積に高血圧，高血糖，脂質代謝異常が組み合わさることにより，動脈硬化性疾患になりやすい状態をいう．単に，ウエスト周囲が基準を超えているだけではメタボリックシンドロームには当てはまらない．診断基準を表10.3に示す．内臓脂肪は，エネルギーを蓄積するだけでなく，数種類の生理活性物質（アディポサイトカイン）を分泌している．アディポサイトカインの分泌異常として，レプチン（食欲抑制作用）の機能低下や，アディポネクチン（抗動脈硬化作用や糖代謝の改善作用）の減少，アンジオテンシノーゲン（血圧上昇作用）の増加などが生じている．

　　メタボリックシンドロームが強く疑われる者および予備群と考えられる者は，男女とも，加齢とともに増加する傾向にあり，すべての年代において女性より男性で高い割合となっている（図10.7）．つまり，なるべく早期に内臓脂肪を増やさない食生活を心がける，または内臓脂肪を減らす運動習慣を身につけるなど，糖尿病・脂質異常症・高血圧への罹患を避けることが

表 10.2　性別による主な死因順位割合（%）（第10位まで）

	悪性新生物（腫瘍）	心疾患	脳血管疾患	肺 炎	老 衰	不慮の事故	誤嚥性肺炎	COPD*	自 殺	腎不全	血管性などの認知症	アルツハイマー病
男	31.3	14.0	7.5	7.5	4.0	3.4	3.1	2.2	2.0	1.9	−	−
女	23.4	16.6	8.4	6.4	12.3	2.6	2.5	−	−	1.9	2.0	1.9

＊ COPD：慢性閉塞性肺疾患
［厚生労働省：平成30年人口動態統計の概要より作成］

表 **10.3**　メタボリックシンドロームの診断基準

必須項目	内臓脂肪蓄積（腹腔内脂肪）蓄積 ウエスト周囲経		男性≧85 cm 女性≧90 cm
	内臓脂肪面積　男女とも≧100 cm²に相当		
選択項目 3項目のうち 2項目以上	1	高トリグリセライド血症	≧ 150 mg/dL
		かつ/または低 HDL コレステロール血症	< 40 mg/dL
	2	収縮期血圧	≧ 130 mg/dL
		かつ/または拡張期血圧	≧ 85 mg/dL
	3	空腹時高血糖	≧ 110 mg/dL

(1) CT スキャンなどで内臓脂肪量測定を行うことが望ましい．
(2) ウエスト径は立位・軽呼気時・臍レベルで測定する．脂肪蓄積が著明で臍が下方に偏位している場合は肋骨下縁と前上腸骨棘の中点の高さで測定する．
(3) メタボリックシンドロームと診断された場合，糖負荷試験が勧められるが診断には必須ではない．
(4) 高トリグリセライド血症・低 HDL コレステロール血症・高血圧・糖尿病に対する薬剤治療を受けている場合は，それぞれの項目に含める．
(5) 糖尿病，高コレステロール血症の存在はメタボリックシンドロームの診断から除外されない．
［メタボリックシンドローム診断基準検討委員会，2005 より］

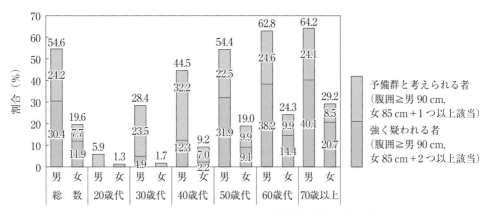

図 **10.7**　メタボリックシンドローム（内臓脂肪症候群）の割合
［厚生労働省：平成 30 年国民健康・栄養調査より作成］

重要である．

10.4.2　糖 尿 病

　糖尿病は，インスリン分泌低下やインスリン感受性の低下（抵抗性）による慢性的な高血糖状態を主徴とする代謝性疾患である．その発症には，遺伝素因と食事，運動，ストレスなどの生活習慣，および加齢といった種々の環境要因が関与している．高血糖や代謝異常が慢性化すると，網膜，腎臓，神経に最小血管障害の形態的や機能的異常を起こし，さらに進展すると糖尿病性網膜症，糖尿病性腎症，下肢の壊疽など，重篤な疾患に至る．そして，動脈硬化が促進され，心筋梗塞，脳梗塞などの合併症が増加する．

　糖尿病はインスリンの分泌状態によって 1 型糖尿病と 2 型糖尿病に大別される．壮年期以降で発症する糖尿病の大半が 2 型糖尿病である．我が国で糖尿病が強く疑われる者，糖尿病の可能性を否定できない者の合計推計値は 2000 万人で，2007 年以降減少している（図 10.8）．しかし，患者総数はこの 20 年で 1.5 倍増加し，主要な疾患となっている（図 10.1（a）参照）．

糖尿病は自覚症状が少なく，長期間放置されてから，口渇，多飲，多尿，体重減少の症状が認められる．したがって，自覚症状に頼らず，早期発見のために毎年の健康診断などで血糖値を測定することが必要である．治療は，食事療法，運動療法，薬物療法として経口血糖降下薬療法，インスリン注射療法がある．

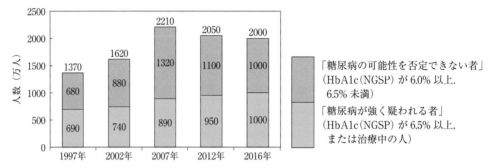

図10.8　「糖尿病を強く疑われる者」と「糖尿病の可能性が否定できない者」の推計人数の年次推移
［厚生労働省：平成28年国民健康・栄養調査より作成］

　食事療法は，目標体重および身体活動レベルと病態によるエネルギー係数より1日の総エネルギー量を決める．三大栄養素のエネルギー配分率は炭水化物50〜60％，たんぱく質13〜20％，脂質20〜30％（飽和脂肪酸7％以下）とする．糖質はご飯，パン，麺などのでんぷんを主とし，砂糖や果糖が多く含まれる菓子，ケーキ，清涼飲料水，果物などは吸収が早く血糖値を上げやすいので控える．また，食物繊維の多い食事を心がけ，グリセミックインデックス(GI)を考慮した食品を選択することで，血糖値の上昇を抑えるようにする．

　運動療法は，末梢組織におけるインスリン感受性を改善し，代謝異常を是正する．適度の有酸素運動には多くの効果がある．空腹時血糖値および75 g経口糖負荷試験（75 g OGTT）の判定基準は1.2節（p.10）を参照する．

10.4.3　脂質異常症

　日本動脈硬化学会のガイドラインによる脂質異常症の診断基準を表10.4に示す．脂質異常症が長期間続くことにより，動脈壁に脂質が沈着し，石灰化などによる肥厚化や弾力性が低下して動脈硬化が進展する．その結果，虚血性心疾患や脳梗塞の一因となる．

(1) 生活習慣の管理

　予防には生活習慣の改善が基本となる．

　① 食習慣：標準体重を維持する．肥満の場合はまず3％の体重減少を目標とする．

　② 飲酒：アルコールの過剰摂取を控える（エタノール量として25 g/日以下）．

　③ 運動：合計30分以上の運動を少なくとも週3日，できれば毎日続けることが望ましい．運動強度は中等度以上（3メッツ以上）の有酸素運動（ウォーキング，速歩，水泳，サイクリングなど）が推奨されている．いきなり長時間実施するのではなく，プラステン（＝今の生活に10分運動時間を加える）から始め，食前または，食後2時間以降に行う（直後は避ける）．

　④ 喫煙：禁煙し，受動喫煙を回避する．

表 10.4 脂質異常症診断基準（空腹時採血）*1

	基準値	脂質異常症
LDL コレステロール	140 mg/dL 以上	高 HDL コレステロール血症
	120 〜 139 mg/dL	境界型 LDL コレステロール血症*2
HDL コレステロール	40 mg/dL 未満	低 HDL コレステロール血症
トリグリセライド	150 mg/dL 以上	高トリグリセライド血症
non-HDL コレステロール	170 mg/dL 以上	高 non-HDL コレステロール血症
	150 〜 169 mg/dL	境界域高 non-HDL コレステロール血症*2

＊1 10 時間以上の絶食を「空腹時」とする．ただし水やお茶などカロリーのない水分の摂取は可とする．
＊2 スクリーニングで境界領域 LDL コレステロール血症，境界域高 non-HDL コレステロール血症を示した
　　場合は，高リスク病態がないか検討し治療の必要性を考慮する．
　　・LDL コレステロールは Friedwald 式（TC-HDL コレステロール -TG/5）または直接法で求める．
　　・トリグリセライドが 400 mg/dL 以上や食後採血の場合は non-HDL コレステロール（TC-HDL コレス
　　　テロール）か直接法を使用する．ただし，スクリーニング時に高トリグリセライド血症を伴わない場
　　　合は LDL コレステロールと non-HDL コレステロールの差が＋30 mg/dL より小さくなる可能性を念
　　　頭においてリスクを評価する．
［日本動脈硬化学会：日本動脈硬化性疾患予防ガイドライン 2017 年版より］

(2) 危険因子を改善する食事

① 高 LDL コレステロール血症：飽和脂肪酸，トランス脂肪酸の摂取を控える．コレステ
ロール摂取量の目安として 200 mg/日を目指す．食物繊維と植物ステロールを含む未精製穀類，
大豆製品，海藻，きのこ，野菜類の摂取を増やす．

② 高トリグリセライド血症：炭水化物エネルギー比率を低くするために，糖質を含む菓子
類，糖質含有飲料，穀類，糖質含有量の多い果物の摂取を減らす．アルコールの摂取を控える．
n-3 系多価不飽和脂肪酸を多く含む魚類の摂取を増やす．

③ 高カイロミクロン血症：脂質の摂取を 20 g 以下，あるいは総エネルギーの 15%以下にする．
中鎖脂肪酸を利用する．

④ 低 HDL コレステロール血症：炭水化物エネルギー比率を低くする．トランス脂肪酸の摂
取を控える．n-6 系多価不飽和脂肪酸の過剰摂取を避けるため，植物油の過剰摂取を控える．

▌10.4.4 高 血 圧 症

　高血圧は最も頻度の高い生活習慣病であり，脳心血管病（脳卒中および心疾患）の最大の危
険因子である．高血圧の有病率は加齢とともに上昇し，50 歳代以上の男性と 60 歳代以上の女
性では 50%を超えている．健康日本 21（第二次）では国民の収縮期血圧平均値を 10 年間で
4 mmHg 低下させることを目標としており，これにより脳卒中死亡数を年間 1 万人，冠動脈
疾患死亡数を年間 5000 人減少させると推計されている．成人における血圧値の分類を表 10.5
に示す．

●生活習慣の修正項目のポイント

① 食塩制限：6 g/日未満とする．

② 野菜・果物を積極的に摂取する：カリウムはナトリウムの血圧上昇作用に拮抗的に働く．
しかし，カリウム制限が必要な腎障害患者では，野菜・果物の積極的摂取は推奨しない．また，
肥満や糖尿病患者など，エネルギー制限が必要な者の果物の摂取は 80 kcal/日程度にとどめる．

③ 単独の食事成分でなく，食事パターンを見直す．下記に具体例を示す．

表 10.5 成人における血圧値の分類

分類	診察室血圧 （mmHg）			家庭血圧 （mmHg）		
	収縮期血圧		拡張期血圧	収縮期血圧		拡張期血圧
正常血圧	<120	かつ	<80	<115	かつ	<75
正常高値血圧	120〜129	かつ	<80	115〜124	かつ	<75
高値血圧	130〜139	かつ / または	80〜89	125〜134	かつ / または	75〜84
Ⅰ度高血圧	140〜159	かつ / または	90〜99	135〜144	かつ / または	85〜89
Ⅱ度高血圧	160〜179	かつ / または	100〜109	145〜159	かつ / または	90〜99
Ⅲ度高血圧	≧180	かつ / または	≧110	≧160	かつ / または	≧100
（孤立性）収縮期血圧	≧140	かつ	<90	≧135	かつ	<85

［日本高血圧学会：高血圧治療ガイドライン，2019 より］

・DASH 食（dietary approaches to stop hypertension）：野菜・果物・低脂肪乳製品が豊富で，飽和脂肪酸とコレステロールが少ない．

・DASH-sodium 食：DASH 食に減塩を組み合わせた食事．

・地中海食やノルディック食：オリーブオイルや多価不飽和脂肪酸が豊富な食事や，魚介類・穀物・野菜・果物・豆などが豊富で肉類を控える食事．

また，伝統的な日本食はこれらの食事パターンに近く，減塩を組み合わせることで望ましい食事になる．

④ 適正体重の維持：BMI 25.0 未満を目指す．日本人肥満者を対象とした研究において，3% 以上の減量で有意な降圧をきたすことが示されている．また，非肥満者でも内臓脂肪の蓄積が起こるため，BMI に加えて内臓脂肪量の判定は重要である．

⑤ 運動療法：軽強度の有酸素運動（動的および静的筋肉負荷運動）を毎日 30 分，または 180 分/週以上行う．

⑥ 節酒：エタノールとして男性は 20〜30 mL/日以下（日本酒1合，ビール中瓶1本，焼酎半合，ウィスキーダブル1杯，ワイン2杯程度），女性ではその約半分の 10〜20 mL/日以下に制限する．

⑦ 禁煙：喫煙は高血圧を介してのみならず，直接，心血管病の発症リスクを増加させ，がんや呼吸器疾患の危険因子でもあるため，禁煙は非常に重要である．

⑧ その他：防寒・情動ストレス管理・質の良い睡眠の確保など．外界気温と血圧は逆相関し，寒冷が血圧を上げ，冬季には血圧が高くなる．また，心理的・社会的ストレスにより高血圧発症が2倍以上高まる．また，とくに男性では，睡眠時無呼吸症候群による血圧上昇が明らかである．

10.4.5　虚血性心疾患

虚血性心疾患は狭心症や心筋梗塞など，大動脈から分岐し，心臓に酸素や栄養を供給する冠動脈が動脈硬化などによって狭窄や閉塞を起こしたものである．我が国の三大死因である心疾患に含まれる．

(1) 危険因子

日本循環器学会策定の虚血性心疾患の一次予防ガイドライン（2012 年改訂版）では，虚血性心疾患の危険因子は以下のようである．

① 加齢：男性 45 歳以上，女性 55 歳以上

② 冠動脈疾患の家族歴（両親，祖父母および兄弟・姉妹における突然死や若年発の虚血性心疾患の既往）

③ 喫煙習慣

④ 脂質異常症：高LDLコレステロール血症（140 mg/dL以上），高トリグリセライド血症（150 mg/dL以上），低HDLコレステロール血症（40 mg/dL未満）

⑤ 高血圧

⑥ 耐糖能異常

⑦ 肥満：BMI 25.0以上またはウエスト周囲径が男性で85 cm，女性で90 cm以上

⑧ メタボリックシンドローム

⑨ 慢性腎臓病（CKD）

⑩ 精神的・身体的ストレス

(2) 生活習慣の管理

① 運動：エクササイズガイド2006を参考に，生活活動に重点を置き身体活動度を増加させる．活発な運動4メッツ・時を含む，週23メッツ・時の活発な身体活動とされており，1日当たり8000〜10000歩の歩行や，1週間に速歩で約60分，ジョギングやテニスで約35分を目指す．

② 栄養：標準体重（BMI 22.0）を参考にエネルギーを設定する．BMIは25.0未満を目指す．糖質エネルギー比50%以上，脂質エネルギー比20〜25%とし，食物繊維や抗酸化物質を十分に摂る．食塩摂取量は6.0 g/日未満を目指す．アルコール摂取が過量とならないようにする．

③ 禁煙と受動喫煙の回避

④ 精神保健：ストレスの軽減が重要である．作業量を工夫し，長時間労働を避け，休日や休息の確保を目標とする．タイプA行動をコントロールする．

> **タイプA行動**　仕事熱心で，いつも時間に追われ，食事，歩行，話し方などに早い特徴があり，ストレスの多い生活であるにもかかわらず，自らはあまり自覚をしていない行動パターンのこと（Friedman, 1950）．

10.4.6　脳血管障害

　脳血管障害は我が国の三大死因であり，脳梗塞，脳出血，くも膜下出血が含まれる．脳出血による死亡率は1960年頃をピークにその後著しく減少し，1975年以降は脳梗塞の死亡率の方が脳出血より増加している．くも膜下出血による死亡率は脳梗塞に比べると低めではあるが，脳出血が減少しているのに対し，男女ともに横ばい傾向である．

(1) 脳梗塞のリスク：①男性，②高齢，③高コレステロール，低HDLコレステロール，④糖尿病，⑤男性の肥満，⑥多量飲酒

(2) 脳出血のリスク：①男性，②高齢，③低コレステロール，④糖尿病，⑤飲酒量に比例する．

(3) くも膜下出血のリスク：①女性，②中高年，③くも膜下出血の家族歴

(4) すべてに共通するリスク：①高血圧，②運動不足，③喫煙

　脳血管疾患は，厚生労働省「国民生活基礎調査」（平成28年）による介護が必要になった原因の第2位（男性のみでは第1位）となっており，QOLの低下に直結している．脳血管疾患の一次予防としては，高血圧症や脂質異常症，糖尿病の予防，禁煙や運動習慣を持つことが重要と考えられる．

10.4.7 悪性新生物（がん）

正常細胞の核内遺伝子が段階的に変異を起こし，増殖する機能を獲得したものをがん細胞という．がんは，がん細胞が増殖を繰り返しながら正常細胞を圧迫，破壊し，さらに血液などによって身体の他の部位に転移し，死に至る悪性の疾患である．

がんは 1981 年から日本人の死因の第 1 位であり，死亡率は約 30％弱となっている（表 10.2 参照）．現在では，年間 37 万人ががんで死亡しており，全死亡者のおよそ 3.6 人に 1 人に相当する．

2018 年のがん死亡数が多い部位は，男女計で 1 位：肺がん，2 位：大腸がん，3 位：胃がんである（表 10.6）．おもな部位別のリスクファクターは，肺がんでは喫煙，大腸がんでは食習慣の欧米化，胃がんではヘリコバクター・ピロリ菌感染が挙げられる．日本人のためのがん予防法を表 10.7 に示す．

表 10.6 死亡数が多いがんの部位別順位（2018 年）

	1 位	2 位	3 位	4 位	5 位	大腸を結腸と直腸に分けた場合
男性	肺	胃	大腸	膵臓	肝臓	結腸 4 位，直腸 7 位
女性	大腸	肺	膵臓	胃	乳房	結腸 2 位，直腸10位
男女計	肺	大腸	胃	膵臓	肝臓	結腸 3 位，直腸 7 位

［国立がん研究センターがん対策情報センター：最新がん統計より（元データ：人口動態統計（厚生労働省大臣官房統計情報部編）］

表 10.7 日本人のためのがん予防法（現状において日本人に推奨できる科学的根拠に基づくがん予防法）

項目	予防方法
喫 煙	たばこは吸わない．他人のたばこの煙をできるだけ避ける．
飲 酒	飲むなら，節度のある飲酒をする．
食 事	偏らずバランスよくとる． 塩蔵食品，食塩の摂取は最小限にする．野菜や果物不足にならない．飲食物は熱い状態でとらない．
身体活動	日常生活を活動的に過ごす．
体 型	成人期での体重を適正な範囲に維持する（太りすぎない，やせすぎない）．
感 染	肝炎ウイルス感染の有無を知り，感染している場合はその治療の措置をとる．

［国立がん研究センターがん情報対策センター：日本人のためのがん予防法より］

10.5　成人期の栄養ケア

(1) 食事バランスガイドの利用

厚生労働省・農林水産省作成の「食事バランスガイド」は，「健康づくりのための食生活指針」の具体的な提示として「何を」「どれだけ」食べたらよいかという，望ましい食事のとり方や量の目安をわかりやすく"コマ"のイラストで示したものがある．個人や家族の食生活を見直すツールとして活用するとよい．

(2) 栄養ケア計画（Plan）作成

生活習慣病は，長年の生活習慣に起因し，自覚症状がないまま進行するが，疾患発症の予測

が可能なことから，これらを踏まえて保健指導や栄養教育などを行う．

平成 20 年度より 40〜74 歳のすべての被保険者・被扶養者を対象に，メタボリックシンドロームに着目した特定健康診査・特定保健指導制度を実施している．特定健康診査の結果から，内臓脂肪蓄積の程度とリスク要因の数に着目し，リスクの高さや年齢に応じたレベル別（情報提供・動機づけ支援・積極的支援）に保健指導を行うため，対象者の選定（階層化）を行う．特定保健指導対象者の選定と階層化の基準を表 10.8 に示す．

① 情報提供：身体状況を認識し，健康な生活習慣の重要性に対する理解と関心を深め，生活習慣を見直すきっかけとなるよう，健診結果の提供に合わせて，基本的な情報を提供する．

② 動機づけ支援：生活習慣の改善のための自主的な取組みを継続的に行うことができるようになることを目的に行動計画を作成する．原則 1 回の個別支援（20 分以上），またはグループ支援（80 分以上）とし，6 か月後に身体状況や生活習慣に変化がみられたかについて確認する．

③ 積極的支援：行動計画を作成し，対象者が主体的に取り組めるよう，継続して支援する．支援時間にはポイントが定められており，180 ポイント以上の支援が必要となる．初回の個別指導（20 分以上），またはグループ指導（80 分以上）から始め，3 か月以上継続的に支援し，6 か月後に身体状況や生活習慣に変化がみられたかについて確認する．

特定保健指導対象者は，客観的に自己の生活習慣を振り返り，改善すべき点を認識することができ，その気づきが行動変容につながる．対象の行動変容ステージ（無関心期，関心期，準備期，実行期，維持期）に応じて目標を設定する．考慮すべき点は，対象者自身が目標や方法を決めることであり，実現可能なものを選択していく．指導者は一方的に目標や方法を提示するのではなく，対象者自身が現状を把握し，行動変容を起こすための目標設定ができるようケア計画の援助を行う．

表 10.8 特定保健指導対象者の選定と階層化の基準

ステップ 1	ステップ 2			ステップ 3〜4	
腹囲	追加リスク		④喫煙歴	対象	
	①血圧 ②脂質 ③血糖			40〜64 歳	65〜74 歳
≧ 85cm（男性）≧ 90cm（女性）	2 つ以上該当			積極的支援レベル	動機づけ支援レベル
	1 つ該当		あり		
			なし		
	該当なし			情報提供レベル	
上記以外で BMI ≧ 25	3 つ以上該当			積極的支援レベル	動機づけ支援レベル
	2 つ該当		あり		
			なし		
	1 つ該当				
	該当なし			情報提供レベル	

①血圧：(a)収縮期血圧 130 mmHg 以上，または(b)拡張期血圧 85 mmHg 以上
②脂質：(a)中性脂肪 150 mg/dL 以上，または(b)HDL コレステロール 40 mg/dL 未満
③血糖：(a)空腹時血糖 100 mg/dL 以上，または(b)HbA1c（NGSP）5.6% 以上
④喫煙歴：①から③のリスクが 1 つ以上の場合にのみカウントする．
［注］降圧薬などを服薬中の者については，継続的に医療機関を受診しているはずなので，保険者による特定保健指導を義務とはしない．
［厚生労働省：標準的な健診・保健指導プログラム（平成 30 年度版），2018 より］

11 更年期（成人期）

　更年期は生殖期（性成熟期）から非生殖期（老年期）への移行期である．女性では日本産科婦人科学会が閉経の前後5年間を更年期としており，閉経とは，「卵巣における卵胞消失による永久的月経の停止」と世界保健機関（WHO）は定義している．一般的には月経周期が短くなり，次いでは不定期化し，やがて停止するが，この停止が12か月以上続いたときに1年前を振り返って閉経とされる．日本人の平均閉経年齢は約50歳であるが個人差が大きく，40歳代前半から50歳代後半で閉経を迎える．

　更年期では，卵巣機能の衰退によるエストロゲン分泌の低下に伴い身体機能の変化が現れ，心身の不調が起こりやすい．男性の更年期も，男性ホルモンであるテストステロンの分泌が減少する40歳代から60歳代に同様の症状が現れることがある．女性は変化が急激で症状が顕著であるのに対し，男性ではその進行が徐々に現れることが特徴である．

11.1　更年期の生理的特徴

　卵巣機能の低下により，卵巣では卵胞数が減少するためエストロゲン（卵胞ホルモン）の分泌低下が起こる．また，排卵が起こらなくなることで黄体からのプロゲステロン（黄体ホルモン）の分泌も低下する．これに対し，フィードバック機構により視床下部の性腺刺激ホルモン放出ホルモン（GnRH）の分泌が増加し，さらに下垂体からの卵胞刺激ホルモン（FSH）と黄体形成ホルモン（LH）の分泌が亢進する．しかし，FSHやLHの刺激に対する卵巣の反応は低下しているため，エストロゲンやプロゲステロンは分泌されず，ホルモンバランスの乱れが生じる．このホルモン分泌の変化は身体的変化や精神的状況に影響を及ぼす．これらの症状のうちほかの病気を伴わないものを更年期症状といい，日常生活に支障をきたす状態を更年期障害という．

●更年期の身体的変化とおもな症状
　① 生殖器：卵巣，子宮筋層，乳腺組織などの生殖器が萎縮する．また，子宮内膜，膣粘膜からの分泌物が減少し，細菌感染による膣炎を起こしやすい．
　② 自律神経：ホルモンバランスの乱れから自律神経失調症を招き，さまざまな症状が現れる．
・血管系：ほてり・のぼせ・発汗などのホットフラッシュ，冷え，動悸
・身体系：めまい，頭痛，肩こり，関節の痛み，しびれ
・精神系：情緒不安，イライラ，抑うつ，不眠

③ 代謝：エストロゲンは，肝臓への LDL コレステロール取込みを促進することで，血中 LDL コレステロール濃度を低下させる作用がある．このため，更年期におけるエストロゲン分泌の低下は，血中 LDL コレステロールや総コレステロール濃度を上昇させ，脂質異常症の原因となり動脈硬化や虚血性心疾患の発症を招く．また，糖代謝の調節にも関与していることから，エストロゲン濃度の低下はインスリン抵抗性を増大させるため，高血糖になりがちである．

④ 血管：エストロゲンは，血管拡張作用や血管平滑筋増殖抑制，血小板凝集抑制作用を有する血管内皮からの一酸化窒素（NO）産生を促す．このため，エストロゲン分泌が低下する更年期以降は血圧上昇や動脈硬化発症のリスクが高まる．

⑤ 骨代謝：エストロゲンは破骨細胞の活性化を抑制する働きを有するため，エストロゲン分泌の低下により骨吸収が促進する．このため，更年期以降は骨量が減少しやすく（図 11.1），骨粗鬆症のリスクが高まる．

更年期における栄養アセスメントについては 2.3.2 項も参照．

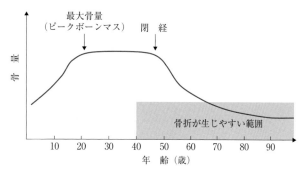

図 11.1　骨量の自然史［日本臨牀, **62**(増 62), 226, 2004 を一部改変］

11.2　更年期の栄養的特徴

基礎代謝量の低下に加え，閉経を迎えることによる身体的変化から，更年期は肥満や種々の代謝異常が生じやすい．エネルギー産生栄養素バランスに留意し，脂質や炭水化物については，質を十分に考慮することが重要である．

飽和脂肪酸摂取量と血清 LDL コレステロール濃度には正の関連があるため，「日本人の食事摂取基準(2020 年版)」では目標量として飽和脂肪酸は 7％エネルギー以下とする．食事性コレステロールに目標量は設定されていないが，脂質異常症の重症化予防の目的からは 200 mg/日未満にとどめることが望ましい．また，食物繊維（とくに水溶性食物繊維）の摂取はコレステロールおよび血圧，食後の血糖値上昇抑制効果があることから，18 g/日以上の摂取が望まれる．

骨密度の低下を防ぐためにカルシウム摂取を積極的に行う必要があり，推定平均必要量 550 mg/日，推奨量 650 mg/日と，性成熟期と同様量が設定されている．加えて，カルシウムの吸収を促進するビタミン D の不足が骨折リスクと関連する報告もあることから，8.5 μg/日の目安量が適用されている．

減少するエストロゲンに代わり，エストロゲン様作用を有するイソフラボンを含有する大豆製品の摂取や，抗酸化作用を有するビタミン E，ビタミン C，カロテノイド，ポリフェノール類の積極的な摂取も有用である．

11.3　更年期の栄養アセスメント

11.3.1　臨 床 診 査

　体重変化や食習慣，生活習慣などの問診，下痢・便秘などの消化管の状態，皮下脂肪や筋肉などの身体所見，皮膚，頭髪，爪，口唇周辺などの外観観察を実施する．

　更年期症状の評価には，簡略更年期指数（simplifi menopausal index：SMI，表11.1）が広く利用されている．

11.3.2　臨 床 検 査

① 脂質系：総コレステロール，HDLコレステロール，LDLコレステロール，中性脂肪など
② 糖代謝系：空腹時血糖値，ヘモグロビンA1cなど
③ 骨代謝系：骨形成…オステオカルシン，アルカリホスファターゼなど/骨吸収…Ⅰ型コラーゲン派生ペプチド・架橋ペプチド，酒石酸抵抗性酸ホスファターゼなど
④ ホルモン：エストラジオール，卵胞刺激ホルモン（FSH），黄体形成ホルモン（LH）など

11.3.3　身 体 計 測

　BMI，上腕三頭筋皮下脂肪厚，肩甲骨下部皮下脂肪厚から体脂肪量を評価し，ウエスト周囲長やウエスト・ヒップ比から内臓脂肪型肥満か判断する．ウエスト周囲長が90 cm以上やウエスト・ヒップ比が0.9以上で内臓脂肪型肥満とする．

　骨密度の推定は，二重エネルギーX線吸収法（DEXA）を用いて腰椎と大腿骨の骨密度を

表11.1　簡略更年期指数（SMI）

症状の程度に応じ，自分で○印をつけてから点数を入れ，その合計点をもとにチェックをします．どれか1つの症状でも強く出ていれば強に○をしてください．

症　　状	強	中	弱	無	点数
①顔がほてる	10	6	3	0	
②汗をかきやすい	10	6	3	0	
③腰や手足が冷えやすい	14	9	5	0	
④息切れ，動悸がする	12	8	4	0	
⑤寝つきが悪い，または眠りが浅い	14	9	5	0	
⑥怒りやすく，すぐイライラする	12	8	4	0	
⑦くよくよしたり，憂うつになることがある	7	5	3	0	
⑧頭痛，めまい，吐き気がよくある	7	5	3	0	
⑨疲れやすい	7	4	2	0	
⑩肩こり，腰痛，手足の痛みがある	7	5	3	0	
	合計点				

［更年期指数の自己採点の評価法］
　0～25点：上手に更年期を過ごしています．これまでの生活態度を続けていいでしょう．
　26～50点：食事，運動などに注意をはらい，生活様式などにも無理をしないようにしましょう．
　51～65点：医師の診察を受け，生活指導，カウンセリング，薬物療法を受けた方がいいでしょう．
　66～80点：長期間（半年以上）の計画的な治療が必要でしょう．
　81～100点：各科の精密検査を受け，更年期障害のみである場合は，専門医での長期の計画的な対応が必要でしょう．

測定することが望ましい．診断基準（脆弱性骨折なし）は若年成人平均値（YAM）の70〜80％で骨量減少，70％以下で骨粗鬆症と診断される．汎用的には定量的超音波測定法（QUS）による踵骨の骨強度の測定が行われることが多いが，これは骨粗鬆症の予測の一助，骨折リスクの評価にはなるものの，診断基準に合致する骨粗鬆症のスクリーニングには不十分である可能性があることを留意する．

11.4　更年期の栄養と病態・疾患，生活習慣

11.4.1　動脈硬化・脂質異常症

更年期では消費エネルギーの減少に対する摂取エネルギーの過剰や，エストロゲンの分泌低下によるLDLコレステロールの増加により，動脈硬化や脂質異常症のリスクが高くなる．消費エネルギーにみあった食事の摂取や，飽和脂肪酸の過剰摂取を避けること，コレステロールの吸収を抑制する食物繊維の摂取を心がけるようにする．

11.4.2　血圧上昇

閉経後は，エストロゲン分泌の低下に加え，体重増加や脂質代謝異常の影響もあり，閉経前と比べ高血圧の割合が増加する．血管弛緩因子である血管内皮からの一酸化窒素（NO）産生は，アミノ酸の一種であるL-アルギニンを基質とすることから，赤身肉，魚，大豆製品などのたんぱく質が豊富な食品の摂取と同時に，NOの酸化を防ぐため抗酸化物質であるビタミン類やポリフェノール類を意識して摂るようにする．また，食塩やアルコール類の過剰摂取を避け，カリウムを含む野菜・果物を摂取することも重要である．

11.4.3　骨粗鬆症

エストロゲンの分泌低下による破骨細胞の活性化，および加齢によるカルシウム吸収能力の低下に伴い，骨吸収が骨形成を上回り閉経後は骨塩量の減少が加速する．思春期までの骨塩量が少ない場合には骨粗鬆症を発症しやすいため，骨密度低下の予防には思春期までに摂取されたカルシウム量も重要である．骨塩量を維持するにはカルシウムの摂取とともにビタミンDやビタミンKの摂取が重要である．

11.5　更年期の栄養ケア

高齢期のQOLを高めるためにも，その前段階である更年期におけるメタボリックシンドロームや生活習慣病，骨粗鬆症の予防は重要な課題である．

更年期症状の有無や程度には個人差があり，身体状況，生活活動，栄養状態，精神状態の個人差も大きいため，個人に適した栄養ケア計画が必要である．更年期症状からの食生活の乱れや，身体機能面の変化に照らし合わせた過剰摂取または摂取不足に対する改善目標にむけて栄養ケア計画を作成し，実施，評価，改善を繰り返すことで目標達成にむけてケアを進めていく．

また，改善のためには栄養ケアだけでなく，ウォーキング，ストレッチ体操など運動負荷が小さな運動の継続や生活の質の向上に向けて精神的・社会的な幸福感がもてるような生活習慣も必要である．

12 高　齢　期

　我が国では 65 歳以上を高齢者とし，65〜74 歳を前期高齢者，75 歳以上を後期高齢者とする．前期高齢者は老化が起きているが，生活習慣病などの予防や治療に注意すれば十分に社会的活躍ができる年代である．後期高齢者は老化が進行し，身体・生理的機能や病気に対する抵抗力が低下し，新しいことに対する適応能力も衰えてくる年代である．

　1950 年以降，我が国では高齢者の人口およびその割合（高齢化率）は増加し続け，今後も増加していく．2019 年時点で高齢化率 28.4％の超高齢社会であり，高齢化率は世界で最も高くなっている．また，平均寿命と健康寿命も世界トップクラスの長さである．健康寿命は 2001 年から延び続けているが平均寿命も延びているため，平均寿命と健康寿命の差は縮まっていない．この差は日常生活に制限のある期間に相当し，個人の QOL（Quality of Life：生活の質）が低下する．そのため，健康管理を若いときから行い，健康寿命を延ばすことが重要である．

> **健康寿命**　ある健康状態で生活することが期待される平均期間またはその指標の総称である．その指標は，①日常生活に制限のない期間の平均，②自分が健康でいると自覚している期間の平均，③日常生活動作が自立している（要介護 2 未満）期間の平均があり，一般的には①が使用される．

12.1　高齢期の生理的特徴

　加齢に伴い骨格系，神経系，感覚器系，呼吸器系，循環器系，泌尿器系，消化器系，内分泌系，生殖系そして免疫系と全身のあらゆる機能が低下する（3.2 節参照）．ただし，加齢による機能低下（老化）の程度は個人差が大きいため，各人の状態を把握することが重要となる．

12.1.1　骨　格　系

　骨格筋は運動量低下，酸化ストレス，慢性炎症，たんぱく質同化抵抗性，ホルモン変化などさまざまな加齢による影響を受けて減少していく．骨格筋の種類は遅筋線維よりも速筋線維の方が影響を受けやすい．また，姿勢保持に重要な働きをする筋肉（抗重力筋）が強く影響を受け，これらの抗重力筋が萎縮すると脊柱後弯変形になりやすく，日常生活動作（ADL）などに支障をきたしやすくなる．筋量低下は基礎代謝の低下，サルコペニアやロコモティブシンドローム，フレイルなど疾患の原因にもなる．

　加齢に伴い骨吸収の亢進や腸管からのカルシウム吸収低下などが起こり，カルシウム出納は負に傾き骨量が低下する．そして骨萎縮が起き，やがて身長短縮や骨粗鬆症などが起きる．骨

萎縮は胸腰椎や長管骨骨端のような海綿骨で成り立っている部位で生じやすい．食事量や運動量の減少は骨萎縮を進行させる．また，関節内の軟骨が薄くなり，軟骨成分が変性することで関節の弾性が低下し，損傷しやすくなる．そして炎症が起き，痛みを伴うようになると病的な変形性関節症と診断される．

12.1.2　神　経　系

　加齢によって脳の萎縮が起きる．大脳が最も萎縮し，次いで小脳，脳幹となる．大脳の中ではとくに，記憶や言語を司る側頭葉，関心・意欲の源であり随意運動の制御や各働きの統合を行う前頭葉の萎縮が大きい．短期記憶と学習能力は比較的早く低下し，徐々に言語能力も低下していく．知的能力（情報処理能力）は比較的維持されるが，処理速度は落ちる．

　加齢に伴って椎骨と椎骨の間にある軟骨の椎間板が硬くもろくなり，クッション性が損なわれる．そして，椎骨を通る脊髄や末梢へ延びる神経（神経根）を圧迫して，神経を損傷させることがある．この損傷により感覚が鈍くなり，筋力や平衡感覚が低下することもある．

　末梢神経の老化によって神経伝達速度が遅くなる．神経には体性神経と自律神経がある．体性神経は脳から末梢へ信号を伝える運動神経と，末梢からの感覚を脳へ伝える感覚神経からなり，自律神経は交感神経と副交感神経からなる．体性神経が老化すると，反射の低下・消失，感覚の鈍化，筋力の低下などが生じる．自律神経が老化すると，体温調節（発汗能力など）の低下，消化能力の低下，尿意や便意のコントロール能力低下などが生じる．

12.1.3　感　覚　機　能

　視覚，聴覚，味覚など五感が低下する．視覚は加齢によりまず遠方視力が低下する．また，加齢によって，白内障，緑内障，加齢性黄斑変性などの疾患も起きやすくなる．聴覚は加齢によって高音域が聞こえにくくなり，次第に低音域も聞こえにくくなる．また，内耳の機能低下による老人性難聴となることがある．嗅覚の低下は鼻粘膜の感覚細胞減少や嗅覚に関する神経の機能低下により起きる．味覚は舌にある味蕾の数の減少や味覚に関する神経の機能低下，唾液分泌の低下などにより起きる．塩味と甘味の閾値上昇（味を感じたり判別するために必要な味付けの量を多くする≒感受性低下）が著しく，酸味はあまり変化しない．

　また，これら五感の低下は食欲や食事量に大きく影響する．視覚低下は料理の微妙な色合いを感じにくくし，嗅覚低下は香りや匂いを感じにくくするだけでなく味もわかりにくくする．味覚低下は味自体を感じにくくさせる．また，温感も鈍くなり，熱いものと気づかずに口に入れ，やけどなどが起きる可能性が高まる．

12.1.4　消化・吸収機能

　口腔系の機能として，加齢により嚥下機能と咀嚼機能が低下する．加齢による全身の筋力・筋量低下（サルコペニア）に伴い嚥下と関連する筋力・筋量が低下することでも嚥下障害は起きる．嚥下機能が低下すると飲み物や食べ物を正常に飲み込めなくなり誤嚥を引き起こす．誤嚥は肺炎や低栄養，脱水などの原因となる．歯の欠損が10本以上になると明らかな咀嚼能力の低下が起き，味覚・温感の低下を引き起こす．

　加齢によって唾液，胃液，膵液などの消化液の分泌および消化酵素の活性が低下する．唾液量の低下は食べたものを食塊として形成しにくくし誤嚥の原因となることや味覚の低下の原因となる．胃粘膜の胃液を出す胃腺減少により機能が低下し，潰瘍・萎縮性胃炎，がん，感染症

などへの抵抗性が弱まる．また，胃液や胃酸の分泌量が減少することで胃内滞留時間が増大し，胃もたれや食思不振の原因となる．膵臓の腺細胞が減少することで膵液の分泌量は低下し，消化酵素の活性も低下する．しかし，加齢によるたんぱく質や脂質の消化・吸収率は低下しない．

また，消化管筋層が薄くなり，腸管のぜん動運動が低下する．ぜん動運動の低下は消化管内の滞留時間を延長し，慢性的な便秘，腹部膨満感や食思不振の原因となる．また，消化管粘膜も萎縮する．小腸の粘膜機能低下も免疫機能の低下につながる．

12.1.5　代謝の変化

加齢に伴う細胞数の減少，とくに骨格筋の減少により基礎代謝量が低下する．また，活動量も低下するため，1日のエネルギー代謝量は低下する．

体重当たりの総体たんぱく質合成量と分解量は安静時では成人とほとんど変わらない．しかし，たんぱく質同化作用に最も影響を与えるロイシン感受性が低下している．また，加齢とともに幹細胞数が減少することなどから肝臓中の糖質，脂質，アミノ酸の代謝は低下する．血清総たんぱく質濃度は正常範囲の者が多いが，血清アルブミンは低下し，γ-グロブリンは増加する．

血清コレステロールやトリグリセリドの値は増加する．胆汁酸の合成量は減少するがコレステロール合成量は増加するため，胆汁中のコレステロール濃度は上がり胆石ができやすくなる．

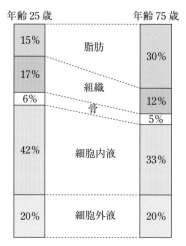

図 12.1　加齢による身体構成成分分析
[Goldman, R. J. : Am Gerlat. Soc. 1970 より]

骨格筋の減少に伴い細胞内水分も減少する（図 12.1）．これは体内水分量の減少につながり，口渇感の鈍化と重なり脱水症状を起こしやすくなる．また，骨格筋量は減少するが，体脂肪量は減少しない．そのため体脂肪率は増加することとなり，インスリン抵抗性など肥満と同じような代謝異常が起きる．また，インスリン分泌量の低下によっても，耐糖能は低下する．

12.1.6　食欲不振，食事摂取量の減少

高齢者はさまざまな要因によって食欲が低下し，低栄養を引き起こすことがある．前述の感覚器や消化管の機能低下，活動量の低下，体調の変化，心理的な作用，薬の副作用，社会・心理的な要因，日常生活動作の障害など原因は多岐にわたる．

12.1.7　日常生活動作，手段的日常生活動作

加齢に伴う身体機能の低下は，日常生活を送るための最低限必要な動作である日常生活動作（ADL）を低下させる．ADL には基本的日常生活動作（BADL）と手段的日常生活動作（IADL）がある．BADL は一般的に ADL のことであり，移乗，移動，階段昇降，食事，更衣，排泄（トイレ動作，排便・排尿コントロール），入浴，整容などの動作をさす．一方，IADL は買い物，交通機関の利用，金銭の管理，電話の使用，食事の準備，服薬管理，掃除などの家事，洗濯，趣味などを指し，BADL より複雑で高次な動作となる．一般的に IADL の低下が起こり，BADL の低下につながる．さらに安静や仰臥位状態が長期にわたって続くことによって起き

る．ADL の低下は活動性を低下させ，社会参加の機会も少なくなり生きがいなどを見出せなくなる．そして，精神的・身体的な機能にも悪影響を及ぼし，さらに ADL を低下させるという悪循環を引き起こす．

12.2 高齢期の栄養的特徴

12.2.1 高齢期の食事摂取基準

「日本人の食事摂取基準（2020 年版）」では，策定方針として高齢者の低栄養予防・フレイル予防が柱の 1 つとされている．基準値は 65〜74 歳と 75 歳以上の 2 区分に分けて設定されているが，年齢区分に対してエビデンスが十分ではない栄養素があることに注意する．

食事摂取基準の対象として「高齢者においてはフレイルに関する危険因子を有していたりしても，おおむね自立した日常生活を営んでいる者及びこのような者を中心として構成されている集団は含むものとする．具体的には，歩行や家事などの身体活動を行っている者であり，体格（BMI）が標準より著しく外れていない者」とする．また，フレイルは健康状態と要介護状態の中間的な段階として位置づけられている．

高齢者では個人差の大きいことが特徴であり，年齢だけでなく個人の特徴に十分に注意を払うことが必要である．

12.2.2 高齢期のエネルギー

目標とする BMI の範囲は 65〜74 歳・75 歳以上ともに 21.5〜24.9 kg/m^2 であり，これはフレイル予防および生活習慣病発症予防の両方に配慮されている．

基礎代謝基準値や身体活動レベルは成人期より低い．65〜74 歳は成人期と同様に身体活動レベル I〜III が設定されているが，75 歳以上はレベル III（高い）に相当する者が想定しにくい年齢層であるためレベル I・II のみ設定されている．レベル I は自宅にいてほとんど外出をしない者を念頭にしているが，高齢者施設で自立に近い状態で過ごしている者にも適用できる．

12.2.3 高齢期のたんぱく質

たんぱく質維持必要量は 0.66 g/kg 体重/日，日常食の吸収率は 90％と成人期と同じ値である．目標量は 15〜20％エネルギーとなっているが，これは目標量の下限値が推奨量を下回らないようにするためである．また，身長・体重が参照体位に比べ小さい者やとくに 75 歳以上で加齢に伴い身体活動が大きく低下した者など，必要エネルギー摂取量が低い者では目標量の下限が推奨量を下回る場合があるが，その場合でも推奨量以上を摂取することが望ましい．

フレイルおよびサルコペニアの発症予防を目的とした場合，65 歳以上は少なくとも 1.0 g/kg 体重/日以上の摂取が望ましい．しかし，2.0 g/kg 体重/日の高たんぱく質食の摂取では，健康な高齢者でも腎障害のリスクが上がる可能性があるため注意する．また，サルコペニア予防のためには，たんぱく質の十分な摂取に加えておもにレジスタンス運動を合わせて実施することも重要だと考えられる．

12.2.4 高齢期のビタミン D

ビタミン D は腸管でのカルシウム吸収率を促すため，低ビタミン D 状態は骨粗鬆症やフレイルの発症リスクとなる．食事による摂取以外に日照により皮膚でビタミン D が産生される

ため，日常生活において可能な範囲内での適度な日光浴を心掛ける．

12.2.5 高齢期のナトリウム（食塩相当量）

　食塩相当量の目標量は男性 7.5 g/日未満，女性 6.5 g/日未満である．高血圧および慢性腎臓病の重症化予防のためには男女とも 6.0 g/日未満とする．ただし，高齢者で食欲低下がある場合に極端なナトリウム制限（減塩）を行うと，エネルギーやたんぱく質など多くの栄養素摂取量の低下を招き，フレイルなどにつながる．そのため，高齢者に対するナトリウム制限（減塩）は健康状態・病態・摂取量など全体をみて弾力的に運用する．

12.3 高齢期の栄養アセスメント

　栄養状態を評価するための方法は，ほかのライフステージと同じように，臨床診査，臨床検査，身体計測，食事調査などを行う．高齢期は生理的・身体的機能が低下しているため，ADL・IADL や咀嚼・嚥下状態，認知機能や介護状態などほかのライフステージでは評価しない項目についても必要に応じて評価する．

　① 栄養状態のスクリーニング：主観的包括的アセスメント（SGA）や簡易栄養状態評価表（MNA®，図 12.1）などがある．体重減少や食事量・食事形態，消化器状態，生活の自立度などの聞き取りなどで行うことが可能である．MNA は 65 歳以上の高齢者が対象のツールである．

　② 臨床検査：とくに血清アルブミン値による低栄養状態の判定を行う．加齢によって値が低下する項目や上昇する項目もある．

　③ 身体計測：拘縮や背中の曲がり，立位が保てないなど場合などは身長の推定式などを使用する．ペースメーカーなど医療用電子機器を使用している場合は誤作動を起こすおそれがあるため，インピーダンス法による体組成の測定は行わない．また，フレイルやサルコペニアを評価するため筋量以外に握力や歩行速度などを測定することもある．

　④ 日常生活動作（ADL），認知機能：基本的日常生活動作（BADL）の評価には Barthel Index（バーゼルインデックス）などがあり，手段的日常生活動作（IADL）の評価には Lawton（ロートン）の尺度や老研式活動能力指標がある．認知機能検査には改定長谷川式認知症スケール（HDS-R）やミニメンタルステート検査（MMSE）などがある．また，地域包括ケアシステムにおける認知症の評価は，地域包括ケアシステムにおける認知症アセスメントシート（DASC-21；ダスク 21）が使用され，認知機能と生活機能（ADL，IADL）を総合的に評価している．

　⑤ 食事内容・食意識：食事調査方法はさまざまなものがあるが，24 時間思い出し法や食物摂取頻度調査などは対象者の記憶に依存することに注意が必要である．その他，通常の食品以外の食品や薬についても把握する．また，食に対する意識，栄養状態改善に関する意欲，栄養・食事に対する誤った知識がないか，買い物の頻度や金銭面などについても把握をし，食事に関する総合的な内容から評価を行う．

　⑥ 摂食・嚥下機能：摂食や嚥下の評価方法は，日本摂食嚥下リハビリテーション学会から摂食嚥下障害の評価方法が示されている．嚥下状態のスクリーニング検査は，反復唾液嚥下テスト（RSST）や改定水飲みテスト（MWST）などがある．反復唾液嚥下テストは唾液を 30

簡易栄養状態評価表
Mini Nutritional Assessment
MNA®

Nestlé
NutritionInstitute

氏名：＿＿＿＿＿＿＿＿＿＿＿＿＿　　　性別：＿＿＿＿＿＿＿＿＿＿＿＿＿

年齢：＿＿＿＿＿＿＿　体重：＿＿＿＿＿　kg　身長：＿＿＿＿＿　cm　調査日：＿＿＿＿＿

スクリーニング欄の□に適切な数値を記入し、それらを加算する。11 ポイント以下の場合、次のアセスメントに進み、総合評価値を算出する。

スクリーニング

A 過去 3 ヶ月間で食欲不振、消化器系の問題、
そしゃく・嚥下困難などで食事量が減少しましたか？
0 = 著しい食事量の減少
1 = 中等度の食事量の減少
2 = 食事量の減少なし □

B 過去 3 ヶ月間で体重の減少がありましたか？
0 = 3 kg 以上の減少
1 = わからない
2 = 1〜3 kg の減少
3 = 体重減少なし □

C 自力で歩けますか？
0 = 寝たきりまたは車椅子を常時使用
1 = ベッドや車椅子を離れられるが、歩いて外出はできない
2 = 自由に歩いて外出できる □

D 過去 3 ヶ月間で精神的ストレスや急性疾患を
経験しましたか？
0 = はい　2 = いいえ □

E 神経・精神的問題の有無
0 = 強度認知症またはうつ状態
1 = 中程度の認知症
2 = 精神的問題なし □

F BMI 体重 (kg) ÷ [身長 (m)]²
0 = BMI が 19 未満
1 = BMI が 19 以上、　21 未満
2 = BMI が 21 以上、　23 未満
3 = BMI が 23 以上 □

スクリーニング値：小計（最大：14 ポイント） □□

12-14 ポイント：　　　　　栄養状態良好
8-11 ポイント：　　　　　低栄養のおそれあり (At risk)
0-7 ポイント：　　　　　低栄養

「より詳細なアセスメントをご希望の方は、引き続き質問 G〜R におすすみください。」

アセスメント

G 生活は自立していますか（施設入所や入院をしていない）
1 = はい　0 = いいえ □

H 1 日に 4 種類以上の処方薬を飲んでいる
0 = はい　1 = いいえ □

I 身体のどこかに押して痛いところ、または皮膚潰瘍がある
0 = はい　1 = いいえ □

J 1 日に何回食事を摂っていますか？
0 = 1 回
1 = 2 回
2 = 3 回 □

K どんなたんぱく質を、どのくらい摂っていますか？
・乳製品（牛乳、チーズ、ヨーグルト）を毎日 1 品
　以上摂取　　　　　　　　　　　　　はい □　いいえ □
・豆類または卵を毎週 2 品以上摂取　はい □　いいえ □
・肉類または魚を毎日摂取　　　　　はい □　いいえ □
0.0 = はい、0〜1 つ
0.5 = はい、2 つ
1.0 = はい、3 つ □

L 果物または野菜を毎日 2 品以上摂っていますか？
0 = いいえ　　　　1 = はい □

M 水分（水、ジュース、コーヒー、茶、牛乳など）を 1 日どのくらい
摂っていますか？
0.0 = コップ 3 杯未満
0.5 = 3 杯以上 5 杯未満
1.0 = 5 杯以上 □

N 食事の状況
0 = 介護なしでは食事不可能
1 = 多少困難ではあるが自力で食事可能
2 = 問題なく自力で食事可能 □

O 栄養状態の自己評価
0 = 自分は低栄養だと思う
1 = わからない
2 = 問題ないと思う □

P 同年齢の人と比べて、自分の健康状態をどう思いますか？
0.0 = 良くない
0.5 = わからない
1.0 = 同じ
2.0 = 良い □

Q 上腕（利き腕ではない方）の中央の周囲長(cm)：MAC
0.0 = 21cm 未満
0.5 = 21cm 以上、22cm 未満
1.0 = 22cm 以上 □

R ふくらはぎの周囲長 (cm)：CC
0 = 31cm未満
1 = 31cm 以上 □

評価値：小計（最大：16 ポイント） □□.□
スクリーニング値：小計（最大：14 ポイント） □□
総合評価値（最大：30 ポイント） □□.□

低栄養状態指標スコア

24〜30 ポイント	□□	栄養状態良好
17〜23.5 ポイント	□□	低栄養のおそれあり (At risk)
17 ポイント未満	□□	低栄養

Ref.　Vellas B, Villars H, Abellan G, et al. *Overview of MNA® - Its History and Challenges.* J Nut Health Aging 2006; 10: 456-465.
Rubenstein LZ, Harker JO, Salva A, Guigoz Y, Vellas B. Screening for Undernutrition in Geriatric Practice: *Developing the Short-Form Mini Nutritional Assessment (MNA-SF).* J. Geront 2001; 56A: M366-377.
Guigoz Y. The Mini-Nutritional Assessment (MNA®) *Review of the Literature – What does it tell us?* J Nutr Health Aging 2006; 10: 466-487.
® Société des Produits Nestlé SA, Trademark Owners.
© Société des Produits Nestlé SA 1994, Revision 2009.
さらに詳しい情報をお知りになりたい方は、
www.mna-elderly.com にアクセスしてください。

図 12.2　簡易栄養状態評価表（フルバージョン）

秒で何回飲み込めるかを計測する．飲み込めた回数が3回未満でテスト陽性であり，誤嚥の確率は高い．改定水飲みテストは冷水3 mLを口腔底に注いで嚥下させ，嚥下運動やむせの有無，呼吸状態，声の状態から咽頭期障害を評価する．その他，実際にゼリー状のものを少量（約4 g）食べさせるフードテストなどもある．

12.4　高齢期の栄養と病態・疾患，生活習慣

12.4.1　フレイル，サルコペニア

フレイルの定義は「老化に伴う種々の機能低下（予備能力の低下）を基盤とし，さまざまな健康障害に対する脆弱性が増加している状態，すなわち健康障害に陥りやすい状態」とされる．評価基準は体重減少，倦怠感，活動量，握力，通常歩行速度の5項目からなる．

サルコペニアの定義は「転倒，骨折，身体機能低下，死亡など負のアウトカムの危険が高まった進行性かつ全身性の骨格筋疾患」とされる．サルコペニアは骨格筋量，筋力，身体機能の低下によって，プレサルコペニア，サルコペニア，重症サルコペニアに分類される．サルコペニアは転倒・骨粗鬆症，呼吸障害，排尿障害，認知機能低下，がんや心血管疾患などの術後の生命予後不良などのリスクを上げる．

低栄養が存在するとサルコペニアが発症し，それによって筋力低下や身体機能低下，活動度の低下が起こり，食欲低下や食事摂取量が低下し，さらに栄養不良を促進させるフレイル・サイクルが構築される（図12.3）．このように，フレイルやサルコペニアなど全身の機能低下の前に低栄養状態があり，この低栄養状態は嚥下・咀嚼機能の低下など口腔機能が大きく影響する．これをオーラルフレイルといい，「老化に伴うさまざまな口腔状態（歯数・口腔衛生・口腔機能など）の変化に，口腔健康への関心の低下や心身の予備能力低下も重なり，口腔の脆弱性が増加し，食べる機能障害へ陥り，さらにはフレイルに影響を与え，心身の機能低下にまでつながる一連の現象および過程」と定義される（図12.4）．

サルコペニアの類似の概念として，廃用症候群やロコモティブシンドロームなどがある．廃用症候群は，安静や臥床などの不活動な状態に起因する身体機能・形態の障害をさす．筋力・筋量の低下以外にも心肺機能の低下や知的活動の低下，起立性低血圧なども含む．年齢に依存

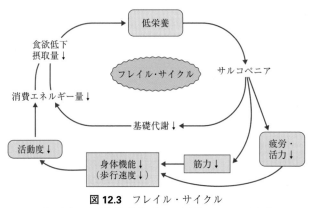

図12.3　フレイル・サイクル
［日本人の食事摂取基準（2020年版），p.415，図1］

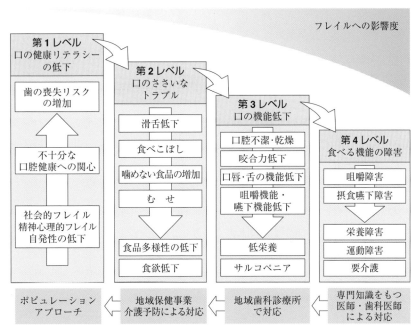

図 12.4　オーラルフレイル概念図
［公益社団法人日本歯科医師会：歯科診療所におけるオーラルフレイル対応マニュアル（2019年版），第Ⅰ部，p.12］

せず，廃用によるサルコペニアは二次性サルコペニアとして位置づけられる．ロコモティブシンドロームは運動器の障害によって要介護になるリスクが高い状態のことをさす．加齢による機能低下や疾患が原因である．また，ロコモティブシンドロームの原因としてサルコペニアが位置づけられる．

12.4.2　転倒・骨折

　一般的に高齢者の骨折は骨粗鬆症と関連が深く，寝たきりへの移行など QOL が著しく損なわれる可能性が高い．栄養障害やサルコペニアなどの筋力低下などによってリスクが上がる．そのため，室内外での転倒防止や環境整備，下肢筋力の増強，歩行バランスの改善，起立性低血圧の予防などが重要となる．また，これらは ADL 低下の予防にもなる．骨粗鬆症の予防として，適度な運動に加えて，たんぱく質，カルシウム，ビタミン C，ビタミン K，マグネシウムなどを十分に摂取する．また，リン，食塩，カフェイン，アルコールなどはカルシウムの吸収阻害や排泄促進を引き起こすので過剰な摂取は控える．

12.4.3　認　知　症

　認知症の原疾患によって食行動の特徴が異なる．アルツハイマー病は記憶障害や認知機能障害などが起きる．記憶障害が顕著になると食事をしたことを忘れ，何回も要求することがしばしば出現する．この場合にも食事要求を否定しないようにし，話題を変えて意識を食事からそらすようにする．食事介助時に口を開かない，口腔内に食べ物を溜めるなどの状況が出現した場合，口唇を指やスプーンで刺激する，味の濃い食物を少量口唇につけてなめる動作を誘導するといった試みを行う．血管性認知症は血管障害によって損傷を受けた脳の場所で症状が異なる．片側の空間を認識できない半側空間無視があると，食べ残しが起きる．多発梗塞の場合は

次第に自発性の低下が起き，食事に時間がかかり摂取量が低下することが多い．後遺症として嚥下障害が起きることがあり，食形態の変更や嚥下訓練を実施する必要がある．レビー小体型認知症は注意力や意識清明度の変動，幻視や自律神経症状などを特徴とする．食物・水分の嚥下困難，嚥下に時間がかかる，咳やむせ，食欲の低下などが起きる．

12.4.4　咀嚼障害

歯の欠損や義歯の使用は咀嚼力の低下だけでなく，味覚・温感の低下や平衡機能や身体機能の低下を引き起こす．歯周病や唾液分泌量の低下なども影響し，咀嚼力が低下すると食べ残しが増える傾向にあり，摂取エネルギー量が減少し，体重減少を引き起こす．また，硬いものや歯にくっつきやすいもの（義歯の場合）が食べづらくなり，軟らかいものを好んで食べるようになり栄養が偏る．

咀嚼障害がある場合の調理法の工夫として，
① 咀嚼力に応じて隠し包丁を入れたり，食べやすい大きさに切る（刻み食）．
② なるべく軟らかい食材を選ぶが，食物繊維の多い食品を料理するときは加熱時間や加圧時間を長くして軟らかく仕上げる．
③ すりおろす，ミキサーにかける，裏ごしなどを行うなどして，軟らかく食べやすい状態にする．
などがあげられる．ほかにも酵素液につけることで軟らかく調理できる．また，市販品では日本介護食品協議会が制定した規格としてユニバーサルデザインフードがある．

12.4.5　嚥下障害

（1）嚥下障害の原因と特徴

嚥下する際に喉頭蓋が気管入口（喉頭口）をふさぎ，食塊が気管に入らないようにしている（図12.5）．しかし，食塊が誤って気管や気管支に入ってしまう状態を誤嚥といい，誤嚥性肺炎や気道閉鎖（窒息）を引き起こすことがある．誤嚥性肺炎は日本人の死因上位10位以内に入る．また，誤嚥は食道からの逆流物が気管に入ることでも起きるため，睡眠中や経鼻胃管での栄養剤投与などでも起きる．一般的に気管に食物が入るとむせるが，むせが起きない誤嚥を不顕性誤嚥という．

嚥下障害を起こす食事中のおもな特徴として，①飲み込む力が弱まり口腔内に食べ物が残る，②口から食べ物がこぼれる，③よだれが出る，④飲み込む前や飲み込むときにむせたり咳き込

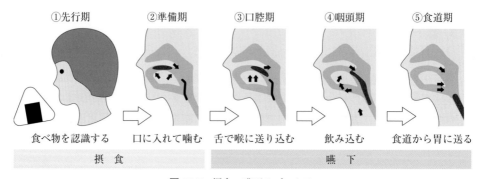

①先行期　　②準備期　　③口腔期　　④咽頭期　　⑤食道期

食べ物を認識する　口に入れて噛む　舌で喉に送り込む　飲み込む　食道から胃に送る

摂　食　　　　　　　　　　　　　　嚥　下

図 12.5　摂食・嚥下のプロセス

んだりする，⑤食事中や食後に声がかすれる，などがあげられる.

(2) 嚥下障害に対する食事

嚥下障害がある場合の調理工夫としては，以下のようなことがある.

① ペースト状やゼリー状のもの，液体と固体が均一で適度な粘性があるもの（カスタードクリーム，ポタージュスープ，プリンなど）にする.

② 口腔内で食材がバラバラにならないようにする（そのため，刻み食は適さない）.

③ 水やお茶は口腔内で一定の形を保てないため増粘剤などを利用してトロミをつける.

④ 温度は体温より温かい状態か冷たい状態にして嚥下反射を起こしやすくする.

⑤ 餅のように粘度があり過ぎる食材，こんにゃくなど弾性の高い食材，のりやわかめなど口腔内に張り付きやすい食材，酸味の強い食材・料理，繊維の多い食材，味噌汁など水分と固形物に分かれる料理などは避ける.

また，好物などは上手に食べる傾向がある．食事形態は嚥下ピラミッドなども参考にする．その他，調理以外での誤嚥予防として，①食事は座位や頭位挙上で行う，②スプーンは浅いものを使用する，③一口量に注意する，④ゆっくり食べる，⑤意識があることを確認する，⑥あごを引いて嚥下する，⑦口腔ケアをしっかりと行う，などがあげられる.

▌12.4.6 脱 水 症

高齢者は体内・細胞内水分の減少，腎機能の低下，内服薬の副作用，口渇中枢の感受性低下などによって脱水を引き起こしやすい．脱水は重症化すると精神症状や脳梗塞などを起こしやすくなる．また，高齢者の脱水はナトリウムより水分の損失が多い高張性脱水であり，血清ナトリウム値や血清浸透圧が高値となる．脱水の予防には口渇感がなくても定期的に水分の補給を心掛ける．また，食事摂取量が減少している場合には，食事に含まれる水分の摂取も減少するため注意する.

▌12.4.7 栄養障害の二重負荷

二重負荷とは，同じ国，同じ地域，同じ年代，同じ家庭で低栄養の者と過栄養の者が存在し，同じく個人の中でも生涯の中で低栄養と過栄養の時期があることを指す．エネルギーの過剰摂取は肥満や糖尿病，高血圧などの生活習慣病を引き起こす．生活習慣病は脳梗塞や心筋梗塞のリスクを上げるだけでなく，悪性新生物（がん）や認知症のリスクも上げる．低栄養によって筋力・骨量などが低下し，転倒による骨折や寝たきりになるリスクが上がる．また，低コレステロール血症は脳血管疾患のリスクを上げ，低栄養による抵抗力・免疫力の低下は肺炎のリスクを上げる.

低栄養において，たんぱく質・エネルギー低栄養状態（PEM）がある．PEM にはクワシオルコル（kwashiorkor）型とマラスムス（marasmus）型，両者の特徴を併せもつ混合型がある．クワシオルコルは極度のたんぱく質欠乏とエネルギー不足の状態であり，手術や外傷の後や質の悪いたんぱく質の摂取で起き，低アルブミン血症や浮腫などを引き起こす．マラスムスはたんぱく質とエネルギーが不足した状態で，食事量の減少などから起きる．体重減少があるが血清アルブミン値の低下はわずかである.

▌12.4.8 老年症候群

老年症候群は加齢に伴う心身機能の低下によって現れる身体的・精神的な諸症状であり，医

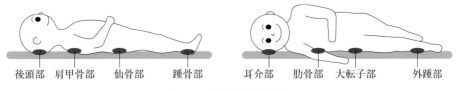

後頭部　肩甲骨部　仙骨部　踵骨部　　　耳介部　肋骨部　大転子部　外踵部

図 12.6　褥瘡の発生部位

師の診察や介護・看護を必要とする．症状は認知機能障害，めまい，視力障害，うつ，せん妄，摂食・嚥下障害，貧血，易感染性，骨粗鬆症，骨折・転倒，変形性関節症，失禁・頻尿，褥瘡, サルコペニア，ADL 低下，低栄養など 50 項目以上存在する.

▍12.4.9　褥瘡（床ずれ）

　普段の生活でもベットや椅子などと骨の間で軟部組織（皮膚，皮下脂肪，筋肉組織）が圧迫され，血流が滞り，細胞に酸素や栄養が行き渡らずに壊死することで褥瘡が発生する（図12.6）．また，弱っている組織に服などとの摩擦やすれることでも起きる．低栄養（低たんぱく状態）や皮膚が弱くなっている状態，糖尿病，脳血管疾患・うっ血性心不全などの疾患で発生しやすい．褥瘡の評価ツールとして DESIGN-R があり，点数によって重症度が表される．予防は，体位変換を定期的に行うことや体圧分散寝具の使用，スキンケア，良質なたんぱく質を十分に摂取することなどがあげられる.

▍12.5　高齢期の栄養ケア

（1）食物・栄養提供，栄養計画

　長年の生活の中で食習慣ができ上がっている．個々人の身体的・精神的な状態，家族の協力，疾患との優先順位などさまざまなことを考慮しながら，できることを行う．また，疾患の治療も視野に入れる場合，高齢者用のガイドラインがある疾患も多いので成人と同様の内容を適用しないように注意する.

　高齢者の身体・生理機能の低下に伴い，調理上　あらゆる角度から留意する必要がある．たとえば，①食べやすい大きさにする，②薄味でもおいしくする工夫をする，③食欲を起こさせる工夫をする，④飲み込みやすい調理の工夫をする，⑤生活を楽しむための食事作りをする，などがある．ただし，あくまでもその人に合った調理法を取り入れる.

　また，外食を行う場合は「健康な食事・食環境」の認証店舗および「健康な食事（通称：スマートミール）」などを活用するのもよい.

（2）栄養ケアの調整

　高齢者は複数の疾患をもっていることがあり，病院・クリニックを複数通っていることもある．それ以外にデイサービスなど介護や支援を受ける機会も別にある．そのため，複数の栄養士・管理栄養士が 1 人の人に対してかかわっている可能性がある．そして，各施設で医師，看護師，介護士，ソーシャルワーカーなど他職種も多くかかわっている．各施設の栄養士・管理栄養士が中心となって，食事に対する目的や対応に関して情報を共有することが望ましい.

13 運動・スポーツと栄養

13.1 運動・スポーツの目的

　「運動」は「体力の維持・向上を目的として計画的・継続的に実施されるもの」（厚生労働省）と定義される．一方，「スポーツ」は「心身の健全な発達，健康及び体力の保持増進，精神的な充足感の獲得，自律心その他の精神の涵養等のために個人又は集団で行われる運動競技その他の身体活動」（スポーツ基本法）と定義される．両者は明確には区別できないが，心身の健康の維持・増進を主目的としたものと，競技として行うものに大別できる．

（1）心身の健康の維持・増進のための運動・スポーツ

　「健康づくりのための身体活動基準 2013」（厚生労働省）では，安静にしている状態よりも多くのエネルギーを消費するすべての動作を「身体活動」とし，これには日常生活における労働，家事，通勤・通学などの「生活活動」と前述の「運動」がある．生活活動と運動を上手に組み合わせて身体活動量を増やすことが肥満の予防につながる．

　運動による心身の刺激は各種の代謝の活性化を促し，生活習慣病などの発症および生活機能低下のリスク低減に役立つ．楽しく行えば気分転換やストレスの解消になり，自律神経のバランスを整えてメンタルヘルス不調のリスク低下に貢献する．同基準では生活習慣病発症および生活機能低下を予防するのに望ましい身体活動量および運動量を年代別に示し（表 13.1，次ページ），その実践の手立てとして「健康づくりのための身体活動指針（アクティブガイド）」において，今より 1 日 10 分多く体を動かす「＋10（プラス・テン）」を推奨している．

（2）競技能力を高めて記録を競い試合に勝つ競技スポーツ

　競技スポーツではスポーツを楽しむことに加え心身の成長を通じた自己実現を目的とし，その過程において記録の更新，試合での勝利を追求する．努力のあまり，運動由来の健康障害も起きやすい．

13.2 運動時の生理的特徴とエネルギー代謝

13.2.1 骨格筋線維の分類

　運動の主体となる骨格筋線維には，遅筋線維（ST 線維）と速筋線維（FT 線維）があり，持久性は遅筋線維のほうが，収縮速度は速筋線維のほうが優れている．速筋線維には FTa 線維と FTb 線維がある（図 13.1）．FTa 線維は酸化系酵素活性もやや高いので，ST 線維と

表 13.1　健康づくりのための身体活動基準 2013（厚生労働省）

血糖・血圧・脂質に関する状況		身体活動（＝生活活動＋運動）		運　　動		体力(うち全身持久力)
健診結果が基準範囲内	65 歳以上	強度を問わず，身体活動を毎日 40 分（＝ 10 メッツ・時/週）	世代共通の方向性：今より少しでも増やす（たとえば 10 分多く歩く）	—	世代共通の方向性：運動習慣をもつようにする（30 分以上の運動を週 2 日以上）	—
	18〜64 歳	3 メッツ以上の強度の身体活動（歩行またはそれと同等以上）を毎日 60 分（＝ 23 メッツ・時/週）		3 メッツ以上の強度の運動（息が弾み汗をかく程度）を毎週 60 分（＝ 4 メッツ・時/週）		性・年代別に示した強度での運動を約 3 分継続可
	18 歳未満	［参考］幼児期運動指針：毎日 60 分以上，楽しく体を動かすことが望ましい		—		—
血糖・血圧・脂質のいずれかが保健指導レベルの者		医療機関にかかっておらず，「身体活動のリスクに関するスクリーニングシート」でリスクがないことを確認できれば，対象者が運動開始前・実施中に自ら体調確認ができるように支援したうえで，保健指導の一環としての運動指導を積極的に行う．				
リスク重複者または受診勧奨者		生活習慣病患者が積極的に運動をする際には，安全面での配慮がとくに重要になるので，かかりつけの医師に相談する．				

1) 身体活動（＝生活活動＋運動）全体に着目することの重要性から，「運動基準」から「身体活動基準」に名称を改めた．
2) 身体活動量の増加でリスクを低減できるものとして，従来の糖尿病・循環器疾患などにがんや，ロコモティブシンドローム・認知症が含まれることを明確化（システマティックレビューの対象疾患に追加）した．
3) 子どもから高齢者までの基準を検討し，科学的根拠のあるものについて基準を設定した．
4) 保健指導で運動指導を安全に推進するために具体的な判断・対応の手順を示した．
5) 身体活動を推進するための社会環境整備を重視し，まちづくりや職場づくりにおける保健事業の活用例を紹介．
6) 健康づくりのための身体活動指針は，国民向けパンフレット「アクティブガイド」として，自治体などでカスタマイズして配布できるよう作成．

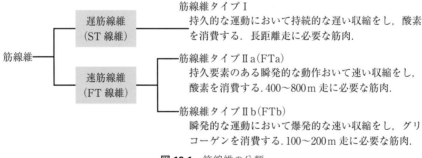

図 13.1　筋線維の分類

FTb 線維の中間的な持久性を示す．遅筋線維と速筋線維の割合は遺伝的に決まりほとんど変わらないが，FTb 線維は持久性トレーニングによって FTa 線維に移行し，トレーニングを中止すると元に戻る．

13.2.2　エネルギー供給機構

筋肉中に存在する ATP（アデノシン-3-リン酸）が ADP（アデノシン-2-リン酸）と無機リ

表 **13.2**　エネルギー供給（獲得）機構からみたスポーツ種目

段階	運動時間	エネルギー獲得機構*	スポーツの種類（例）	パワーの種類
1	30 秒間以下	非乳酸性機構	砲丸投げ，100 m 走，盗塁，ゴルフ，テニス，アメリカンフットボールのバックスのランニングプレー	ハイ・パワー
2	30 秒〜1 分 30 秒間	非乳酸性機構＋乳酸性機構	200 m 走，400 m 走，スピードスケート（500 m，1000 m），100 m 競泳	ミドル・パワー
3	1 分 30 秒〜3 分間	乳酸性機構＋有酸素性機構	800 m 走，体操競技，ボクシング（1 ラウンド），レスリング（1 ピリオド）	
4	3 分間以上	有酸素性機構	1500 m 競泳，スピードスケート（10000 m），クロスカントリースキー，マラソン，ジョギング	ロー・パワー

*非乳酸性機構は ATP-CP 系，ATP-PCr 系，乳酸性機構は乳酸性，解糖系，有酸素性機構は有酸素系とも呼ばれる.
[宮下充正：トレーニングの科学的基礎　改訂版，p.32，ブックハウス HD，2002]

ン酸に分解するとき産生されるエネルギーで，筋肉が収縮する．運動時は ATP の分解と再合成が可逆的に行われている．エネルギー供給機構（エネルギー獲得機構）には有酸素性/無酸素性機構があり，無酸素性機構は乳酸性/非乳酸性機構に分けられる．いずれが働くかは運動の時間や強度による（表 13.2）．

（1）有酸素性機構（有酸素系）

　酸素を必要とする好気的反応で，クエン酸回路で生成された水素からミトコンドリアの電子伝達系で ATP が産生される．糖質，脂肪酸，アミノ酸からエネルギーを供給でき，エネルギー源として大量貯蔵されている体脂肪を利用できることから長時間運動に適しているが，大量のエネルギーを瞬時には供給できない．

（2）無酸素性機構

　酸素を必要としない嫌気的反応で，一過性の激しい運動ではこの機構からエネルギーが供給される．

　① 乳酸性機構（乳酸系）：グリコーゲンが嫌気的に分解されると（解糖），ピルビン酸と ATP が合成され，さらにピルビン酸から乳酸が合成される．この反応はエネルギー需要が高まり，ピルビン酸の生成速度が有酸素性機構の処理速度を上回る場合に利用される．有酸素性機構でピルビン酸を処理できるようになると，乳酸は再びピルビン酸となって有酸素性機構で処理される．低強度の運動から徐々に強度を高めていくと，ある時点から乳酸性機構が加わり，換気量が急激に増加する．このときの運動強度を無酸素性作業閾値（anaerobic threshold：AT）という．

　② 非乳酸性機構（ATP-CP 系または ATP-PCr 系）：瞬発的に強い力を発揮する運動では，クレアチンリン酸（creatine phosphate：CP）が無機リン酸とクレアチンに分解され，遊離するエネルギーが ADP から ATP の再合成に使われる．CP は骨格筋にはわずかしか存在しないため数秒程度しかエネルギーを供給できない．

■13.2.3　糖質代謝と脂質代謝の転換

　エネルギー基質として利用される糖質と脂質の割合は，運動の時間や強度によって異なる．運動開始直後は糖質の利用が増えるが，歩行のような低強度の運動では時間とともに糖質の利用が減り脂質の利用が増加する．低強度の運動では脂肪組織からの脂質（遊離脂肪酸）がおも

なエネルギー源となるが，少し
息がはずむ中等度の強度の運動
では糖質（筋グリコーゲンと血中
グルコース）と脂質（筋中性脂肪
と血中遊離脂肪酸）のエネルギー
の割合は同程度である．かなりき
つい高強度の運動ではおもなエネ
ルギー源は糖質（筋グリコーゲン）
である（図 13.2）．

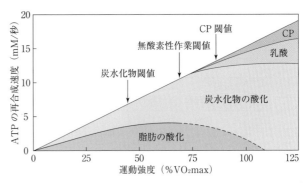

図 13.2　運動強度とエネルギー基質（炭水化物閾値とは運動強度
がそれ以上高くなると脂質の酸化割合が減少し，炭水化
物の酸化が増加する強度である）

［宮下充正：トレーニングの科学的基礎 改訂版，p.120，ブックハ
ウス HD，2002］

13.3　健康増進と運動

13.3.1　有酸素運動と無酸素運動の効用

　　有酸素運動のうち，息が弾み汗をかく程度のジョギングやウォーキングなど（巻末付録 2 表
1）は，体内蓄積脂肪の減少，心肺機能の向上，代謝の改善などに役立ち，生活習慣病および
生活機能の低下リスクを低減する．低強度の体操やヨガは筋骨格系のコンディションや平衡感
覚を向上させて生活機能低下リスクを低減し，自律神経のバランスを整えてメンタルヘルスに
役立つ．無酸素運動である筋力トレーニング（腹筋運動，腕立て伏せなど）は筋骨格系の維持・
増進を助けて骨粗鬆症やロコモティブシンドローム（運動器症候群）などによる生活機能低下
リスクを低減する．また代謝の場である筋細胞を維持することから，間接的に有酸素運動の効
果にかかわる．

●**メッツ**　「メッツ（metabolic equivalents：METs）」とは身体活動の「強さ」を表す単位で，
その身体活動が座位安静時の何倍の強さに相当するかを示す．メッツに時間をかけた「メッツ・
時」は身体活動の「量」を個人の体重に関係なく示す．座位安静時状態は 1 メッツの身体活動で
あると同時に約 3.5 mL/kg/分の酸素摂取量の活動と定義されており，酸素 1 L の消費は約 5
kcal のエネルギー消費量に換算される．つまり 1 メッツ・時の体重当たりエネルギー消費量は，

　　　　3.5 mL/kg/分×60 分/時×5 kcal/L＝1.05 kcal/kg

となる．たとえば体重 50 kg の人が 3 メッツの運動を 2 時間行った場合，エネルギー消費量は

　　　　3 メッツ×2 時間×50 kg×1.05＝315 kcal

安静時代謝分を除いた身体活動によるエネルギー消費量は

　　　　（3−1）×2×50×1.05＝210 kcal

と推定される．

13.3.2　筋骨格系に対する運動の効用

　　筋力トレーニング初期には神経系の適応によって今まで動員されていなかった筋線維が同期
して活動するようになり，筋力が増加する．運動負荷によって損傷した筋組織は回復過程で適
応によって肥大し（超回復），さらに筋力が増加する．

　　骨は破骨細胞による分解（骨吸収）と骨芽細胞による合成（骨形成）によって常に作り替えられている（骨のリモデリング）．骨量は男女とも 20〜30 歳で最大骨量（peak bone mass）に達するが，加齢とともに緩やかに減少し，女性では閉経する 50 歳頃から減少が加速する．運動負荷は骨芽細胞を活性化して骨粗鬆症予防に役立つ．一方，無重力空間での生活や寝たきり状態では，筋組織は減弱して筋力が低下し（サルコペニア），骨のカルシウム溶出（脱灰現象）が起こる．

▌13.3.3　糖質代謝に対する運動の効用

　　運動中の細胞へのグルコースの取り込みには糖輸送担体 GLUT4 が関与する（図 13.3）．GLUT4 はインスリンの刺激のみならず，運動の筋収縮刺激によってインスリン非依存的にグルコースを取り込む．よって糖尿病患者の運動療法には，減量によるインスリン抵抗性の改善と，筋収縮刺激による GLUT4 の作用の

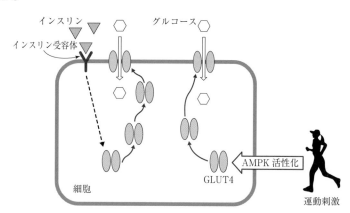

図 13.3　運動刺激によるグルコース取り込み機構
AMPK：AMP 依存性プロテインキナーゼ.

双方から耐糖能の改善が期待できる．禁忌でなければ有酸素運動（楽〜ややきつい程度の中等度の強度で週 150 分以上）とレジスタンス運動（週 2〜3 回）の双方を行うことが勧められている（日本糖尿病学会：糖尿病診療ガイドライン 2019）．

▌13.3.4　脂質代謝に対する運動の効用

　　運動はホルモン感受性リパーゼを活性化する．この酵素は脂肪組織内の中性脂肪の分解を促進するため，遊離脂肪酸が血液中に放出されて運動に利用される．習慣的な有酸素運動は骨格筋のリポたんぱくリパーゼの活性を高める．この酵素は中性脂肪を分解するため，血液中の VLDL コレステロールは低下して HDL コレステロールが上昇し，余剰コレステロールが抹消組織から肝臓に輸送される．よって脂質異常症患者の運動療法には脂質代謝および血管内皮細胞機能の改善が期待できる．中等度の強度の有酸素運動を中心に毎日合計 30 分以上運動することが勧められている（日本動脈硬化学会：脂質異常症診療ガイド 2018 年版）．

▌13.3.5　呼吸器系・循環器系に対する運動の効用

　　持久的トレーニングを継続して行うと適応が起こり，心臓の 1 回拍出量は多く，安静時心拍数は少なくなる．さらに肺胞や筋組織の毛細血管が発達し，より多くの酸素を体内に取り込めるようになる．1 分間に体内に取り込むことのできる酸素の最大量である最大酸素摂取量（maximal oxygen uptake：$\dot{V}O_2max$）は全身持久力の指標となり，この値が年代別平均以上の人は生活習慣病のリスクが低い．一般成人では 30〜40 mL/kg/分程度だが，優れた持久系スポーツ選手では 60 mL/kg/分を超える．

　　運動中は一時的に血圧が上がるが，適切な強度の運動後は副交感神経が優位となり，血管が

拡張して降圧に働き，脂質代謝の改善と併せて心血管系疾患のリスク低下が期待できる．高血圧患者の運動療法には軽強度の有酸素運動を毎日合計30分以上または週180分以上行うことが勧められている（日本高血圧学会：高血圧治療ガイドライン2019）．

13.3.6　免疫系に対する運動の効用

身体活動量が適度な人は免疫能が強化され，感染症にかかりにくくなることが観察されている．身体活動量はがんの発生リスクとも関連があり，45〜74歳の男女で1日あたりの身体活動量が男性37.5メッツ・時/日以上，女性31.9メッツ・時/日以上でがんのリスク低下が示唆されている（国立がん研究センター：5つの健康習慣によるがんリスクチェック）．

13.3.7　運動と寿命

日本人中高年男女の大規模調査では，約25〜43メッツ/日前後の範囲において身体活動量が多いほど総死亡率が低い傾向がみられた（国立がん研究センター：多目的コホート研究）．適度な運動は，健康寿命の延伸にも有効である．

13.3.8　運動のデメリット

運動負荷は一種のストレスである．セリエのストレス学説（14.1.1項参照）によって理解できるように，適応できれば心身の健康というメリットを，適応できなければ心身の不調というデメリットを招く．筋骨格系においては整形外科的な障害が発生し，とくに身体が未成熟の若年者では継続的なトレーニングによる疲労骨折，野球肘といったオーバーユース（使いすぎ）症候群に注意する．循環器系・代謝系においては過度に高強度の運動で血圧，心拍，血糖，血中脂質などの急上昇がみられ，運動中の虚血性心疾患による突然死の原因となる．暑熱環境下の運動では熱中症（14.3.2項参照）が発生しやすい．後述するスポーツ性貧血や女性アスリートの3主徴なども問題となる（13.5.5項（1）参照）．

十分な栄養と休養が運動のデメリットを低減する．運動の実施にあたっては事前のメディカルチェック，運動前後のウォーミングアップとクーリングダウン，設備・装備の点検，環境温度や風速の監視，適度な休憩や水分補給といった運営管理も重要である．

表 13.3　新体力テスト項目と評価内容の対応関係

テスト項目	運動能力評価	体力評価	運動特性[*2]
50 m 走	走能力	スピード：すばやく移動する能力	すばやさ，力強さ
持久走 / 20 m シャトルラン[*1]	走能力	全身持久力：運動を持続する能力	ねばり強さ
立ち幅とび	跳躍能力	瞬発力：すばやく動き出す能力	力強さ，タイミングの良さ
ボール投げ	投球能力	巧緻性：運動を調整する能力 瞬発力：すばやく動き出す能力	力強さ，タイミングの良さ
握　力		筋力：大きな力を出す能力	力強さ
上体起こし		筋力：大きな力を出す能力 筋持久力：筋力を持続する能力	力強さ，ねばり強さ
長座体前屈		柔軟性：大きく関節を動かす能力	体の柔らかさ
反復横とび		敏捷性：すばやく動作を繰り返す能力	すばやさ，タイミングの良さ

＊1 小学生では20 mシャトルラン，中学生では持久走と20 mシャトルランのどちらかを選択する．
＊2 ねばり強さ：動きを持続する能力．
［スポーツ庁：平成30年度全国体力・運動能力，運動習慣等調査報告書，p.2，文部省，2018より作成］

13.4　スポーツと体力

　体力には行動体力と防衛体力がある．身体の行動体力は行動を起こす能力（筋力・瞬発力），行動を持続する能力（筋持久力・全身持久力），行動を調節する能力（敏捷性・平衡性・巧緻性・柔軟性）などで，防衛体力は病気やストレスに対する抵抗力，環境に適応する能力などである．体力向上には目標設定，トレーニングの5原則（全面性，意識性，漸進性，個別性，反復性）に基づいた計画・実施，体力テストによる評価というトレーニングサイクルを循環させる必要がある．新体力テスト（文部科学省）では表13.3（前ページ）に示す体力を評価している．

13.5　運動と栄養ケア

13.5.1　スポーツ選手の栄養素等目標摂取量

　スポーツ選手のエネルギーおよび栄養素の消費量は年齢，性別，体格，競技特性（身体活動レベル，期分けによるトレーニング内容の変動）などによって異なる．1日当たりの目標エネルギー摂取量はおおむね男性選手で3000～4500 kcal/日，女性選手で2500～3500 kcal/日となるが，個人内/個人間の変動が大きい．表13.4に競技選手の栄養素等摂取基準例を示した．

表 13.4　日本人の競技選手用のエネルギー・栄養素の摂取基準例

栄養素	エネルギー（kcal）				備　考
	4500	3500	2500	1600	
たんぱく質（g）	150	130	95	80	エネルギー比率：13～20 %
脂質（g）	150	105	70	45	〃　　：25～30 %
炭水化物（g）	640	500	370	220	〃　　：55～60 %
カルシウム（mg）	1000～1500	1000～1200	900～1000	700～900	
鉄（mg）	15～20	10～15	10～15	10～15	
ビタミンA（μgRAE）*	1000	900	900	700	
ビタミンB₁（mg）	2.7～3.6	2.1～2.8	1.5～2.0	1.0～1.3	0.6～0.8 mg/1000 kcal
ビタミンB₂（mg）	2.7～3.6	2.1～2.8	1.5～2.0	1.0～1.3	0.6～0.8 mg/1000 kcal
ビタミンC（mg）	100～200	100～200	100～200	100～200	
食物繊維（g）	36～45	28～35	20～25	13～16	8～10 g/1000 kcal

＊RAE：レチノール活性当量
［(公財)日本体育協会スポーツ医・科学専門委員会監修，小林修平・樋口満：アスリートのための栄養・食事ガイド第3版，第一出版，2014より作成］

13.5.2　栄養補給の頻度とタイミング

　栄養補給には時間栄養学の観点も重要である．たんぱく質の摂取頻度については，1日4～6回食で筋たんぱく質合成速度が速いこと，1日3食のうち1回でもたんぱく質不足があると除脂肪量が劣ることなどの研究報告がある．欠食すると皮下脂肪が厚くなることは過去の国民栄養調査で報告されている．筋たんぱく質の合成が活発な状態はトレーニング終了後1～2時間程度持続し，その後低下するものの運動前に比べれば高い状態が48時間程度持続する．糖質も運動後1時間程度は筋グリコーゲン合成が活発な状態が持続する．

　総括すると，まず1日最低3食，必要に応じて間食を加え合計6食程度までで身体活動量に

見合った食事をし，その中に運動直後のタイミングを含めることが回復に有効と考えられる．なお糖質は，1日に複数回運動する場合は運動直後に補給し，次の運動までに急速回復を図るが，24時間後に回復すればよい場合は量が十分ならば通常通りの食事のタイミングでよいとされている．

13.5.3　たんぱく質摂取とトレーニング

トレーニングで日々損傷する筋組織を修復するには，材料となるたんぱく質補給が重要である．日本人スポーツ選手のたんぱく質の1日の摂取目標量は1.5〜2.0 g/kg体重とされる．1回量は0.3 g/kg体重程度が適量というガイドラインがあり，1日量を各回に配分する際にはこれを満たすようにする．過剰なたんぱく質は体づくりに利用されないだけでなく，カルシウムの尿中排泄を促進する可能性がある．良質なたんぱく質として必須アミノ酸，とくにたんぱく質合成のスターターであるロイシンを含んでいることが望ましい．質の管理指標として動物性たんぱく質比も役立つ．運動直後の摂取には消化・吸収が早いたんぱく質が勧められるが，1日を通して考えた場合は緩やかに消化され長時間放出されるものも有効なので，特定の食品に偏らないようにする．

13.5.4　糖質摂取とトレーニング

グリコーゲン貯蔵量を適正に保つことは，高い競技能力を発揮するための必須条件である．運動時間が1〜3時間/日では6〜10 g/kg体重，4〜5時間/日以上では8〜12 g/kg体重，運動直後の急速回復には1時間当たり1〜1.2 g/kg体重といったスポーツ選手の糖質摂取ガイドラインが示されている．また以下の補給法の有効性が示唆されている．

（1）グリセミックインデックス（グリセミック指数，GI）

グリセミックインデックス（GI）とは，ブドウ糖を摂取した後の血糖上昇率を100とし，食品ごとの血糖値の上昇を間接的に示した値である．数値が低い方が吸収が遅く，血糖値の上昇が少ない．高GI食品は運動直後の筋グリコーゲンの急速回復に有効であり，低GI食品は日常の食事や長時間のトレーニング前などの長時間安定したグルコースの放出に適している．GIは調理・加工程度や一緒に食べる食品の影響を受けやすく，活用には注意を要する．

（2）グリコーゲンローディング法

グリコーゲン貯蔵量を一過性に増大させる食事法をグリコーゲンローディング法という．かつては試合7〜4日前に激しい運動と低糖質食でグリコーゲンを枯渇させたのち運動量を低減させて高糖質食を3日間摂取する方法（古典的方法）が用いられていた．しかし試合7日前からの運動量の低減と試合前3日間の高糖質食（改良法）でもほぼ同程度の効果があるため現在はこちらが主流である．訓練されたスポーツ選手では36〜48時間前からの高糖質食でもよい（最新法）．高糖質食のガイドラインとして10〜12 g/kg体重/日や炭水化物エネルギー比70%程度などがある．

13.5.5　ウェイトコントロールと運動・栄養

体格は競技成績に影響するため競技によってかなり特性が異なる（図13.4）．ウェイトコントロールの目的は，最高の競技能力を発揮できるよう体格を調整することである．体重（body mass：BM）は体脂肪量（fat mass：FM）と除脂肪量（fat free mass：FFM）に分けられ，選手は適切な目標設定のもとこれらを定期的にアセスメントし管理していく必要がある．

(1) 減　量

柔道，ボクシングなどの階級制競技や新体操，器械体操などの審美系競技では，減量が大きな課題となる．減らすのは体脂肪で，運動の主体となる筋組織はできるだけ維持することが原則である．無理のない減量速度は1〜2 kg/月程度であり，筋組織維持のために週に体重の1%以内の減少にとどめる．脂肪組織1 kgを減量するにはエネルギーバランスを約−7000 kcalにする必要がある．目標達成日までの日数より1日当たりの調整量を算出し，運動および食事計画に反映する．エネルギー制限によって筋たんぱく質の異化が亢進するため，良質なたんぱく質を含む高たんぱく質食（1.6〜2.4 g/体重 kg/日，たんぱく質エネルギー比20〜30%など）が勧められている．ただし，高たんぱく質は腎臓に与える負担が大きいことを考慮して計画する必要がある．

落とすべき体脂肪がないが減量が必要な場合（たとえば階級制スポーツ）は除脂肪の減量となり，水分や食物繊維も含めた綿密なコントロールが必要になる．

無理な減量は，競技能力のみならず健康に悪影響を及ぼすこともある．極端な減量が発端となって起こる女性アスリートの3主徴，すなわち①利用可能エネルギー不足，②①に起因する視床下部性無月経，③①②に起因する骨粗鬆症が近年問題となっている．

(2) 増　量

ラグビーやハンドボールなどのコンタクトスポーツでは増量を希望する選手も多い．競技能力向上には筋組織を増加させることが望ましい．ただし脂肪組織と筋組織が各々どのくらい増えるかはトレーニングによるところが大きく，エネルギーバランスだけでは予測できない．食

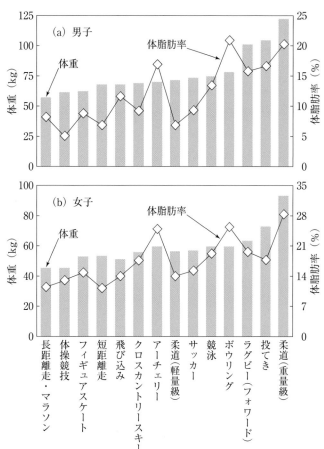

図 13.4　日本人アスリートの体重と体脂肪率（2001〜2011年に国立スポーツ科学センターにおいて測定された19歳以上の選手の体重と体脂肪率（空気置換法）のデータ）
［日本スポーツ栄養学会（監修）：エッセンシャルスポーツ栄養学，pp.44–45，市村出版，2020より作成］

事としては1日のエネルギーバランスを+500〜1000 kcalにすることが勧められている．

13.5.6　スポーツ性貧血

たんぱく質不足の状態でトレーニングを行うと溶血が起こり，遊離したたんぱく質が筋たん

ぱく質合成に利用される．吉村（1959）はこれを原因とする貧血をスポーツ性貧血（sports anemia，運動性貧血）と名づけた．

　スポーツ活動ではたんぱく質不足のほか，①鉄の需要に対する摂取量の不足（鉄欠乏性貧血），②運動への適応による循環血漿量の増加（希釈性貧血．適応の一種である「見かけの貧血」），③ジャンプや踏み込みの際の足底への物理的衝撃，血液循環の増加による毛細血管摩擦，溶血物質による赤血球膜の化学的変性などに起因する赤血球の破壊（溶血性貧血），④消化管や尿への出血（出血性貧血）などの要因からも貧血を発症しやすく，スポーツ性貧血という用語は現在はそれらの総称としても用いられる．スポーツ選手に最も多くみられるのは鉄欠乏性貧血である．治療として鉄剤の静脈内注射が行われる場合があるが，これは鉄過剰症のリスクがあることからスポーツ庁などから不適切な実施の防止が呼びかけられている．

▌13.5.7　水分・電解質補給

　体内における水の働きは溶解，運搬，体温調節である．体重の2%の体水分を損失するだけでも運動能力が低下するので，喉の渇きを感じる前に水分摂取を行う．運動強度が75%$\dot{V}O_2$max以上になると胃内排出速度は急激に低下するので，運動前の十分な水分補給と運動中のこまめな給水を心がける．運動中に飲みたいだけ飲んでも水分バランスは負となることが多いので，運動後は運動前からの体重減少量よりやや多めの量を補給する．真水より若干のグルコースを含んでいたほうが能動的な吸収が期待できる．汗中にはナトリウムも排出されるので，2時間以上運動を継続する場合にはナトリウムも加えたほうがよい．吸収までの速さ，飲みやすさなどの面から検討すると，5～15℃の水温の水に0.1～0.2%程度の食塩，2～4%（水分吸収効率を最適にする場合）または4～8%（1時間以上の運動でエネルギー補給も重視する場合）程度の糖分を加えたものが勧められる．

▌13.5.8　サプリメントの利用

　スポーツにおけるサプリメントとは，「特定の健康および/または競技能力上の利益を達成する目的で，習慣的に摂取された食事に加えて意図的に摂取される，食品，食品成分，栄養素，食品以外の化合物」をさす（国際オリンピック委員会専門家グループによるアスリートのサプリメント使用に関する声明）．目的は，栄養補助（不足している栄養成分の補充）および栄養エルゴジェニックエイド（競技能力の向上）となる．前者の例としてプロテインパウダー，ビタミン・ミネラル剤，スポーツ用食品（飲料・ゼリーなど），各種栄養強化食品があり，後者の例としてクレアチン，カフェイン，クエン酸，その他競技能力向上を意図した各種機能性食品がある．

　栄養補助は減量，アレルギー，遠征などの事情で通常の食事が摂れない場合に有効である．ただし通常の食事に比べ各種のリスク（栄養成分の過剰摂取，食経験による安全確認の歴史の浅さ，ドーピング禁止物質の混入，咀嚼や腸管運動など健康にかかわる消化器活動の低減，望ましい食習慣形成機会の減少など）を念頭に，利用にあたっては十分な検討を行う．栄養エルゴジェニックエイドには科学的根拠に基づいて安全性や有効性が示されたものが少なく，前述のリスクとも考え併せると，積極的な使用は原則として勧められない．

　▌**ドーピング**　競技能力を高めるために禁止されている物質や方法などを使用したり，それらの使用を隠したりする行為である．スポーツの基本的理念であるフェアプレーに反する行為として禁止されている．

14 環境と栄養

14.1 ストレスと栄養

14.1.1 恒常性の維持とストレッサー

　我々を取り巻く環境は，日々刻々と変化しており，高度な機械化や価値観の多様化，人間関係の複雑化により，人々はさまざまな刺激を受けるストレスの多い環境で生活をしている．

　ストレスは，1936 年にカナダのハンス・セリエ（Hans Selye）によりストレス学説として，生体外部から加えられた刺激によって引き起こされる生体の変化として唱えられた概念である．ストレスを引き起こす有害作用因子をストレッサー（stressor）と呼び，ストレスとは「刺激（ストレッサー）が加えられたときに生じる生体の歪んだ反応」と定義している．ヒトは本来，外部環境から加わるさまざまな刺激に対し生体内部環境を一定に保つ機能（恒常性，ホメオスタシス；homeostasis）を備えもっている．ウォルター・B・キャノン（W. B. Cannon）が提唱したホメオスタシスの概念は，「生物有機体が常に生理学的にバランスの取れた状態を維持する傾向にある」と定義している．

　ストレスの種類には，生理的ストレスと心理的ストレスが存在する（図 14.1）．生理的ストレスには，物理的要因として，寒冷曝露，やけど，放射線曝露，騒音などがあり，化学的要因には薬品や有害化学物質など，複合的要因には，飢餓や栄養不良，細菌感染などがある．心理的ストレスには，生活上の要因，職業上の要因などが含まれる．ストレスは，高血圧，がん，心疾患や胃腸障害などの生活習慣病の原因の 1 つになることがわかってきているほか，神経系の疾患などの発症にも大きくかかわっている．

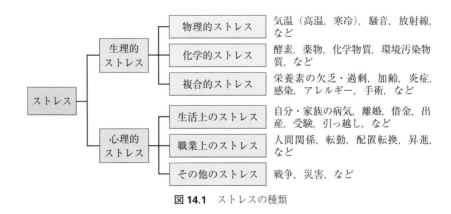

図 14.1 ストレスの種類

■14.1.2　生体の適応性と自己防衛

(1) 汎（全身）適応症候群

　セリエは，生体がストレス環境に適応するための非特異的反応として汎（全身）適応症候群（general adaptation syndrome：GAS）として 3 段階に分類している．この反応の時間経過を 3 期に分類し，警告反応期（stage of alarm reaction），抵抗反応期（stage of resistance），疲憊期（stage of exhaustion）に区分している（図 14.2）．

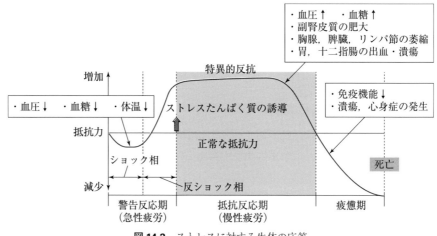

図 14.2　ストレスに対する生体の応答

(2) 警告反応期（急性疲労）

　ストレスの初期反応でショック相と反ショック相に区分される．

　① ショック相：生体が突然ストレスに曝露された際の一時的なショック状態をいい，血圧低下，体温低下，血糖値の低下，神経活動の低下，筋肉の緊張減少，胃・十二指腸潰瘍の形成，好酸球の減少などの変化が起こる．この反応は，刺激の強さにもよるが数分から 1 日くらい続く．

　② 反ショック相：ストレス刺激によるショック状態から立ち直る段階で，間脳視床下部の興奮が起こり，交感神経-副腎髄質系によるアドレナリン，ノルアドレナリンの分泌増加，下垂体 - 副腎皮質系によるグルココルチコイドなどの分泌増加が生じる（図 14.3）．体温や血圧および血糖値が上昇し，神経系の活動や緊張が高くなり，生体の抵抗力が回復する．

(3) 抵抗反応期（慢性疲労）

　生体がストレスの刺激に対し順応し，防御機構が獲得され安定な状態になった時期である．ストレッサーが消失または減弱すれば，生体は元の状態に戻る．この時期には，血圧の上昇，血糖値の上昇，副腎皮質の肥大が引き続き起こり，生活習慣病の重症化にもつながる．

(4) 疲憊期（消耗期）

　長期間ストレス状態が続き，その限界を超えると，生体は抵抗力を失い適応能力を維持できなくなる．その結果，副腎皮質の機能不全に陥り，胃・十二指腸潰瘍および出血，胸腺や脾臓の萎縮，副腎の肥大の三大症候を呈して生体の限界を超えると死に至る．

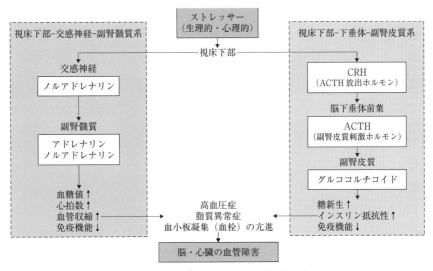

図 14.3　ストレス刺激による生理的応答

▌14.1.3　ストレスによる代謝と栄養

（1）エネルギー代謝

　　ストレス負荷時にはエネルギー代謝の亢進が起こり，糖質・たんぱく質・脂質の異化反応が亢進し，エネルギー要求量が増大する．著しい外傷ストレスが起こった場合には，安静時代謝率は通常の2倍程度まで上昇する（図14.4）．

（2）たんぱく質

　　ストレスが加わると副腎皮質ホルモンであるグルココルチコイドの分泌が亢進し，生体のたんぱく質，とくに筋肉たんぱく質の異化が亢進し，窒素出納は負に傾く（図14.5）．ストレスの程度によって，たんぱく質代謝が調整されており，やけど，手術，外傷など侵襲度の違いにより窒素出納は異なる．生体は，ホメオスタシスを維持するために体たんぱく質を分解して生体反応に必要なアミノ酸を動員するため，重篤なストレス環境下においては，たんぱく質の必

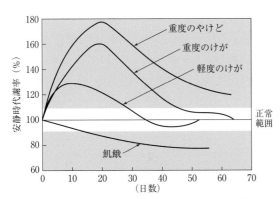

図 14.4　ストレス時の安静時代謝率
[Grodner M, Anderson SL, DeYoung S, eds.：
Nutrition. A Nursing Approach 2nd ed, Mosby,
2000, p.414 より]

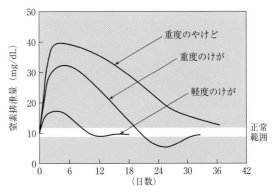

図 14.5　ストレス時の窒素排泄量
[Grodner M, Anderson SL, DeYoung S, eds.：Nutrition.
A Nursing Approach 2nd ed, Mosby, 2000, p.417 より一部
改変]

要量を増加する必要がある.

(3) 糖　質

　初期のショック相では血糖の低下が生じる.ストレス適応時には,ストレス刺激による代謝の増大に伴いアドレナリンの分泌が増加する.生体でのグルコースの消費が高まり,肝グリコーゲンの分解が促進され,グルコースの血中への放出が増加する.ストレス適応時の糖新生の基質は,おもに骨格筋たんぱく質の分解に伴うアミノ酸のアラニンとグリシンである.これらのアミノ酸の喪失は,生体にとって致命的であり,ストレス時の糖質の投与は窒素出納を正常に保つために重要である.

(4) 脂　質

　ストレスによりアドレナリンの分泌が増加し,脂肪組織から脂肪酸とグリセロールが動員され,血中の遊離脂肪酸が増加する.ストレス環境下では体脂肪の生体内におけるエネルギー基質となるため脂肪分解が亢進され,体脂肪が減少する.

(5) ビタミン

　ストレス時にはエネルギー代謝が亢進されるため,エネルギー源として糖質,脂質,たんぱく質の利用が増大する.このため,エネルギー代謝を円滑に行うためにビタミン B_1,B_2,B_6,ナイアシンが補酵素として利用が高まる.ビタミン B_1,B_2 は,糖代謝に必要な補酵素である.パントテン酸は,副腎皮質ホルモン生成時のアセチル化反応を触媒する補酵素A（CoA）の成分であることから,ストレス時に必要である.ストレス環境下の副腎髄質では,アドレナリンやノルアドレナリンの生合成が促進しており,この過程でビタミンCが消費される.ストレスの負荷,激しい労働や運動により,副腎髄質ホルモンの分泌が高まることから,ストレス時には,十分なビタミンCの摂取が必要となる.また,ビタミンCは,抗酸化作用があり,組織細胞を障害する活性酸素の除去にもかかわっている.

　ストレス時に発生した活性酸素の除去に関与する脂溶性ビタミンとしてビタミンAとビタミンEがある.これらのビタミンは,ストレスによるナチュラルキラー細胞の働きの低下,免疫力低下,がんの誘発を抑制する.とくに,ビタミンEは,抗酸化作用,免疫賦活作用,血管障害改善作用があり,ストレス耐性を高める.

(6) ミネラル

　ストレス刺激を受けた場合,神経や筋肉の興奮が一時的に高まり,生体がホメオスタシスを保っていくうえで,この興奮を抑制する必要があるため,グルココルチコイドやノルアドレナリンの影響により尿中カルシウム,尿中マグネシウムの排泄量が増大する.

14.2　生体リズムと栄養

　人体の生理活動には一定の周期がある.これを生体リズム（biological rhythm）という.地球の自転に伴って起こる昼夜周期のため,1日周期で繰り返される生体リズムを概日リズム（サーカディアンリズム,circadian rhythm）という.体温は,通常の生活をしていると睡眠中の午前4〜5時頃に最低値となり,起床後上昇し,夕方に最高値となる（図14.6）.このほかに生体リズムとして1週間のリズムや,1か月ごとの周期,年の周期リズムなどもある.1

か月周期のリズムとして女性の月経（menstruation）がある．月経に伴う体温の上昇のほか，多くの生理的変化が起こり，月経前症候群では身体的・精神的にも不安定になり，食欲にも影響がみられる．1年周期のリズムの例として生物学的には冬眠や渡り鳥のわたり飛行などがある．

　体内リズムを明暗周期に同調させる重要な働きをする脳内の中枢を体内（生物）時計（biological clock）と呼ぶ．遺伝子レベルの研究により多くの時計遺伝子が発見され，こうした「時間生物学」的知見を活用した，生活習慣や疾患との関連などが解明されつつある．

▌14.2.1　生体機能の日内リズム

　日内リズムの生理現象は，睡眠・覚醒，排便，体温，血圧，心拍数など多く存在している．成長ホルモンなどの各種ホルモンにも分泌時間にリズムが存在する．呼吸，循環，消化を支配する自律神経系は，日中は交感神経系が働き，夜は副交感神経系が活発になる．こうした活動と休息の日内リズムをつくりだしているのは脳の視床下部の視交叉上核（suprachiasmatic nucleus：SCN）にある中枢である．明け方，太陽光が目に入ると，網膜から視交叉上核を経由して松果体に刺激が届き，睡眠から生活活動へのリセットが起こり，1日のリズムを24時間に調整する．睡眠中はメラトニンが分泌されているが，このリセットが起こると，メラトニンの分泌は抑制され，セロトニンの分泌が促進される．

▌14.2.2　生体リズムと栄養，食事摂取による同調

　小腸の二糖類分解酵素は毎日の摂食時刻に対応して酵素活性が高くなる．これは栄養素の消化吸収を効率よく行う生理活動と考えられている．このようにヒトには，昼夜の光の周期と摂食時刻により摂食リズムを形成する効率的な仕組みがある．これを食事摂取による同調と呼ぶ．3回の食事のうち，とくに朝食は重要な同調因子とされている．摂食リズムを形成するのに，摂食時刻に合わせたリズムの形成には10〜14日間の習得期間が必要といわれる．一度そのリズムを形成すると，欠食や摂食時刻のズレがあっても数日間，摂食リズムは継続する．明暗が逆の海外旅行をした場合，摂食リズムを現地に合わせておくことで時差ボケを解消することができる．

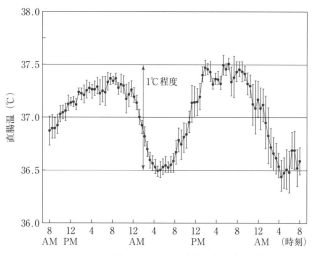

図 14.6　健康な人の1日の体温リズム（*n* = 8）
[Scales, E.W. et al.：*J Appl Physiol.*, **65**, 1988]

現代のように原則として1日に3回の食事をするという摂食リズムが形成されたのは，日本では明治時代以降で，古墳時代には1日に1食，江戸時代には1日に2食であったとされる．昼夜サイクルを無視した生活により体内時計が狂い，体調が崩れる．夜更かし国家である日本では深夜営業のレストラン，24時間営業のコンビニなどが出現し，いつでもどこでも簡便に食べ物が入手でき，空腹を満たせる．この影響で，朝食の摂取意欲の低下や，欠食の増加，子どもでは人格形成にも悪影響があるとされている．昼夜サイクルを無視した生活習慣を行うと体内時計のリズムが崩れ，病的状況に陥り，食事の質・量・タイミングが異常となるイーティングディスオーダー（食の乱れ症状）になるとされる．規則正しい生活が生きていくうえで重要であることがわかる．

14.3 高温・低温環境と栄養

14.3.1 温度環境と体温調節

人間は恒温動物であり，体温は一定に保たれている．体温が一定であることは，生体機能を維持するうえで重要であり，生体内の多くの酵素反応は体温付近を至適温度として働いている．体内の温度分布は，身体の各部位によって異なっておりさらに外気温により変動する（図14.7）．

皮膚表層の約1 cmを外郭部（shell）と呼び，環境温度に左右されやすい．体の中心部を核心部（core）と呼び，身体の深部にある内臓は熱産生が盛んである．脳を含んだ核心部は環境温度にかかわらずほぼ一定に保たれており，この核心温度を保つことが体温調節の機能である．核心部の体温は，直接測定することができないため，直腸温，腋下温，舌下温，鼓膜温などを測定することにより推測する．とくに直腸温は放熱のない深部体温を反映しており，最も正確な体内温を示す．体温は，低温や高温環境に曝されると，間脳の視床下部にある体温調節中枢により体温調節機構が働く．外気温が上昇すると冷中枢が働き，副交感神経系が活性化され，皮膚血管の拡張・呼吸促進・発汗を促し放熱を行う．逆に，外気温が低下すると熱中枢が働き，交感神経系が活性化され，皮膚血管の収縮，立毛，ふるえなどによる産熱を行う．

体温の調節は，放熱と産熱のバランスのもとに成り立っている（図14.8）．

(1) 放熱因子（体熱の放散）

① 輻射：体に直接接触していない物体との間の電磁波による熱の移動であり，全放熱量の2/5を占める．気温が下がると輻射が大きくなる．

② 伝導，対流：皮膚表面から周辺空気および直接接している物体への熱の移動であり，全放熱量の

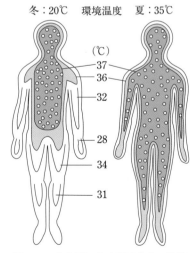

図14.7 冬と夏の体内温度分布の比較
［Aschoff, J. and Weber, R.：Durchblutungmessungandermenschlichen Extremitat・Verhandl・Deut. *Ges. Kreslafforsh.*, **23**, 1958, p.375-380 より］

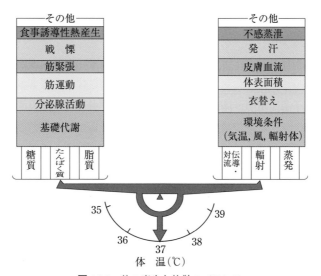

図14.8 熱の産生と放散のバランス

［万木良平：環境適応の生理衛生学，朝倉書店，1987 より］

2/5 を占める．風速が増すと対流が大きくなる．

③ 蒸発，発汗：不感蒸泄として皮膚表面や呼吸気道から水分の蒸発が絶えず起こっており，全放熱量の 1/5 を占める．気温が上昇すると，発汗を起こし放熱が増す．

(2) 産熱因子（体熱の産生）

① 基礎代謝：生命維持のために体内では常に熱産生が行われており，約 60% を占める．

② 筋肉運動：筋肉の収縮により熱産生が起こる．熱産生量は骨格筋量が最も多い．

③ ふるえ熱産生：寒冷曝露時に発現する骨格筋の収縮による熱産生反応で，屈筋と伸筋が不随意に反復収縮することで熱産生が起こる．

④ 非ふるえ熱産生：骨格筋の収縮によらない熱産生であり主に，褐色脂肪細胞のミトコンドリア内膜に特異的に存在する脱共役たんぱく質（uncoupling protein：UCP）によるものである．

⑤ 分泌腺活動：甲状腺ホルモンのサイロキシンは体内の酸化反応を促進し，代謝を高め熱産生を促す．アドレナリンは，交感神経系を介して代謝を促し熱産生を増加させる．

⑥ 食事誘導性熱産生（diet induced thermogenesis：DIT）：食後に自律神経系を通して起こる熱産生であり，摂食後数時間にわたり代謝が一過性に増加し体温が上昇する．食事として摂取するエネルギー量の約 10% を占める．たんぱく質が 30% と最も高い．

(3) 馴化（適応）

それまでとは異なる気温環境に置かれたとき，体温調節機能はいったん不安定となるが，時間の経過とともに安定してくる（馴化）．人間は，暑さには適応力が強く 1〜2 週間で暑熱馴化する．一方，寒冷環境では，まず行動性調節により対応する．すなわち，長期間の寒冷環境に曝されると，非ふるえ熱産生が亢進され，皮膚血管の収縮により皮膚表面からの熱放散を抑制する．

14.3.2 高温環境

(1) 生体と高温環境

　体温と環境温度の差が少なくなると暑く感じるようになる．環境温度が上昇すると，体温を適温範囲に維持するために甲状腺機能が低下し，基礎代謝を低下させ熱産生を低下させる．さらに高温環境下になると，副交感神経が刺激され皮膚血管が拡張し，心臓の拍出量の低下に伴い最低血圧が低下し，心拍数の増加により，脈拍数も増加して血液循環が促進する．また呼吸が深くなり換気量が増加し，呼気からの水分蒸発が増加する．組織液の血管内への流入によっ

て，全血量の増加，血液水分量の増加により皮膚からの水分蒸発を促し，発汗により体温が低下する．水 1 g が蒸発することにより 0.58 kcal の熱が奪われる．汗の成分は99％が水分であり，その他にナトリウムなどの無機質や有機物を含む（表 14.1）．

　発汗を円滑にするため，暑熱曝露による刺激は，温受容器，視床下部を介し，下垂体前葉を介して，アルドステロンの分泌を促し尿からの Na$^+$ の再吸収を促す．これにより体内 Na$^+$ の保留を行う．また，下垂体後葉から抗利尿ホルモン（antidiuretic hormone：ADH）の分泌が増し，尿量を減少させる．さらに，口渇中枢を刺激し，飲水量を増加させることで体内水分量の維持が行われる．

表 14.1　おもな汗の成分

成　分	濃　度
水	99.2〜 99.7%
ナトリウム	45　〜240　mg%
カリウム	20　〜100　mg%
カルシウム	2.1〜　7.8mg%
塩素	60　〜350　mg%
総窒素	28　〜 53　mg%
グルコース	1　〜 11　mg%
乳酸	33　〜140　mg%
pH	6.1〜　8.2

［万木良平，井上太郎：異常環境の生理と栄養, 光生館, 1980, p.64 より］

(2) 高温環境と病態

　環境温度が高くなり，体熱の産生と体熱の放散の平衡が保たれなくなり，熱放散が妨げられた状態や，激しい筋肉労作の増加により産熱量が著しく増大するような状態で，体温が異常に高くなる症状をうつ熱（heat retention）を引き起こす．高温多湿状況下で起こりやすい．うつ熱の誘発には個人差があり，肥満者や発汗能が低い人，体水分量が減少している場合に起こりやすい．また，体温調節中枢機能を低下させるような状況（飢餓，衰弱，睡眠不足，疲労，飲酒など）は危険性を高める．

　中枢神経系に病的症状が現れたものを熱中症という．熱中症は熱射病（heat stroke），熱失神（heat syncope），熱疲憊（heat exhaustion），熱けいれん（heat cramps）の総称である．

　① 熱射病：高温環境下で運動や労作を行い，体温が 40 ℃以上に上昇すると脳の中枢神経障害が起こり，吐き気，めまい，ショック症状を示す．意識障害が起こりひどいときには死亡する．頭部に強い太陽光線を受け脳機能に障害を与えるものを日射病という．熱射病に罹った場合は，第 1 に日陰など涼しい場所に寝かせ，体を冷やす．

　② 熱失神：熱により血管が拡張し，脳への血流が不足（脳虚脱）し，意識混濁から意識消失が起こる．運動中は筋肉により静脈灌流が補助されているため，運動直後に血圧が低下し熱失神が起こることが多い．顔面蒼白になり脈は速くて弱く，呼吸数の増加や唇のしびれなどが起こる．冷却と下肢挙上程度で回復する．

　③ 熱疲憊：慢性のうつ熱による疲労，循環障害を中心とした状態である．高温環境下での長時間の運動や労作に伴う大量の発汗により，水分や塩分の補給が追いつかなくなった場合に起

こる．脱水や塩分の不足により倦怠感や頭痛，吐き気がみられる．冷所で安静にさせ，電解質水やブドウ糖水の補給を行う．

④ 熱けいれん：高温環境下で運動や労作を行うと発汗によって脱水と塩分の不足が起こる．この際に，水分の補給のみを行うと，血液中の塩分濃度が低下し，浸透圧の低下が起こる．その結果，手・足など四肢を中心に筋肉の疼痛を伴うけいれんが起こる．予防のためには，発汗時には水分だけではなく電解質も補給する．

(3) 高温環境と栄養

高温環境下では，満腹中枢が刺激され食欲が低下し摂取エネルギー量は低下する．たんぱく質は食事誘導性熱産生が大きいことから摂取量が低下する傾向がある．神経伝達物質やホルモン産生の前駆物質としてのたんぱく質および脂質の適切な摂取に注意する必要がある．発汗時には熱けいれんの予防のためにも，水分補給だけでなく，電解質の補給も行い体液の浸透圧を正常に保つ．エネルギー代謝を円滑に行うために，ビタミン B_1，B_2，B_6，ナイアシンなどのビタミンB群の補給や，ストレス緩和のためにビタミンCの補給を心がける．

▍14.3.3　低温環境

(1) 生体と低温環境

寒冷環境では皮膚温が低下し，体温が下臨界温より下がると皮膚の冷受容器が刺激され，体熱産生が亢進する．皮膚温が下がると皮膚の立毛筋が反射的に収縮して鳥肌を生じて，皮膚からの熱の放散を減少する．さらに視床下部より交感神経系が刺激され，肝臓での熱産生の増加や筋肉によるふるえ熱産生が亢進する．ふるえ熱産生は骨格筋が不随意的に周期的に起こす収縮で100％熱となり，熱の産生量を高め体温を一定に保つ．副腎髄質への刺激が高まり，アドレナリン・ノルアドレナリンの分泌により，皮膚血管の収縮，血圧上昇，血糖増加が起こる．寒冷馴化が進むと，非ふるえ熱産生機能が発達し，褐色脂肪細胞での熱産生が上昇する．グルカゴンや副腎皮質刺激ホルモン（adrenocorticotropic hormone：ACTH）の分泌により，グルコースの取り込みや脂肪分解も亢進，甲状腺ホルモン分泌が亢進することにより基礎代謝量の増加が起こる．

(2) 低温環境と病態

極寒環境下に曝され，体熱産生が追いつかず体温を維持できなくなると低体温を引き起こす．低体温は直腸温が35℃以下になった状態で起こり，33～34℃で自律神経の麻痺，30℃以下で呼吸循環器障害や意識障害を引き起こし，20～25℃で死に至る（凍死）．

低温環境下では，皮膚などの末梢血管の収縮により皮膚血管に凍傷や凍瘡を引き起こす．

① 凍傷（frostbite）：極寒冷環境に曝露されると，核心温を一定に保つために，末端組織の毛細血管が強く収縮し，血流低下が起こる．血流障害と細胞の破壊が生じ，浮腫，水疱，うっ血，壊死，ミイラ化へ進行する．

② 凍瘡（しもやけ）（pernio，chilblain）：皮膚が5～10℃の低温に繰り返し曝露されることで，皮膚血管が麻痺し局所的にうっ血した結果起こる．うっ血により末梢組織で栄養不良や血管壁の透過性が増して滲出液が組織に流出して，腫脹や滲出性紅斑が生じる．

(3) 低温環境と栄養

寒冷曝露により，体熱産生機能が高まり基礎代謝が上昇する．熱産生には糖質が中心的なエ

ネルギー源となり，たんぱく質からの糖新生や脂質の利用が高まる．寒冷馴化により脂質代謝が亢進し，脂肪組織における遊離脂肪酸の動員が促進する．高脂肪食による皮下脂肪の蓄積は熱放散を減らし耐寒性を高める．体熱産生のためにエネルギー代謝が亢進しており，ビタミンB_1，B_2，B_6，ナイアシンなどのビタミンB群の補給が必要である．

14.4　高圧・低圧環境と栄養

　人間が生活している環境の多くは平地であり，1気圧のもとで生活している．1気圧は水銀柱の高さ760 mmHgで，1013ヘクトパスカル（hectopascal：hPa）またはミリバール（millibar：mbar）と等しい．気圧は，海面から10 m下がるごとに1気圧上昇し，高度が上昇すると気圧は低下する．ダイビングなどで水中に潜ると高圧環境となり，登山などで高所に行くと低圧環境となる．

14.4.1　高圧環境

（1）生体と高圧環境

　水中に潜ると水圧がかかり，たとえば40 m水中に潜ると5気圧となる．1気圧で1000 mLである空気は5気圧になると200 mLに圧縮される．このとき，窒素の分圧は3.95気圧，酸素の分圧は1.05気圧となり，血液中への窒素の溶解量は水深0 m時の4倍程度となる．生体の体組織や体液は非圧縮性であり，心臓の拍動や血圧はほとんど変化しないが，気体を多く含有する気道系の臓器（気管，気管支，肺胞），中耳，副鼻腔，消化管は圧力の影響を受けやすい．気体は高圧下では血液に溶解するようになり，血液中への多量のガスの溶解は，1気圧状態に減圧する際にガスとして放出され，血管中で塞栓を形成（ガス血栓）する．また，高圧の窒素ガスは，麻酔効果に似た症状を示す（窒素麻酔）．

（2）高圧環境と病態

　① 酸素中毒：高濃度の酸素を吸入した際に起こる障害であり，急性型は，中枢神経系を侵し，全身けいれんを引き起こす．慢性型では，肺胞粘膜が刺激されて浸潤を起こす．脈拍は遅くなり（徐脈），肺・気管支炎症，うっ血，浮腫などの症状が現れる．酸素中毒の原因は，血漿に溶解する酸素が過剰であるため，血液による二酸化炭素輸送に障害をきたすことが原因である．

　② 窒素麻痺：空気中の窒素は，常圧で生理的に不活性のガスであるが，高圧下（個体差はあるが4気圧以上）では，アルコールの神経系統に及ぼす効果に類似した麻酔効果を起こす．酸素中毒，窒素麻痺を予防するため，ヘリウム–酸素混合ガスの利用がある．

　③ 減圧症，潜函病（ケイソン病）：高圧環境に曝露されたヒトが常圧に戻る際に，血液や組織に溶解していた過剰の窒素が，急速な減圧のため体外へ排除できず，溶解限度を超えて気泡を形成して血管内や組織内で塞栓（ガス栓塞）するために引き起こされる．急性減圧症では，関節や毛細血管の微小気泡形成によって起こる四肢の関節痛，圧痛，しびれ感，皮膚のかゆみや，頭痛，めまい，けいれん，呼吸困難を起こすが一過性である．慢性減圧症では，運動麻痺や骨壊死を招く．

（3）高圧環境と栄養

　高圧環境下は主に水中であり，低温の水中での活動による体温低下を防ぐため，体熱産生が

高まっている．また，ヘリウムガスは熱伝導性が空気の 41 倍と高いため熱放散が促進されている．体温の維持のためエネルギー摂取量，ビタミン B_1，B_2，B_6，ナイアシンの摂取量を増やす．

▌14.4.2 低圧環境

(1) 生体と低圧環境

海抜 0 m から高度が上昇するに従って気圧が低下する．低圧環境は，高所登山や予圧室のない飛行機などでの上空飛行などの急性低圧環境と，高地に住居するなどの慢性低圧環境がある．高所では気圧の低下に伴う酸素分圧の低下により低酸素症が起こる．低酸素状態になると肺からの酸素摂取量が減少し，TCA サイクルなどのエネルギー産生が抑制され，呼吸・循環器機能や血液などの組織機能に障害が起こる．また，中耳腔内の空気や消化管にたまっているガスが外気圧の変化によって膨張し，耳痛や腹痛を引き起こす．

(2) 低圧環境への馴化

① 急性適応機能：低圧環境では酸素分圧が低下しており，生体内では肺胞内の酸素分圧，動脈血の酸素分圧が低下して細胞組織への酸素供給が低下する．細胞組織への酸素の供給はヘモグロビンと酸素分圧による飽和度によって影響を受ける．

平地では，肺における酸素分圧が高いのでヘモグロビンの酸素飽和度も高く，組織の分圧が低いので，酸素はヘモグロビンから放出され組織に供給される．高地では，肺の酸素分圧が低くなり，ヘモグロビンからの酸素の放出が低下し，組織は低酸素となる．このため，低圧環境下では，酸素の供給を維持するため，呼吸運動を促進し，肺換気量を増大させて対応する．その結果，肺胞からの炭酸ガスの放出が盛んとなり，肺の炭酸ガス分圧が低下し酸素分圧が上昇することで，動脈血の酸素飽和度が上昇する．このとき，酸素解離曲線は右方シフトしている．このことをボーア（Bohr）効果という（図 14.9）．

高所に慣れていない状態で高所登山を行うと，4000 m 付近から頭痛，息切れ，吐き気に襲われ，さらに無理して登山を続けると，呼吸困難に陥りチアノーゼやショック症状を呈するようになる（高山病：低圧低酸素症）．

② 慢性適応機能（高地馴化）：低酸素状態が 1〜2 週間続くと，低酸素刺激により腎臓でのエ

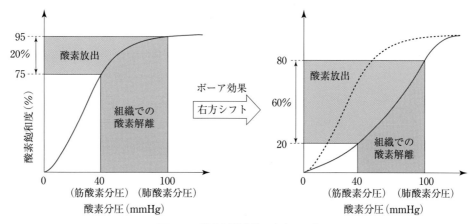

図 14.9 酸素解離曲線の右方シフト

表 14.2　平地住民と高地住民の血液性状の比較（平均値±標準偏差）

項　　　　目	平地住民（0 m）	高地住民（4540 m）
赤血球数　　　　　(10^4/mm^3)	511　　± 2	644　　± 9
ヘマトクリット値　（%）	46.6 ± 0.15	59.5 ± 0.68
ヘモグロビン量　　（g/L）	15.64± 0.05	20.13± 0.22
網赤血球数　　　　(10^3/mm^3)	17.9 ± 1.0	45.5 ± 4.7
総ビリルビン量　　（mg/L）	0.76± 0.03	1.28± 0.13
間接ビリルビン量　（mg/L）	0.42± 0.02	0.90± 0.11
直接ビリルビン量　（mg/L）	0.33± 0.01	0.37± 0.03
血小板数　　　　　(10^3/mm^3)	406　　±14.9	419　　±22.5
白血球数　　　　　(10^3/mm^3)	6.68± 0.10	7.04± 0.19
循環血液量　　（mL/kg 体重）	79.6 ± 1.49	100.5 ± 2.29
循環血漿量　　（mL/kg 体重）	42.0 ± 0.99	39.2 ± 0.99
全赤血球容積　（mL/kg 体重）	37.2 ± 0.71	61.1 ± 1.93
全ヘモグロビン量（g/kg 体重）	12.6 ± 0.3	20.7 ± 0.6

［Hurtado, A.：Handbook of Physiology；Adaptation to the Environment；Section 4, American Physiology Society, 1964 より］

リスロポエチンの産生能が高まり造血機能が亢進し，赤血球の産生が上昇し血中ヘモグロビン濃度が増大する．高所滞在日数の経過に伴い循環血中の赤血球が増加する．高地に居住するヒトでは，平地住民に比べ，赤血球数，ヘモグロビン濃度，ヘマトクリット，循環血液量などが増大している（表 14.2）．

(3) 低圧環境と栄養

　低圧環境はおもに高所であり，高所においては気温が低く空気中の水蒸気の絶対量が低くなり脱水を起こしやすい．高所登山者は尿量を保つために1日最低4〜5 Lの水分の摂取が必要とされる．低酸素状態で酸素の供給が十分でないことから，血中および骨格筋中で乳酸の増加が著しい．高地では食事摂取量が低下する反面，エネルギー摂取量は増大することから高糖質でエネルギー値の高いものを選択する．エネルギー代謝が亢進しているためビタミン B$_1$，B$_2$，B$_6$，ナイアシンなどのビタミン B 群の補給が必要である．

14.5　無重力環境と栄養

　人類は，重力（1 G）環境において生活しているが，宇宙環境は限りなく無重力（microgravity：μG）な状態となる．有人宇宙飛行の歴史は，1961 年ソ連（現ロシア）の宇宙飛行士ユーリィ・ガガーリンがボストーク1号により 108 分間の軌道飛行に成功したことに始まる．1969 年アメリカはアポロ 11 号により，人類初の月面着陸に成功した．1970 年以降世界各国で宇宙開発競争が進み，1981 年スペースシャトルの打ち上げにより，長期間滞在型の宇宙ステーションを使った研究開発が進み，宇宙医学研究が進んできた．1995 年ロシアのヴァレリ・ポリヤコフは437日18日間の最長宇宙滞在記録を打ち立てた．1998年15か国が参加して国際宇宙ステーション（International Space Station：ISS）が建設された．ISS は地上約 400 km 上空に建設されている巨大な有人施設であり日本も参画し，日本の実験棟は「きぼう」と命名されている．宇宙環境でのフライト期間は，宇宙開発とともに延長している（表 14.3）．

表 14.3　アメリカ宇宙飛行士の年表

年	フライトプログラム	フライト期間
1961~1963	マーキュリー	15分~34時間
1965~1966	ジェミニ	5時間~14日間
1968~1972	アポロ	5~13日間
1973~1974	スカイラブ	28，59，84日
1981~2011	スペースシャトル	4~16日
1995~現在	アメリカ-ロシア共同（ミール）	90~180日
2000	ISS (International Space Station)	120~180日

［Lane, H.W. and Smith, S.M.：Modern Nutrition in Health and Disease, 9th ed, Lippincott Williams & Wilkins, 1999, p.784 より］

14.5.1　無重力環境での生理的変化

　無重力環境は，生体にさまざまな生理的変化をもたらし，宇宙酔い，骨カルシウム喪失，筋萎縮，水電解質代謝と調節ホルモンの異常などを引き起こす．無重力環境では，地上でのベッド・レスト（寝たきり状態）と同様の影響がみられる．

　ここに現在知られている主な宇宙飛行に伴う医学的問題は7つあり，飛行日数により発現が変化する．

　①心循環器への影響，②骨カルシウムへの影響，③筋肉への影響，④血液・免疫への影響，⑤宇宙酔い，⑥宇宙放射線による影響，⑦閉鎖環境による精神心理面への影響

（1）心循環器への影響

　地上では，重力の影響で血液をはじめとする体液は下肢に引っ張られている．無重力環境になると重力が無いため，下肢の静脈血と周囲の組織液が頭方へ移動する．その結果，鼻が詰まる，頭が重い，顔のむくみ「ムーンフェイス」が生じる．一方，下肢は体水分が減少することにより「バードレッグ（鳥の足）」と呼ばれるように細くなる．体液バランスの乱れは，宇宙飛行の初期に起きる反応であり，全体液量を減少させるように順応する．地球上に帰還すると，再び重力に血液が引っ張られるために，頭部に移動した体液の多くが下肢に急激に移動するため,脳貧血や起立耐性障害を起こす（図14.10）.

　帰還前には起立耐性障害の予防のため，下半身陰圧負荷（lower body negative pressure：LBNP）を行い，生理食塩水投与と併せ措置が行われている．

（2）骨カルシウムへの影響

　骨は地上で身体を支えるために重要な組織である．無重力状態では，身体を支

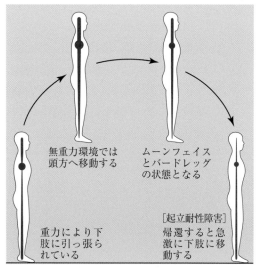

図 14.10　宇宙飛行による体液分布の変化

無重力環境では頭方へ移動する

ムーンフェイスとバードレッグの状態となる

重力により下肢に引っ張られている

［起立耐性障害］帰還すると急激に下肢に移動する

［御手洗玄洋：宇宙飛行と体力，体力科学，**45**，1996，p.245-260を改変］

える必要がなくなることから，地上の骨粗鬆症患者の10倍以上の速さで，骨密度減少が起こる．溶出したカルシウムは尿中や便中に排泄され，尿中へのカルシウム排泄が過剰になると尿管結石の危険性が高まる．また骨量の減少は骨折の原因となることから，宇宙飛行中は，トレッドミル運動やエルゴメータ運動によりカルシウム流出を防いでいる（図14.11）．

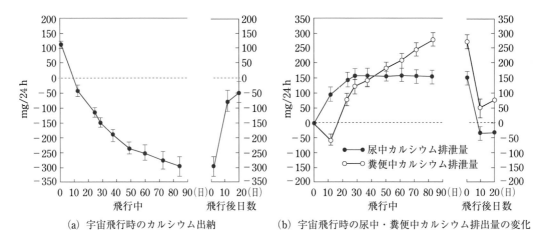

(a) 宇宙飛行時のカルシウム出納　　　(b) 宇宙飛行時の尿中・糞便中カルシウム排出量の変化

図 14.11 宇宙飛行時のカルシウム出納，尿中・糞中カルシウム排泄量

[Paul, C. *et al.*：Prolonged weightlessness and calcium loss in man, *Acta. Astronautica*, **6**, 1979, p.1113-1122 より]

(3) 筋肉への影響

　長期間の無重力状態では筋収縮を必要としないため，筋肉の廃用性筋萎縮を引き起こす．筋肉には，収縮するスピードの速い「速筋」と遅い「遅筋」が存在しているが，無重力環境では，遅筋が速筋に変化する．これは，身体を支える必要がないために起こると考えられている．筋肉の萎縮はたんぱく質の代謝回転を促し，宇宙飛行中は尿中窒素排泄量が上昇している（図14.12）．

(4) 血液・免疫系への影響

　無重力状態では赤血球の形状に変化が起こる．通常赤血球はドーナツ状円盤型であるが，無重力状態では，トゲのある金平糖状やボール状に変形する．これは地上に帰還すると元に戻る．また赤血球数の減少により貧血を引き起こす．

　無重力状態においては，細胞性免疫系の低下が起こる．免疫機能の低下は，易感染性や腫瘍の進展など，生体に悪影響を及ぼすことになるため，我々が有人宇宙飛行を行う以上，免疫機能への影響について十分な検討を行い，対策を講じる必要がある．

14.5.2 宇宙食

　1960年代のマーキュリー時代には，宇宙食（space food）はクリーム状およびゼリー状のものがチューブに詰められストローで吸っていた．1970年代のアポロ時代になると，フリーズドライ技術が発達し，お湯を加えスープ状にして食べられるようになった．1980年代のスペースシャトルの時代には，乾燥物とある程度の生鮮食品の搭載も可能となり，2000年代のISS時代には，地上での食事とほぼ変わらないものとなった．

　宇宙環境では，栄養摂取状態が負のバランスになっていることが報告されており，宇宙での

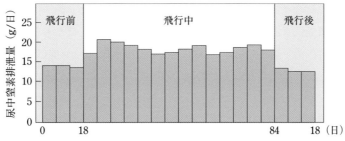

図 14.12　宇宙飛行中の尿中窒素排泄量

［吉田利忠：航空・宇宙医学の現在と未来，別冊医学のあゆみ（飛鳥田一朗・関口千春編），医歯薬出版，1996, p.90 より］

表 14.4　宇宙環境の栄養摂取基準

栄養素	摂取基準	単位
エネルギー	2400〜2650（男） 1950〜2000（女）	kcal
たんぱく質	12〜15	％エネルギー比
炭水化物	50	％エネルギー比
脂質	*30〜35*	％エネルギー比
水分	>2000	mL／日
ビタミンA	1000	μg（レチノール当量）
ビタミンD	*10*	μg
ビタミンE	*20*	mg（α-トコフェロール当量）
ビタミンK	*80*	μg
ビタミンC	100	mg
ビタミンB12	2	μg
ビタミンB6	2	mg
チアミン（VB1）	1.5	mg
リボフラビン（VB2）	*2*	mg
葉酸	400	μg
ナイアシン	*20*	mg
ビオチン	*100*	μg
パントテン酸	5	mg
カルシウム	*1000〜1200*	mg
リン	*1000〜1200*	mg
マグネシウム	350	mg
ナトリウム	1500〜3500	mg
カリウム	*3500*	mg
鉄	10	mg
銅	*1.5〜3.0*	mg
マンガン	2.0〜5.0	mg
フッ素	4	mg
亜鉛	15	mg
セレン	70	μg
ヨウ素	150	μg
クロム	*100〜200*	μg

斜体数字は地上摂取量より多いものを示し，リスク対応策となる

［松本暁子：宇宙での栄養，宇宙航空環境医学会誌，**45**, 75-97, 2008］

体重減少の一因となっている．とくにたんぱく質やビタミン類・微量元素などが長期間不足すると，免疫機能低下に陥る可能性がある．また宇宙食は，ほとんどが加工食品であり，長期間宇宙食だけの生活を続けていると，腸内細菌叢も変化し免疫機能に影響することも予想される．したがって，免疫機能低下を予防するためには，適切な栄養摂取が必要であることはいうまでもないが，今後は免疫機能強化作用を有した栄養素やプロバイオティクスの概念を導入した新規宇宙食の開発も期待される．宇宙食の役割には，宇宙飛行士の健康を維持するための栄養を確保することのほか，おいしくバラエティ豊かな食事をとることによる精神的ストレスの低減や，気分をリフレッシュし，パフォーマンスの維持・向上を図ることなどがあげられる．

　宇宙飛行士が宇宙に長期滞在する場合に必要とされる1日のエネルギーは，宇宙飛行上の年代，性別および体重から算出される．

　　　［男性］　18〜30歳　$1.7 \times (15.3 \times 体重(kg) + 679)$（kcal）

　　　　　　　　30〜60歳　$1.7 \times (11.6 \times 体重(kg) + 879)$（kcal）

　　　［女性］　18〜30歳　$1.6 \times (14.7 \times 体重(kg) + 496)$（kcal）

　　　　　　　　30〜60歳　$1.6 \times (8.7 \times 体重(kg) + 829)$（kcal）

　NASA（アメリカ航空宇宙局）では，栄養必要量を表14.4のように定めている．

14.6　災害時の栄養

　近年，我が国では洪水や崖くずれ，土石流，地滑り，高潮，地震，津波，大雪，火山現象（火砕流や溶岩流，噴石など）や内水氾濫などの予測がつかない自然災害が増加傾向にある．避難生活では，とくに水分・食事が制限され，偏った食生活を強いられる．この状況が長期化すればさまざまな健康問題へと波及するため，とくに被災者への栄養・食生活を支援する場合，時間軸に沿った栄養管理が求められる．

14.6.1　災害時における栄養・食生活支援活動

　災害発生後の栄養補給としては，第1にエネルギー源と水の確保，次にたんぱく質源となる．災害発生直後から段階的に想定される栄養・食生活課題を図14.14に示す．災害発生から24時間以内（フェイズ0）と72時間以内（フェイズ1）は緊急的な措置，4日目から1か月（フェイズ2）と1か月以降（フェイズ3）になると，健康状態の維持，安心できる食環境に早く近づけることなど，段階に応じた栄養支援へと移行していく．

　［フェイズ0］　栄養補給としては，高エネルギー食品の提供．主食（パン類，おにぎり）を中心に，水分補給を行う．また，要配慮者の情報収集を開始する．

　［フェイズ1］　この段階は栄養・食生活支援の大きな意味をもつことになる．はじめに被災者への巡回栄養相談などを通じて，要配慮者の状況を把握し，被災者の個別の対応として，代替食の検討などを行う．とくに①乳児への母乳代替品の不足，②高齢者には冷めた食事は固くて食べることに支障があること，③慢性疾患で食事療法中や食物アレルギー対応者に食事の量や摂取タイミングが安定しないこと，などがある．

　炊き出し計画（材料の調達，献立の作成等）は，被災地の状況に鑑み，現地にそって策定されたマニュアルに従う．炊き出しの際の衛生管理には十分留意し，食中毒防止のために提供す

フェイズ	フェイズ0	フェイズ1	フェイズ2	フェイズ3
	震災発生から24時間以内	72時間以内	4日目〜1か月	1か月以降
栄養補給	高エネルギー食品の提供————		たんぱく質不足への対応————→ ビタミン，ミネラルの不足への対応	————→
被災者への対応	主食（パン類，おにぎり）を中心 水分補給———— 代替食の検討———— ・乳幼児 ・高齢者（嚥下困難など） ・食事制限のある慢性疾患患者 （糖尿病，腎臓病，心臓病，肝臓病，高血圧，アレルギー）	炊き出し———— 巡回栄養相談————	弁当支給———— 栄養教育———— ：食事づくりの指導など （仮設住宅入居前・入居後，被災住宅入居者）	————→ ————→ ————→ ————→
場所 炊き出し	避難所	避難所，給食施設	避難所，給食施設	避難所，給食施設
場所 栄養相談		避難所，被災住宅	避難所，被災住宅	避難所，被災住宅，仮設住宅

図14.14 災害時の食事や栄養補給の活動の流れ
[「災害時の栄養・食生活マニュアル」より]

る食品は，提供直前に十分な加熱を行い，なるべく速やかに喫食するように勧め，二次災害を防止する．

　［フェイズ2］　4日目から1か月では，①全般にたんぱく質，ビタミン・ミネラルが不足傾向，②疾患治療中の者の通院遮断による投薬の補充困難，③高齢者の脱水，便秘，貧血などの症状など．

　［フェイズ3］　1か月以降では，①とくに慢性疾患の悪化が顕著な者，②高齢者の低栄養状態の悪化が顕著な者などが散見しやすい．

　よって，それぞれの被災者が抱えている個々の問題について，被災発生からの段階を考慮した問題解決が必要となる．また，慢性疾患による食事療法が必要な者（腎臓病，糖尿病，高血圧など），乳幼児，妊婦，授乳婦，嚥下困難な高齢者など，食事に特別な配慮が必要な者について，要配慮者に適した食料例（表14.5）を示す．

> **フェイズ**（phase）　段階や時期を示し，長期的目標を達成するために，細かく区切って段階的に短期目標を示すときなどに使用される．

表14.5　要配慮者*に適した食料例

要配慮者	食料例
乳児	粉ミルク，液体ミルク，アレルギー対応の粉ミルク，ベビーフード（離乳食）
妊婦，授乳婦	野菜ジュース，果実ジュース，麦や強化米，栄養素調整食品（固形ゼリー，飲料），栄養ドリンク，栄養機能性食品 など
高齢者	レトルト粥，汁物，とろみ調整食品，やわらかいおかず（パウチ食品） など
慢性疾病者	人工甘味料，低糖質食品，低たんぱく食品，低カリウム食品，減塩食 など

＊要配慮者とは，災害対策基本法第8条2（2013年6月改正）において，「高齢者，障害者，乳幼児，その他特に配慮をする者」と定義されている．

14.6.2　栄養および健康状態の悪化を防ぐための栄養管理

　避難生活では水分不足に陥りやすく，水分の摂取不足は，①脱水症，②深部静脈血栓症/肺塞栓症（エコノミークラス症候群），③低体温症（夏季は熱中症），④慢性疾患の悪化，⑤便秘，⑥易疲労感などのリスクが高くなる．よって，積極的に水分を摂取することの重要性を伝えるとともに，被災者自らが，率先して水分補給が行えるように配慮する．エコノミークラス症候群予防では水分の補給とともに，定期的な身体の運動（脚・足の指・かかとの運動，歩行，軽い体操）も心掛ける．

　さらに避難所での生活では，寒さ，睡眠不足やストレスなど血圧が高くなりやすい状況にあり，支援される食事には塩分の高いものも多く含まれるので，高血圧対策も必要となる．また，糖尿病罹患患者では，生活環境の変化によるストレスに加え摂取エネルギー量の増加や食事内容の偏りなどにより食事管理も不十分になり血糖コントロールが安定しない傾向になる．限られた食材の中ではあるが，疾病発症・悪化の予防のために，それぞれの疾病に応じた食事療法を続けることが望まれる．

> **エコノミークラス症候群**　飛行機や車などの乗り物に狭い座席に長時間座るなど，同じ姿勢を取り続けることで血流が悪くなり血栓ができやすくなる．この血栓が原因の肺塞栓症（肺血栓塞栓症）は，足の静脈にできた血栓（深部静脈血栓）が肺に運ばれた結果，肺動脈を詰まらせることが多い．この急性肺血栓塞栓症を「エコノミークラス症候群」と呼び，寝たきりの高齢者にも注意が必要となる．

14.6.3　災害時に備えた食に関する普及啓発

　緊急避難所という限られた下での多様な食料を確保することは困難が予想される．よって，平常時からの計画的な備えや，家庭での非常食備蓄や災害時の調理工夫などの普及啓発を行うことが重要である．災害発生からライフライン復旧まで1週間以上を要するケースが多くみられ，災害支援物資が3日以上到達しないことが想定される．一般家庭の食料備蓄は，最低3日～1週間分×人数分が望ましい．備蓄食品の選び方などは，農林水産省HPの「家庭備蓄ポータル」を参考にするとよい．

14.6.4　災害時の栄養ケア

　自治体で指定された避難所等に緊急で避難された被災者らの食事は，食糧支援による食料物資が偏る傾向があるので，栄養管理する上で，避難所における食事提供の計画・評価のための当面目標とする栄養の参照量（表14.6，表14.7）や避難所における食品構成例（表14.8）を参考に，物資調達の計画・評価をするとよい．とくに肉・魚・野菜・果物類などが不足しないようにできる限り工夫する．また菓子パンや菓子類は，災害直後の食料確保が十分でない時期のエネルギー補給には活用できるが，長期間の活用に際しては摂取過剰に留意する．

　なお，表14.6のビタミンB$_1$，B$_2$，Cの参照量についての補足事項を述べる．ビタミンB$_1$の推定平均必要量は，ビタミンB$_1$欠乏症の脚気を，ビタミンB$_2$の推定平均必要量は，ビタミンB$_2$欠乏症の口内炎を回避するための最小摂取量からではなく，体内飽和を意味すると考えられる尿中排泄量が増大する最小摂取量から算定している．また，ビタミンCの推定平均必要量は，ビタミンCの欠乏症である壊血病を予防するための最小必要量からではなく，心臓血管系の疾病予防効果および抗酸化作用の観点から算定している．よって，災害時の避難所で参照量を活用する際には留意が必要である．

表 14.6 避難所における食事提供の評価・計画のための栄養の参照量（エネルギー・おもな栄養素について）

目 的	エネルギー・栄養素	1歳以上，1人1日当たり
エネルギー摂取の過不足の回避	エネルギー	1800〜2200 kcal
栄養素の摂取不足の回避	たんぱく質 ビタミンB₁ ビタミンB₂ ビタミンC	55 g 以上 0.9 mg 以上 1.0 mg 以上 80 mg 以上

[参考]避難所における食事の提供の評価・計画のための栄養参照量について：本参照量は，避難所生活が長期化する中で，栄養素の摂取不足を防ぎ，かつ生活習慣病を予防するため，栄養バランスのとれた適正量を安定的に確保する観点から，食事提供の評価を踏まえた計画の決定のための目安となる量として提示するものである．
[厚生労働省：避難所における食事提供に係る適切な栄養管理の実施について（平成30年8月）より]

表 14.7 避難所における食事提供の評価・計画のための栄養の参照量
（対象特性に応じて配慮が必要な栄養素について）

目 的	栄養素	配慮事項
栄養素の摂取不足の回避	カルシウム	骨量が最も蓄積される思春期に十分な摂取量を確保する観点から，とくに6〜14歳においては，600 mg/日を目安とし，牛乳・乳製品，豆類，緑黄色野菜，小魚など多様な食品の摂取に留意すること
	ビタミンA	欠乏による成長阻害や骨および神経系の発達抑制を回避する観点から，成長期の子ども，とくに1〜5歳においては，300 μg RE/日を下回らないよう主菜や副菜（緑黄色野菜）の摂取に留意すること
	鉄	月経がある場合には，十分な摂取に留意するとともに，とくに貧血の既往があるなど個別の配慮を要する場合は，医師・管理栄養士などによる専門的評価を受けること
生活習慣病の一次予防	ナトリウム（食塩）	高血圧の予防の観点から，成人においては，目標量（食塩相当量として，男性7.5 g未満/日，女性6.5 g未満/日）を参考に，過剰摂取を避けること

[厚生労働省：避難所における食事提供に係る適切な栄養管理の実施について，平成23年6月より一部改変]

自然災害が及ぼす環境下において，乳幼児から高齢者まで，また特別の配慮が必要な妊婦・授乳婦，慢性疾患で食事療法が必要な者など，個々の状況を鑑みながら，栄養ケアにあたる．同時に避難所の環境を見きわめたうえで，災害発生から時間の経過を踏まえた栄養管理が求められる．

表 14.8 避難所における食品構成例
（国立健康・栄養研究所）

食品名	重量(g)
穀 類	550*
芋 類	60
野菜類	350
果実類	150
魚介類	80
肉 類	80
卵 類	55
豆 類	60
乳 類	200
油脂類	10

* 穀類の重量は，調理を加味した数量である．
[平成21年国民健康・栄養調査結果を参考に作成]

付録 **1** 日本人の食事摂取基準 2020 年版

●表 1　参照対位（参考身長，参考体重）[*1]

年　齢	男　性		女　性		年　齢	男　性		女　性	
	参照身長 (cm)	参照体重 (kg)	参照身長 (cm)	参照体重 (kg)		参照身長 (cm)	参照体重 (kg)	参照身長 (cm)	参照体重 (kg)
0〜 5 月	61.5	6.3	60.1	5.9	10〜11 歳	142.0	35.6	144.0	36.3
6〜11 月	71.6	8.8	70.2	8.1	12〜14 歳	160.5	49.0	155.1	47.5
6〜 8 月	69.8	8.4	68.3	7.8	15〜17 歳	170.1	59.7	157.7	51.9
9〜11 月	73.2	9.1	71.9	8.4	18〜29 歳	171.0	64.5	158.0	50.3
1〜 2 歳	85.8	11.5	84.6	11.0	30〜49 歳	171.0	68.1	158.0	53.0
3〜 5 歳	103.6	16.5	103.2	16.1	50〜64 歳	169.0	68.0	155.8	53.8
6〜 7 歳	119.5	22.2	118.3	21.9	65〜74 歳	165.2	65.0	152.0	52.1
8〜 9 歳	130.4	28.0	130.4	27.4	75 歳以上	160.8	59.6	148.0	48.8

*1　0〜17 歳は，日本小児内分泌学会・日本成長学会合同標準値委員会による小児の体格評価に用いる身長，体重の標準値を基に，年齢区分に応じて，当該月齢及び年齢区分の中央時点における中央値を引用した．ただし，公表数値が年齢区分と合致しない場合は，同様の方法で算出した値を用いた．18 歳以上は，平成 28 年国民健康・栄養調査における当該の性及び年齢区分における身長・体重の中央値を用いた．
*2　妊婦，授乳婦を除く．

●表 2　参照体重における基礎代謝量

性　別	男　性			女　性		
年　齢	基礎代謝基準値 (kcal/kg 体重/日)	参照体重 (kg)	基礎代謝量 (kcal/日)	基礎代謝基準値 (kcal/kg 体重/日)	参照体重 (kg)	基礎代謝量 (kcal/日)
1〜 2 歳	61.0	11.5	700	59.7	11.0	660
3〜 5 歳	54.8	16.5	900	52.2	16.1	840
6〜 7 歳	44.3	22.2	980	41.9	21.9	920
8〜 9 歳	40.8	28.0	1,140	38.3	27.4	1,050
10〜11 歳	37.4	35.6	1,330	34.8	36.3	1,260
12〜14 歳	31.0	49.0	1,520	29.6	47.5	1,410
15〜17 歳	27.0	59.7	1,610	25.3	51.9	1,310
18〜29 歳	23.7	64.5	1,530	22.1	50.3	1,110
30〜49 歳	22.5	68.1	1,530	21.9	53.0	1,160
50〜64 歳	21.8	68.0	1,480	20.7	53.8	1,110
65〜74 歳	21.6	65.0	1,400	20.7	52.1	1,080
75 歳以上	21.5	59.6	1,280	20.7	48.8	1,010

●表3　身体活動レベル別にみた活動内容と活動時間の代表例

身体活動レベル[*1]	低　い（Ⅰ）　1.50（1.40〜1.60）	ふつう（Ⅱ）　1.75（1.60〜1.90）	高　い（Ⅲ）　2.00（1.90〜2.20）
日常生活の内容[*2]	生活の大部分が座位で，静的な活動が中心の場合	座位中心の仕事だが，職場内での移動や立位での作業・接客等，通勤・買い物での歩行，家事，軽いスポーツ，のいずれかを含む場合	移動や立位の多い仕事への従事者，あるいは，スポーツ等余暇における活発な運動習慣を持っている場合
中程度の強度（3.0〜5.9メッツ）の身体活動の1日当たりの合計時間（時間/日）[*3]	1.65	2.06	2.53
仕事での1日当たりの合計歩行時間（時間/日）[*3]	0.25	0.54	1.00

＊1　代表値．（　）内はおよその範囲．
＊2　Black, et al., Ishikawa-Takata, et al. を参考に，身体活動レベル（PAL）に及ぼす仕事時間中の労作の影響が大きいことを考慮して作成．
＊3　Ishikawa-Takata, et al. による。

●表4　年齢階級別に見た身体活動レベルの群分け（男女共通）

身体活動レベル	レベルⅠ（低い）	レベルⅡ（ふつう）	レベルⅢ（高い）	身体活動レベル	レベルⅠ（低い）	レベルⅡ（ふつう）	レベルⅢ（高い）
1〜2歳	—	1.35	—	15〜17歳	1.55	1.75	1.95
3〜5歳	—	1.45	—	18〜29歳	1.50	1.75	2.00
6〜7歳	1.35	1.55	1.75	30〜49歳	1.50	1.75	2.00
8〜9歳	1.40	1.60	1.80	50〜64歳	1.50	1.75	2.00
10〜11歳	1.45	1.65	1.85	65〜74歳	1.45	1.70	1.95
12〜14歳	1.50	1.70	1.90	75歳以上	1.40	1.65	—

●表5　栄養素の設定指標

設定項目	設　定　指　標
推定平均必要量（EAR）	ある母集団における平均必要量の推定値．ある母集団に属する50%の人が必要量を満たすと推定される1日の摂取量．
推奨量（RDA）	ある母集団のほとんど（97〜98%）の人において1日の必要量を満たすと推定される1日の摂取量である．理論的には，「推定平均必要量＋標準偏差の2倍（2SD）」として算出．
目安量（AI）	推定平均必要量および推奨量を算定するのに十分な科学的根拠が得られない場合に，特定の集団の人々がある一定の栄養状態を維持するのに十分な量．
耐容上限量（UL）	ある母集団に属するほとんどすべての人々が，健康障害をもたらす危険がないとみなされる習慣的な摂取量の上限を与える量．
目標量（DG）	生活習慣病の一次予防を目的として，現在の日本人が当面の目標とすべき摂取量．

●表6 推定エネルギー必要量（kcal/日）

年　齢	身体活動レベル 男性 I	II	III	女性 I	II	III	年　齢	身体活動レベル 男性 I	II	III	女性 I	II	III
0〜 5月	—	550	—	—	500	—	15〜17歳	2,500	2,800	3,150	2,050	2,300	2,550
6〜11月	—	—	—	—	—	—	18〜29歳	2,300	2,650	3,050	1,700	2,000	2,300
6〜 8月	—	650	—	—	600	—	30〜49歳	2,300	2,700	3,050	1,750	2,050	2,350
9〜11月	—	700	—	—	650	—	50〜64歳	2,200	2,600	2,950	1,650	1,950	2,250
1〜 2歳	—	950	—	—	900	—	65〜74歳	2,050	2,400	2,750	1,550	1,850	2,100
3〜 5歳	—	1,300	—	—	1,250	—	75歳以上	1,800*4	2,100*4	—	1,400*2	1,650*2	—
6〜 7歳	1,350	1,550	1,750	1,250	1,450	1,650	妊婦（付加量）*3 　初期				+50	+50	+50
8〜 9歳	1,600	1,850	2,100	1,500	1,700	1,900	中期				+250	+250	+250
10〜11歳	1,950	2,250	2,500	1,850	2,100	2,350	後期				+450	+450	+450
12〜14歳	2,300	2,600	2,900	2,150	2,400	2,700	授乳婦（付加量）				+350	+350	+350

＊1　身体活動レベルは，低い，ふつう，高いの3つのレベルとして，それぞれ I，II，III で示した.
＊2　レベル II は自立している者，レベル I は自宅にいてほとんど外出しない者に相当する．レベル I は高齢者施設で自立に近い状態で過ごしている者にも適用できる値である.
＊3　妊婦個々の体格や妊娠中の体重増加量及び胎児の発育状況の評価を行うことが必要である.
［注］1）活用に当たっては，食事摂取状況のアセスメント，体重及びBMI の把握を行い，エネルギーの過不足は体重の変化又はBMI を用いて評価すること.
［注］2）身体活動レベル I の場合，少ないエネルギー消費量に見合った少ないエネルギー摂取量を維持することになるため，健康の保持・増進の観点からは，身体活動量を増加させる必要がある.

●表7 たんぱく質の食事摂取基準

年齢等	男性 推定平均必要量 (g/日)	推奨量 (g/日)	目安量 (g/日)	目標量*1 (%エネルギー)	女性 推定平均必要量 (g/日)	推奨量 (g/日)	目安量 (g/日)	目標量*1 (%エネルギー)
0〜 5月	—	—	10	—	—	—	10	—
6〜 8月	—	—	15	—	—	—	15	—
9〜11月	—	—	25	—	—	—	25	—
1〜 2歳	15	20	—	13〜20	15	20	—	13〜20
3〜 5歳	20	25	—	13〜20	20	25	—	13〜20
6〜 7歳	25	30	—	13〜20	25	30	—	13〜20
8〜 9歳	30	40	—	13〜20	30	40	—	13〜20
10〜11歳	40	45	—	13〜20	40	50	—	13〜20
12〜14歳	50	60	—	13〜20	45	55	—	13〜20
15〜17歳	50	65	—	13〜20	45	55	—	13〜20
18〜29歳	50	65	—	13〜20	40	50	—	13〜20
30〜49歳	50	65	—	13〜20	40	50	—	13〜20
50〜64歳	50	65	—	14〜20	40	50	—	14〜20
65〜74歳*2	50	60	—	15〜20	40	50	—	15〜20
75歳以上*2	50	60	—	15〜20	40	50	—	15〜20
妊婦（付加量）　初期					+0	+0		—*3
中期					+5	+5	—	—*3
後期					+20	+25	—	—*4
授乳婦（付加量）					+15	+20	—	—*4

＊1　範囲に関しては，おおむねの値を示したものであり，弾力的に運用すること.
＊2　65歳以上の高齢者について，フレイル予防を目的とした量を定めることは難しいが，身長・体重が参照体位に比べて小さい者や，特に75歳以上であって加齢に伴い身体活動量が大きく低下した者など，必要エネルギー摂取量が低い者では，下限が推奨量を下回る場合があり得る．この場合でも，下限は推奨量以上とすることが望ましい.
＊3　妊婦（初期・中期）の目標量は，13 〜 20%エネルギーとした.
＊4　妊婦（後期）及び授乳婦の目標量は，15〜20%エネルギーとした.

●表 8　脂質の食事摂取基準

年齢等	総脂質：脂肪エネルギー比率(%エネルギー)				飽和脂肪酸(%エネルギー)[2,3]		n-6 系脂肪酸(g/日)		n-3 系脂肪酸(g/日)	
	男性		女性		男性	女性	男性	女性	男性	女性
	目安量	目標量[1]	目安量	目標量[1]	目標量	目標量	目安量	目安量	目安量	目安量
0～5 （月）	50	—	50	—	—	—	4	4	0.9	0.9
6～11 （月）	40	—	40	—	—	—	4	4	0.8	0.8
1～2 （歳）	—	20～30	—	20～30	—	—	4	4	0.7	0.8
3～5 （歳）	—	20～30	—	20～30	10 以下	10 以下	6	6	1.1	1.0
6～7 （歳）	—	20～30	—	20～30	10 以下	10 以下	8	7	1.5	1.3
8～9 （歳）	—	20～30	—	20～30	10 以下	10 以下	8	7	1.5	1.3
10～11 （歳）	—	20～30	—	20～30	10 以下	10 以下	10	8	1.6	1.6
12～14 （歳）	—	20～30	—	20～30	10 以下	10 以下	11	9	1.9	1.6
15～17 （歳）	—	20～30	—	20～30	8 以下	8 以下	13	9	2.1	1.6
18～29 （歳）	—	20～30	—	20～30	7 以下	7 以下	11	8	2.0	1.6
30～49 （歳）	—	20～30	—	20～30	7 以下	7 以下	10	8	2.0	1.6
50～64 （歳）	—	20～30	—	20～30	7 以下	7 以下	10	8	2.2	1.9
65～74 （歳）	—	20～30	—	20～30	7 以下	7 以下	9	8	2.2	2.0
75 以上 （歳）	—	20～30	—	20～30	7 以下	7 以下	8	7	2.1	1.8
妊婦				20～30		7 以下		9		1.6
授乳婦				20～30		7 以下		10		1.8

[1] 範囲については，おおむねの値を示したものである.
[2] 飽和脂肪酸と同じく，脂質異常症及び循環器疾患に関与する栄養素としてコレステロールがある．コレステロールに目標は設定しないが，これは許容される摂取量に上限が存在しないことを保証するものではない．また，脂質異常症の重症化予防の目的からは，200 mg/日未満に留めることが望ましい.
[3] 飽和脂肪酸と同じく，冠動脈疾患に関与する栄養素としてトランス脂肪酸がある．日本人の大多数は，トランス脂肪酸に関する世界保健機関（WHO）の目標（1%エネルギー未満）を下回っており，トランス脂肪酸の摂取による健康への影響は，飽和脂肪酸の摂取によるものと比べて小さいと考えられる．ただし，脂質に偏った食事をしている者では，留意する必要がある．トランス脂肪酸は人体にとって不可欠な栄養素ではなく，健康の保持・増進を図る上で積極的な摂取は勧められないことから，その摂取量は 1%エネルギー未満に留めることが望ましく，1%エネルギー未満でもできるだけ低く留めることが望ましい.

●表 9　炭水化物，食物繊維の食事摂取基準

年齢等	炭水化物(%エネルギー)[*1]	食物繊維(g/日)[*1]		年齢等	炭水化物(%エネルギー)[*1]	食物繊維(g/日)[*1]	
	男女共通(妊婦・授乳婦は除く)	男性	女性		男女共通(妊婦・授乳婦は除く)	男性	女性
	目標量[*1,2]	目標量	目標量		目標量[*1,2]	目標量	目標量
0～5 月	—	—	—	18～29 歳	50～65	21 以上	18 以上
6～11 月	—	—	—	30～49 歳	50～65	21 以上	18 以上
1～2 歳	50～65	—	—	50～64 歳	50～65	21 以上	18 以上
3～5 歳	50～65	8 以上	8 以上	65～74 歳	50～65	20 以上	17 以上
6～7 歳	50～65	10 以上	10 以上	75 歳以上	50～65	20 以上	17 以上
8～9 歳	50～65	11 以上	11 以上	妊婦　初期		50～65	18 以上
10～11 歳	50～65	13 以上	13 以上	中期		50～65	18 以上
12～14 歳	50～65	17 以上	17 以上	後期		50～65	18 以上
15～17 歳	50～65	19 以上	18 以上	授乳婦		50～65	18 以上

*1　範囲については，おおむねの値を示したものである.
*2　アルコールを含む．ただし，アルコールの摂取を勧めるものではない.
*3　必要なエネルギー量を確保した上でのバランスとすること.
*4　範囲に関してはおおむねの値を示したものであり，弾力的に運用すること.
*5　65 歳以上の高齢者について，フレイル予防を目的とした量を定めることは難しいが，身長・体重が参照体位に比べて小さい者や，特に 75 歳以上であって加齢に伴い身体活動量が大きく低下した者など，必要エネルギー摂取量が低い者では，下限が推奨量を下回る場合があり得る．この場合でも，下限は推奨量以上とすることが望ましい.
*6　脂質については，その構成成分である飽和脂肪酸など，質への配慮を十分に行う必要がある.
*7　アルコールを含む．ただし，アルコールの摂取を勧めるものではない.
*8　食物繊維の目標量を十分に注意すること.

● **表 10　ビタミンの食事摂取基準**

(1) ビタミン A

年齢等	ビタミン A（μgRAE/日）[1]							
	男性				女性			
	推定平均 必要量[2]	推奨量[2]	目安量[3]	耐容上限量[3]	推定平均 必要量[2]	推奨量[2]	目安量[3]	耐容上限量[3]
0〜5　（月）	—	—	300	600	—	—	300	600
6〜11（月）	—	—	400	600	—	—	400	600
1〜2　（歳）	300	400	—	600	250	350	—	600
3〜5　（歳）	350	450	—	700	350	500	—	850
6〜7　（歳）	300	400	—	950	300	400	—	1,200
8〜9　（歳）	350	500	—	1,200	350	500	—	1,500
10〜11（歳）	450	600	—	1,500	400	600	—	1,900
12-14（歳）	550	800	—	2,100	500	700	—	2,500
15〜17（歳）	650	900	—	2,500	500	650	—	2,800
18〜29（歳）	600	850	—	2,700	450	650	—	2,700
30〜49（歳）	650	900	—	2,700	500	700	—	2,700
50〜64（歳）	650	900	—	2,700	500	700	—	2,700
65〜74（歳）	600	850	—	2,700	500	700	—	2,700
75 以上（歳）	550	800	—	2,700	450	650	—	2,700
妊婦（付加量）初期					＋ 0	＋ 0	—	—
中期					＋ 0	＋ 0	—	—
末期					＋ 60	＋ 80	—	—
授乳婦（付加量）					＋ 300	＋ 450	—	—

[1] レチノール活性当量（μgRAE）＝レチノール（μg）＋β–カロテン（μg）× 1/12 ＋ α–カロテン（μg）× 1/24
　＋β–クリプトキサンチン（μg）× 1/24 ＋ その他のプロビタミン A カロテノイド（μg）× 1/24
[2] プロビタミン A カロテノイドを含む.
[3] プロビタミン A カロテノイドを含まない.

(2) ビタミン D・E・K

年齢等	ビタミン D（μg/日）[1]				ビタミン E（mg/日）[2]				ビタミン K（μg/日）	
	男性		女性		男性		女性		男性	女性
	目安量	耐容上限量	目安量	耐容上限量	目安量	耐容上限量	目安量	耐容上限量	目安量	目安量
0〜5　（月）	5.0	25	5.0	25	3.0	—	3.0	—	4	4
6〜11（月）	5.0	25	5.0	25	4.0	—	4.0	—	7	7
1〜2　（歳）	3.0	20	3.5	20	3.0	150	3.0	150	50	60
3〜5　（歳）	3.5	30	4.0	30	4.0	200	4.0	200	60	70
6〜7　（歳）	4.5	30	5.0	30	5.0	300	5.0	300	80	90
8〜9　（歳）	5.0	40	6.0	40	5.0	350	5.0	350	90	110
10〜11（歳）	6.5	60	8.0	60	5.5	450	5.5	450	110	140
12〜14（歳）	8.0	80	9.5	80	6.5	650	6.0	600	140	170
15〜17（歳）	9.0	90	8.5	90	7.0	750	5.5	650	160	150
18〜29（歳）	8.5	100	8.5	100	6.0	850	5.0	650	150	150
30〜49（歳）	8.5	100	8.5	100	6.0	900	5.5	700	150	150
50〜64（歳）	8.5	100	8.5	100	7.0	850	6.0	700	150	150
65〜74（歳）	8.5	100	8.5	100	7.0	850	6.5	650	150	150
75 以上（歳）	8.5	100	8.5	100	6.5	750	6.5	650	150	150
妊　婦			8.5	—			6.5	—		150
授乳婦			8.5	—			7.0	—		150

[1] 日照により皮膚でビタミン D が産生されることを踏まえ，フレイル予防を図る者はもとより，全年齢区分を通じて，日常生活において可能な範囲内での適度な日光浴を心掛けるとともに，ビタミン D の摂取については，日照時間を考慮に入れることが重要である.
[2] α–トコフェロールについて算定した. α–トコフェロール以外のビタミン E は含んでいない.

(3) ビタミン B_1・B_2

年齢等	ビタミン B_1（mg/日）[1,2]						ビタミン B_2（mg/日）[3]					
	男性			女性			男性			女性		
	推定平均必要量	推奨量	目安量	推定平均必要量	推奨量	目安量	推定平均必要量	推奨量	目安量	推定平均必要量	推奨量	目安量
0〜5　（月）	—	—	0.1	—	—	0.1	—	—	0.3	—	—	0.3
6〜11（月）	—	—	0.2	—	—	0.2	—	—	0.4	—	—	0.4
1〜2　（歳）	0.4	0.5	—	0.4	0.5	—	0.5	0.6	—	0.5	0.5	—
3〜5　（歳）	0.6	0.7	—	0.6	0.7	—	0.7	0.8	—	0.6	0.8	—
6〜7　（歳）	0.7	0.8	—	0.7	0.8	—	0.8	0.9	—	0.7	0.9	—
8〜9　（歳）	0.8	1.0	—	0.8	0.9	—	0.9	1.1	—	0.9	1.0	—
10〜11（歳）	1.0	1.2	—	0.9	1.1	—	1.1	1.4	—	1.0	1.3	—
12〜14（歳）	1.2	1.4	—	1.1	1.3	—	1.3	1.6	—	1.2	1.4	—
15〜17（歳）	1.3	1.5	—	1.0	1.2	—	1.4	1.7	—	1.2	1.4	—
18〜29（歳）	1.2	1.4	—	0.9	1.1	—	1.3	1.6	—	1.0	1.2	—
30〜49（歳）	1.2	1.4	—	0.9	1.1	—	1.3	1.6	—	1.0	1.2	—
50〜64（歳）	1.1	1.3	—	0.9	1.1	—	1.2	1.5	—	1.0	1.2	—
65〜74（歳）	1.1	1.3	—	0.9	1.1	—	1.2	1.5	—	1.0	1.2	—
75 以上（歳）	1.0	1.2	—	0.8	0.9	—	1.1	1.3	—	0.9	1.0	—
妊　婦（付加量）				＋0.2	＋0.2	—				＋0.2	＋0.3	—
授乳婦（付加量）				＋0.2	＋0.2	—				＋0.5	＋0.6	—

[1] チアミン塩化物塩酸塩（分子量 = 337.3）の重量として示した.
[2] 身体活動レベル II の推定エネルギー必要量を用いて算定した.
　特記事項：推定平均必要量は，ビタミン B_1 の欠乏症である脚気を予防するに足る最小必要量からではなく，尿中にビタミン B_1 の排泄量が増大し始める摂取量（体内飽和量）から算定.
[3] 身体活動レベル II の推定エネルギー必要量を用いて算定した.
　特記事項：推定平均必要量は，ビタミン B_2 の欠乏症である口唇炎，口角炎，舌炎などの皮膚炎を予防するに足る最小摂取量からではなく，尿中にビタミン B_2 の排泄量が増大し始める摂取量（体内飽和量）から算定.

(4) ナイアシン，ビタミン B_6

年齢等	ナイアシン（mgNE/日）[1,2]								ビタミン B_6（mg/日）[5]							
	男性				女性				男性				女性			
	推定平均必要量	推奨量	目安量	耐容上限量[3]	推定平均必要量	推奨量	目安量	耐容上限量[3]	推定平均必要量	推奨量	目安量	耐容上限量[6]	推定平均必要量	推奨量	目安量	耐容上限量[6]
0〜5　（月）[4]	—	—	2	—	—	—	2	—	—	—	0.2	—	—	—	0.2	—
6〜11（月）	—	—	3	—	—	—	3	—	—	—	0.3	—	—	—	0.3	—
1〜2　（歳）	5	6	—	60(15)	4	5	—	60(15)	0.4	0.5	—	10	0.4	0.5	—	10
3〜5　（歳）	6	8	—	80(20)	6	7	—	80(20)	0.5	0.6	—	15	0.5	0.6	—	15
6〜7　（歳）	7	9	—	100(30)	7	8	—	100(30)	0.6	0.7	—	20	0.6	0.7	—	20
8〜9　（歳）	9	11	—	150(35)	8	10	—	150(35)	0.8	0.9	—	25	0.8	0.9	—	25
10〜11（歳）	11	13	—	200(45)	10	10	—	150(45)	1.0	1.1	—	30	1.0	1.1	—	30
12〜14（歳）	12	15	—	250(60)	12	14	—	250(60)	1.2	1.4	—	40	1.0	1.3	—	40
15〜17（歳）	14	17	—	300(70)	11	13	—	250(65)	1.2	1.5	—	50	1.0	1.3	—	45
18〜29（歳）	13	15	—	300(80)	9	11	—	250(65)	1.1	1.4	—	55	1.0	1.1	—	45
30〜49（歳）	13	15	—	350(85)	10	12	—	250(65)	1.1	1.4	—	60	1.0	1.1	—	45
50〜64（歳）	12	14	—	350(80)	9	11	—	250(65)	1.1	1.4	—	55	1.0	1.1	—	45
65〜74（歳）	12	14	—	300(80)	9	11	—	250(65)	1.1	1.4	—	50	1.0	1.1	—	40
75 以上（歳）	11	13	—	300(75)	9	10	—	250(60)	1.1	1.4	—	50	1.0	1.1	—	40
妊　婦（付加量）					＋0	＋0	—	—					＋0.2	＋0.2	—	—
授乳婦（付加量）					＋3	＋3	—	—					＋0.3	＋0.3	—	—

[1] ナイアシン当量（NE）＝ナイアシン＋1/60 トリプトファンで示した.
[2] 身体活動レベル II の推定エネルギー必要量を用いて算定した.
[3] ニコチンアミドの重量（mg/日），（　）内はニコチン酸の重量（mg/日）.
[4] 単位は mg/日.
[5] たんぱく質の推奨量を用いて算定した（妊婦・授乳婦の付加量は除く）.
[6] ピリドキシン（分子量 = 169.2）の重量として示した.

(5) ビタミン B₁₂, 葉酸

年齢等	ビタミン B12 (μg/日)[1] 男性 推定平均必要量	推奨量	目安量	女性 推定平均必要量	推奨量	目安量	葉酸 (μg/日)[2] 男性 推定平均必要量	推奨量	目安量	耐容上限量[3]	女性 推定平均必要量	推奨量	目安量	耐容上限量[3]
0〜5 (月)	—	—	0.4	—	—	0.4	—	—	40	—	—	—	40	—
6〜11 (月)	—	—	0.5	—	—	0.5	—	—	60	—	—	—	60	—
1〜2 (歳)	0.8	0.9	—	0.8	0.9	—	80	90	—	200	90	90	—	200
3〜5 (歳)	0.9	1.1	—	0.9	1.1	—	90	110	—	300	90	110	—	300
6〜7 (歳)	1.1	1.3	—	1.1	1.3	—	110	140	—	400	110	140	—	400
8〜9 (歳)	1.3	1.6	—	1.3	1.6	—	130	160	—	500	130	160	—	500
10〜11 (歳)	1.6	1.9	—	1.6	1.9	—	160	190	—	700	160	190	—	700
12〜14 (歳)	2.0	2.4	—	2.0	2.4	—	200	240	—	900	200	240	—	900
15〜17 (歳)	2.0	2.4	—	2.0	2.4	—	220	240	—	900	200	240	—	900
18〜29 (歳)	2.0	2.4	—	2.0	2.4	—	200	240	—	900	200	240	—	900
30〜49 (歳)	2.0	2.4	—	2.0	2.4	—	200	240	—	1,000	200	240	—	1,000
50〜64 (歳)	2.0	2.4	—	2.0	2.4	—	200	240	—	1,000	200	240	—	1,000
65〜74 (歳)	2.0	2.4	—	2.0	2.4	—	200	240	—	900	200	240	—	900
75 以上 (歳)	2.0	2.4	—	2.0	2.4	—	200	240	—	900	200	240	—	900
妊 婦(付加量)				+ 0.3	+ 0.4	—					+ 200[4,5]	+ 240[4,5]	—	
授乳婦(付加量)				+ 0.7	+ 0.8	—					+ 80	+ 100	—	

[1] シアノコバラミン (分子量 = 1,355.37) の重量として示した.
[2] プテロイルモノグルタミン酸 (分子量 = 441.40) の重量として示した.
[3] 通常の食品以外の食品に含まれる葉酸 (狭義の葉酸) に適用する.
[4] 妊娠を計画している女性, 妊娠の可能性がある女性及び妊娠初期の妊婦は, 胎児の神経管閉鎖障害のリスク低減のために, 通常の食品以外の食品に含まれる葉酸 (狭義の葉酸) を 400 μg/日摂取することが望まれる.
[5] 付加量は, 中期及び後期にのみ設定した.

(6) パントテン酸, ビオチン, ビタミン C

年齢等	パントテン酸(mg/日) 男性 目安量	女性 目安量	ビオチン (μg/日) 男性 目安量	女性 目安量	ビタミン C (mg/日)[1] 男性 推定平均必要量	推奨量	目安量	女性 推定平均必要量	推奨量	目安量
0〜5 (月)	4	4	4	4	—	—	40	—	—	40
6〜11 (月)	5	5	5	5	—	—	40	—	—	40
1〜2 (歳)	3	4	20	20	35	40	—	35	40	—
3〜5 (歳)	4	4	20	20	40	50	—	40	50	—
6〜7 (歳)	5	5	30	30	50	60	—	50	60	—
8〜9 (歳)	6	5	30	30	60	70	—	60	70	—
10〜11 (歳)	6	6	40	40	70	85	—	70	85	—
12〜14 (歳)	7	6	50	50	85	100	—	85	100	—
15〜17 (歳)	7	6	50	50	85	100	—	85	100	—
18〜29 (歳)	5	5	50	50	85	100	—	85	100	—
30〜49 (歳)	5	5	50	50	85	100	—	85	100	—
50〜64 (歳)	6	5	50	50	85	100	—	85	100	—
65〜74 (歳)	6	5	50	50	80	100	—	80	100	—
75 以上 (歳)	6	5	50	50	80	100	—	80	100	—
妊 婦		5		50				+ 10	+ 10	—
授乳婦		6		50				+ 40	+ 45	—

[1] L-アスコルビン酸 (分子量 = 176.12) の重量で示した.
特記事項：推定平均必要量は, ビタミン C の欠乏症である壊血病を予防するに足る最小量からではなく, 心臓血管系の疾病予防効果及び抗酸化作用の観点から算定.

●表 11　ミネラルの食事摂取基準

(1) ナトリウム，カリウム

年齢等	ナトリウム（mg/日）[（ ）は食塩相当量（g/日）][1]						カリウム（mg/日）			
	男性			女性			男性		女性	
	推定平均必要量	目安量	目標量	推定平均必要量	目安量	目標量	目安量	目標量	目安量	目標量
0～5（月）	—	100（0.3）	—	—	100（0.3）	—	400	—	400	—
6～11（月）	—	600（1.5）	—	—	600（1.5）	—	700	—	700	—
1～2（歳）	—	—	(3.0 未満)	—	—	(3.0 未満)	900	—	900	—
3～5（歳）	—	—	(3.5 未満)	—	—	(3.5 未満)	1,000	1,400 以上	1,000	1,400 以上
6～7（歳）	—	—	(4.5 未満)	—	—	(4.5 未満)	1,300	1,800 以上	1,200	1,800 以上
8～9（歳）	—	—	(5.0 未満)	—	—	(5.0 未満)	1,500	2,000 以上	1,500	2,000 以上
10～11（歳）	—	—	(6.0 未満)	—	—	(6.0 未満)	1,800	2,200 以上	1,800	2,000 以上
12～14（歳）	—	—	(7.0 未満)	—	—	(6.5 未満)	2,300	2,400 以上	1,900	2,400 以上
15～17（歳）	—	—	(7.5 未満)	—	—	(6.5 未満)	2,700	3,000 以上	2,000	2,600 以上
18～29（歳）	600（1.5）	—	(7.5 未満)	600（1.5）	—	(6.5 未満)	2,500	3,000 以上	2,000	2,600 以上
30～49（歳）	600（1.5）	—	(7.5 未満)	600（1.5）	—	(6.5 未満)	2,500	3,000 以上	2,000	2,600 以上
50～64（歳）	600（1.5）	—	(7.5 未満)	600（1.5）	—	(6.5 未満)	2,500	3,000 以上	2,000	2,600 以上
65～74（歳）	600（1.5）	—	(7.5 未満)	600（1.5）	—	(6.5 未満)	2,500	3,000 以上	2,000	2,600 以上
75 以上（歳）	600（1.5）	—	(7.5 未満)	600（1.5）	—	(6.5 未満)	2,500	3,000 以上	2,000	2,600 以上
妊　婦				600（1.5）	—	(6.5 未満)			2,000	2,600 以上
授乳婦				600（1.5）	—	(6.5 未満)			2,200	2,600 以上

[1] 高血圧及び慢性腎臓病（CKD）の重症化予防のための食塩相当量の量は，男女とも 6.0 g/日未満とした．

(2) カルシウム，マグネシウム

年齢等	カルシウム（mg/日）								マグネシウム（mg/日）							
	男性				女性				男性				女性			
	推定平均必要量	推奨量	目安量	耐容上限量	推定平均必要量	推奨量	目安量	耐容上限量	推定平均必要量	推奨量	目安量	耐容上限量[1]	推定平均必要量	推奨量	目安量	耐容上限量[1]
0～5（月）	—	—	200	—	—	—	200	—	—	—	20	—	—	—	20	—
6～11（月）	—	—	250	—	—	—	250	—	—	—	60	—	—	—	60	—
1～2（歳）	350	450	—	—	350	400	—	—	60	70	—	—	60	70	—	—
3～5（歳）	500	600	—	—	450	550	—	—	80	100	—	—	80	100	—	—
6～7（歳）	500	600	—	—	450	550	—	—	110	130	—	—	110	130	—	—
8～9（歳）	550	650	—	—	600	750	—	—	140	170	—	—	140	160	—	—
10～11（歳）	600	700	—	—	600	750	—	—	180	210	—	—	180	220	—	—
12～14（歳）	850	1,000	—	—	700	800	—	—	250	290	—	—	240	290	—	—
15～17（歳）	650	800	—	—	550	650	—	—	300	360	—	—	260	310	—	—
18～29（歳）	650	800	—	2,500	550	650	—	2,500	280	340	—	—	230	270	—	—
30～49（歳）	600	750	—	2,500	550	650	—	2,500	310	370	—	—	240	290	—	—
50～64（歳）	600	750	—	2,500	550	650	—	2,500	310	370	—	—	240	290	—	—
65～74（歳）	600	750	—	2,500	550	650	—	2,500	290	350	—	—	230	280	—	—
75 以上（歳）	600	700	—	2,500	500	600	—	2,500	270	320	—	—	220	260	—	—
妊　婦（付加量）					＋0	＋0	—	—					＋30	＋40	—	—
授乳婦（付加量）					＋0	＋0	—	—					＋0	＋0	—	—

[1] 通常の食品以外からの摂取量の耐容上限量は，成人の場合 350 mg/日，小児では 5 mg/kg 体重/日とした．それ以外の通常の食品からの摂取の場合，耐容上限量は設定しない．

(3) リン，鉄

年齢等	リン（mg/日）男性 目安量	耐容上限量	女性 目安量	耐容上限量	鉄（mg/日）男性 推定平均必要量	推奨量	目安量	耐容上限量	女性 月経なし 推定平均必要量	推奨量	月経あり 推定平均必要量	推奨量	目安量	耐容上限量
0～5（月）	120	—	120	—	—	—	0.5	—	—	—	—	—	0.5	—
6～11（月）	260	—	260	—	3.5	5.0	—	—	3.5	4.5	—	—	—	—
1～2（歳）	500	—	500	—	3.0	4.5	—	25	3.0	4.5	—	—	—	20
3～5（歳）	700	—	700	—	4.0	5.5	—	25	4.0	5.5	—	—	—	25
6～7（歳）	900	—	800	—	5.0	5.5	—	30	4.5	5.5	—	—	—	30
8～9（歳）	1,000	—	1,000	—	6.0	7.0	—	35	6.0	7.5	—	—	—	35
10～11（歳）	1,100	—	1,000	—	7.0	8.5	—	35	7.0	8.5	10.0	12.0	—	35
12～14（歳）	1,200	—	1,000	—	8.0	10.0	—	40	7.0	8.5	10.0	12.0	—	40
15～17（歳）	1,200	—	900	—	8.0	10.0	—	50	5.5	7.0	8.5	10.5	—	40
18～29（歳）	1,000	3,000	800	3,000	6.5	7.5	—	50	5.5	6.5	8.5	10.5	—	40
30～49（歳）	1,000	3,000	800	3,000	6.5	7.5	—	50	5.5	6.5	9.0	10.5	—	40
50～64（歳）	1,000	3,000	800	3,000	6.5	7.5	—	50	5.5	6.5	9.0	11.0	—	40
65～74（歳）	1,000	3,000	800	3,000	6.0	7.5	—	50	5.0	6.0	—	—	—	40
75 以上（歳）	1,000	3,000	800	3,000	6.0	7.0	—	50	5.0	6.0	—	—	—	40
妊婦　初期			800	—					+ 2.0[1]	+ 2.5[1]	—	—	—	—
中期・後期			800	—					+ 8.0[1]	+ 9.5[1]	—	—	—	—
授乳婦			800	—					+ 2.0[1]	+ 2.5[1]	—	—	—	—

[1] 鉄は付加量.

(4) 亜鉛，銅

年齢	亜鉛（mg/日）男性 推定平均必要量	推奨量	目安量	耐容上限量	女性 推定平均必要量	推奨量	目安量	耐容上限量	銅（mg/日）男性 推定平均必要量	推奨量	目安量	耐容上限量	女性 推定平均必要量	推奨量	目安量	耐容上限量
0～5（月）	—	—	2	—	—	—	2	—	—	—	0.3	—	—	—	0.3	—
6～11（月）	—	—	3	—	—	—	3	—	—	—	0.3	—	—	—	0.3	—
1～2（歳）	3	3	—	—	2	3	—	—	0.3	0.3	—	—	0.2	0.3	—	—
3～5（歳）	3	4	—	—	3	3	—	—	0.3	0.4	—	—	0.3	0.3	—	—
6～7（歳）	4	5	—	—	3	4	—	—	0.4	0.4	—	—	0.4	0.4	—	—
8～9（歳）	5	6	—	—	4	5	—	—	0.4	0.5	—	—	0.4	0.5	—	—
10～11（歳）	6	7	—	—	5	6	—	—	0.5	0.6	—	—	0.5	0.6	—	—
12～14（歳）	9	10	—	—	7	8	—	—	0.7	0.8	—	—	0.6	0.8	—	—
15～17（歳）	10	12	—	—	7	8	—	—	0.8	0.9	—	—	0.6	0.7	—	—
18～29（歳）	9	11	—	40	7	8	—	35	0.7	0.9	—	7	0.6	0.7	—	7
30～49（歳）	9	11	—	45	7	8	—	35	0.7	0.9	—	7	0.6	0.7	—	7
50～64（歳）	9	11	—	45	7	8	—	35	0.7	0.9	—	7	0.6	0.7	—	7
65～74（歳）	9	11	—	40	7	8	—	35	0.7	0.9	—	7	0.6	0.7	—	7
75 以上（歳）	9	10	—	40	6	8	—	30	0.7	0.8	—	7	0.6	0.7	—	7
妊婦（付加量）					+ 1	+ 2	—	—					+ 0.1	+ 0.1	—	—
授乳婦（付加量）					+ 3	+ 4	—	—					+ 0.5	+ 0.6	—	—

(5) ヨウ素，セレン

年齢	ヨウ素 (μg/日) 男性 推定平均必要量	推奨量	目安量	耐容上限量	女性 推定平均必要量	推奨量	目安量	耐容上限量	セレン (μg/日) 男性 推定平均必要量	推奨量	目安量	耐容上限量	女性 推定平均必要量	推奨量	目安量	耐容上限量
0〜5 （月）	—	—	100	250	—	—	100	250	—	—	15	—	—	—	15	—
6〜11 （月）	—	—	130	250	—	—	130	250	—	—	15	—	—	—	15	—
1〜2 （歳）	35	50	—	300	35	50	—	300	10	10	—	100	10	10	—	100
3〜5 （歳）	45	60	—	400	45	60	—	400	10	15	—	100	10	10	—	100
6〜7 （歳）	55	75	—	550	55	75	—	550	15	15	—	150	15	15	—	150
8〜9 （歳）	65	90	—	700	65	90	—	700	15	20	—	200	15	20	—	200
10〜11 （歳）	80	110	—	900	80	110	—	900	20	25	—	250	20	25	—	250
12〜14 （歳）	95	140	—	2,000	95	140	—	2,000	25	30	—	350	25	30	—	300
15〜17 （歳）	100	140	—	3,000	100	140	—	3,000	30	35	—	400	20	25	—	350
18〜29 （歳）	95	130	—	3,000	95	130	—	3,000	25	30	—	450	20	25	—	350
30〜49 （歳）	95	130	—	3,000	95	130	—	3,000	25	30	—	450	20	25	—	350
50〜64 （歳）	95	130	—	3,000	95	130	—	3,000	25	30	—	450	20	25	—	350
65〜74 （歳）	95	130	—	3,000	95	130	—	3,000	25	30	—	450	20	25	—	350
75 以上 （歳）	95	130	—	3,000	95	130	—	3,000	25	30	—	400	20	25	—	350
妊　婦（付加量）					＋ 75	＋ 110	—	—[1]					＋ 5	＋ 5	—	—
授乳婦（付加量）					＋ 100	＋ 140	—	—[1]					＋ 15	＋ 20	—	—

[1] 妊婦及び授乳婦の耐容上限量は 2,000 μg/日とした.

(6) クロム，マンガン，モリブデン

年齢等	クロム (μg/日) 男性 目安量	耐容上限量	女性 目安量	耐容上限量	マンガン (mg/日) 男性 目安量	耐容上限量	女性 目安量	耐容上限量	モリブデン (μg/日) 男性 推定平均必要量	推奨量	目安量	耐容上限量	女性 推定平均必要量	推奨量	目安量	耐容上限量
0〜5 （月）	0.8	—	0.8	—	0.01	—	0.01	—	—	—	2	—	—	—	2	—
6〜11 （月）	1.0	—	1.0	—	0.5	—	0.5	—	—	—	5	—	—	—	5	—
1〜2 （歳）	—	—	—	—	1.5	—	1.5	—	10	10	—	—	10	10	—	—
3〜5 （歳）	—	—	—	—	1.5	—	1.5	—	10	10	—	—	10	10	—	—
6〜7 （歳）	—	—	—	—	2.0	—	2.0	—	10	15	—	—	10	15	—	—
8〜9 （歳）	—	—	—	—	2.5	—	2.5	—	15	20	—	—	15	20	—	—
10〜11 （歳）	—	—	—	—	3.0	—	3.0	—	15	20	—	—	15	20	—	—
12〜14 （歳）	—	—	—	—	4.0	—	4.0	—	20	25	—	—	20	25	—	—
15〜17 （歳）	—	—	—	—	4.5	—	3.5	—	25	30	—	—	20	25	—	—
18〜29 （歳）	10	500	10	500	4.0	11	3.5	11	20	30	—	600	20	25	—	500
30〜49 （歳）	10	500	10	500	4.0	11	3.5	11	25	30	—	600	20	25	—	500
50〜64 （歳）	10	500	10	500	4.0	11	3.5	11	25	30	—	600	20	25	—	500
65〜74 （歳）	10	500	10	500	4.0	11	3.5	11	20	30	—	600	20	25	—	500
75 以上 （歳）	10	500	10	500	4.0	11	3.5	11	20	25	—	600	20	25	—	500
妊　婦			10	—			3.5	—					＋ 0[1]	＋ 0[1]	—	—
授乳婦			10	—			3.5	—					＋ 3[1]	＋ 3[1]	—	—

[1] モリブデンは付加量.

付録 2 参考資料

●表 1 「健康づくりのための身体活動基準 2013」における身体活動の分類例

メッツ	生活活動の例	運動の例
3メッツ以下	立位（会話，電話，読書），皿洗い，ゆっくりした歩行（散歩または家の中），料理や食材の準備（立位，座位），洗濯，洗車，ガーデニング，動物の世話，ピアノの演奏，子ども・動物と遊ぶ（座位，立位，軽度）	ストレッチング，全身を使ったテレビゲーム（バランス運動，ヨガ），ヨガ，ビリヤード，座って行うラジオ体操
3メッツ以上	普通歩行・速歩，片付け，子どもの世話（立位），大工仕事，ギター演奏（立位），掃除機かけ，配線工事，身体の動きを伴うスポーツ観戦，自転車に乗る，モップがけ，床磨き，風呂掃除，庭の草むしり，子ども・動物と遊ぶ，車椅子を押す，釣り，スクーター（原付）・オートバイの運転，階段の上り下り，高齢者や障がい者の介護，農作業，雪かき，運搬（重い荷物）	ボウリング，バレーボール，社交ダンス，ピラティス，太極拳，自転車エルゴメーター，筋力トレーニング（軽・中等度），体操（軽・中等度），ゴルフ，カヌー，全身を使ったテレビゲーム（スポーツ・ダンス），卓球，パワーヨガ，ラジオ体操，速歩，テニス（試合），水泳，野球，ソフトボール，サーフィン，バレエ，スキー，バドミントン，ジョギング，ウェイトトレーニング，バスケットボール，山を登る，サッカー，スキー，スケート，ハンドボール（試合），エアロビクス，サイクリング，ランニング，ラグビー（試合），武道・武術（柔道，空手など）

●図 1 内分泌組織の模式図

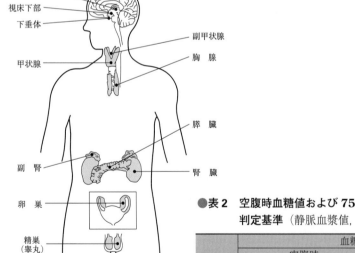

松果体
視床下部
下垂体
副甲状腺
胸 腺
甲状腺
膵 臓
副 腎
腎 臓
卵 巣
精巣（睾丸）

●表 2 空腹時血糖値および 75 g 経口糖負荷試験（OGTT）2 時間値の判定基準（静脈血漿値，mg/dL）

	血糖測定時間		判定区分
	空腹時	負荷後 2 時間	
血糖値	126 mg/dL または 20 mg/dL 以上		糖尿病型
	糖尿病型にも正常型にも属さないもの		境界型
	110 mg/dL 未満 および 140 mg/dL 未満		正常型

注1）空腹時血糖異常は空腹時血糖値 110〜125 mg/dL で，2 時間値を測定した場合には 140 mg/dL 未満の群を示す（WHO）．ただし ADA（米国糖尿病学会）では空腹時血糖値 100〜125 mg/dL として，空腹時血糖値のみで判定している．

注2）空腹時血糖値が 100〜109 mg/dL は正常域ではあるが，「正常高値」とする．この集団は糖尿病への移行や OGTT（ブドウ糖負荷試験）時の耐糖能障害の程度からみて多様な集団であるため，OGTT を行うことが勧められる．

注3）空腹時血糖異常は WHO の糖尿病診断基準に取り入れられた分類で，空腹時血糖値 126 mg/dL 未満，75 gOGTT 2 時間値 140〜199 mg/dL の群を示す．

[日本糖尿病学会編：糖尿病治療ガイド 2016-2017，文光堂，2016]

●表3　児童福祉施設における「食事摂取基準」を活用した食事計画について

（2020（令和2）年3月31日，子母発0331第1号）

1　児童福祉施設における「食事摂取基準」を活用した食事計画の基本的考え方

(1)「食事摂取基準」は，エネルギーについて，成人においては「ボディ・マス・インデックス（BMI）」，参考として「推定エネルギー必要量」，栄養素については「推定平均必要量」「推奨量」「目安量」「耐容上限量」「目標量」といった複数の設定指標により構成されていることから，各栄養素及び指標の特徴を十分理解して活用すること．

(2)「食事摂取基準」は，健康な個人及び集団を対象とし，国民の健康の保持・増進，生活習慣病の予防を目的とし，エネルギー及び各栄養素の摂取量の基準を示すものである．よって，児童福祉施設において，障害や疾患を有するなど身体状況や生活状況等が個人によって著しく異なる場合には，一律の適用が困難であることから，個々人の発育・発達状況，栄養状態，生活状況等に基づいた食事計画を立てること．

(3) 子どもの健康状態及び栄養状態に応じて，必要な栄養素について考慮すること．子どもの健康状態及び栄養状態に特に問題がないと判断される場合であっても，基本的にエネルギー，たんぱく質，脂質，ビタミンA，ビタミンB₁，ビタミンB₂，ビタミンC，カルシウム，鉄，ナトリウム（食塩），カリウム及び食物繊維について考慮するのが望ましい．

(4) 食事計画を目的として「食事摂取基準」を活用する場合には，集団特性を把握し，それに見合った食事計画を決定した上で，献立の作成及び品質管理を行った食事の提供を行い，一定期間ごとに摂取量調査や対象者特性の再調査を行い，得られた情報等を活かして食事計画の見直しに努めること．その際，管理栄養士等による適切な活用を図ること．

2　児童福祉施設における「食事摂取基準」を活用した食事計画の策定に当たっての留意点

(1) 子どもの性，年齢，発育・発達状況，栄養状態，生活状況等を把握・評価し，提供することが適当なエネルギー及び栄養素の量（以下「給与栄養量」という．）の目標を設定するよう努めること．なお，給与栄養量の目標は，子どもの発育・発達状況，栄養状態等の状況を踏まえ，定期的に見直すように努めること．

(2) エネルギー摂取量の計画に当たっては，参考として示される推定エネルギー必要量を用いても差し支えないが，健全な発育・発達を促すために必要なエネルギー量を摂取することが基本となることから，定期的に身長及び体重を計測し，成長曲線に照らし合わせるなど，個々人の成長の程度を観察し，評価すること．

(3) たんぱく質，脂質，炭水化物の総エネルギーに占める割合（エネルギー産生栄養素バランス）については，三大栄養素が適正な割合によって構成されることが求められることから，たんぱく質については13％～20％，脂質については20％～30％，炭水化物については50％～65％の範囲を目安とすること．

(4) 1日のうち特定の食事（例えば昼食）を提供する場合は，対象となる子どもの生活状況や栄養摂取状況を把握，評価した上で，1日全体の食事に占める特定の食事から摂取することが適当とされる給与栄養量の割合を勘案し，その目標を設定するよう努めること．

(5) 給与栄養量が確保できるように，献立作成を行うこと．

(6) 献立作成に当たっては，季節感や地域性等を考慮し，品質が良く，幅広い種類の食品を取り入れるように努めること．また，子どもの咀嚼そしゃくや嚥下えんげ機能，食具使用の発達状況等を観察し，その発達を促すことができるよう，食品の種類や調理方法に配慮するとともに，子どもの食に関する嗜好や体験が広がりかつ深まるよう，多様な食品や料理の組み合わせにも配慮すること．また，特に，小規模グループケアやグループホーム化を実施している児童養護施設や乳児院においては留意すること．

3　児童福祉施設における食事計画の実施上の留意点

(1) 子どもの健全な発育・発達を目指し，子どもの身体活動等を含めた生活状況や，子どもの栄養状態，摂食量，残食量等の把握により，給与栄養量の目標の達成度を評価し，その後の食事計画の改善に努めること．

(2) 献立作成，調理，盛りつけ・配膳，喫食等各場面を通して関係する職員が多岐にわたることから，定期的に施設長を含む関係職員による情報の共有を図り，食事の計画・評価を行うこと．

(3) 日々提供される食事が子どもの心身の健全育成にとって重要であることに鑑み，施設や子どもの特性に応じて，将来を見据えた食を通じた自立支援にもつながる「食育」の実践に努めること．

(4) 食事の提供に係る業務が衛生的かつ安全に行われるよう，食事の提供に関係する職員の健康診断及び定期検便，食品の衛生的取扱い並びに消毒等保健衛生に万全を期し，食中毒や感染症の発生防止に努めること．

●表4　保育所における給与栄養目標量の例

I　1〜2歳児の給与栄養目標量

	エネルギー(kcal)	たんぱく質(g)	脂質(g)	カルシウム(mg)	鉄(mg)	ビタミンA(μgRAE)	ビタミンB₁(mg)	ビタミンB₂(mg)	ビタミンC(mg)	食塩相当量(g)	食物繊維(g)
1日当たり食事摂取基準量(A)	950	31〜47(13〜20%)	21〜31(20〜30%)	450	4.5	400	0.5	0.6	40	3.0	7
1日に対する保育所の比率(B%)	50%	50%	50%	50%	50%	50%	50%	50%	50%	50%	50%
C=A×B/100	475	15.5〜23.5	10.5〜15.5	225	2.3	200	0.25	0.3	20	1.5	3.5
保育所における給与栄養目標量	475	16〜23	11〜15	225	2.3	200	0.25	0.3	20	1.5未満	3.5

○1〜2歳児の保育施設における給与栄養目標量は，昼食および午前・午後のおやつで，1日にとることが望ましいと考える量のうちの50%を給与する．
○たんぱく質および脂質については，エネルギー比率（%）として幅をもたせる．
○延長保育に伴うおやつの給与量については，1日の食事摂取基準量の10%程度を目安とする（1〜2歳児…95 kcal）．

II　3〜5歳児の給与栄養目標量

	エネルギー(kcal)	たんぱく質(g)	脂質(g)	カルシウム(mg)	鉄(mg)	ビタミンA(μgRAE)	ビタミンB₁(mg)	ビタミンB₂(mg)	ビタミンC(mg)	食塩相当量(g)	食物繊維(g)
1日当たり食事摂取基準量(A)	1300	42〜65(13〜20%)	29〜43(20〜30%)	600	5.5	500	0.7	0.8	50	3.5	8
1日に対する保育所の比率(B%)	50%	50%	50%	50%	50%	50%	50%	50%	50%	50%	50%
保育所における主食を含んだ給与栄養目標量(C=A×B/100)	650	21〜32.5	14.5〜21.5	300	2.8	250	0.35	0.4	25	1.8	4
家庭から持参する米飯110gの栄養量(D)	184	2.8	0.3	3	0.1	0	0.02	0.01	0	0.0	0.3
E=C−D	466	18.2〜29.7	14.2〜21.2	297	2.7	250	0.33	0.39	25	1.8	3.7
保育所における給与栄養目標量(C=A×B/100)	465	19〜29	15〜21	295	2.7	250	0.33	0.39	25	1.9未満	3.7

○3〜5歳児の施設における給与栄養目標量は，昼食（主食は持参）および午後のおやつで，1日にとることが望ましいと考える量のうち50%を給与する．
○たんぱく質および脂質については，エネルギー比率（%）として幅をもたせる．
○延長保育に伴うおやつの給与量については，1日の食事摂取基準量の10%程度を目安とする（3〜5歳児…130 kcal）．
①昼食は1日の食事摂取基準量の1/3，間食は10〜20%とし，合わせて50%とする．
②エネルギー：1〜2歳，3〜5歳男児の値（最大値）
③たんぱく質：エネルギー比率13〜20%未満の範囲内で設定
④脂質：エネルギー比率20〜30%未満の範囲内で設定
⑤ビタミン：ビタミンA・ビタミンB₁・ビタミンB₂・ビタミンCは推奨量の最大値
⑥ミネラル：カルシウム，鉄は男児の推奨量（最大値）
⑦食物繊維：3〜5歳は目標量．1〜2歳は前回までの目標量の考え方を継続（1,000 kcalあたり7〜8g）
⑧基準範囲内で数値を設定するが，3〜5歳の塩分量については，段階的に近づける．
[資料：旭川市]

● 1　栄養ケア・マジメント

[2018-84] **栄養ケア・マネジメントに関する記述である．正しいのはどれか．1つ選べ．**
(1) 栄養スクリーニングは，侵襲性が高い．
(2) 栄養アセスメントは，栄養状態を評価・判定する．
(3) 栄養診断は，疾病を診断する．
(4) 栄養ケア計画の目標設定には，優先順位をつけない．
(5) モニタリングは，最終的な評価である．

[2018-85] **静的栄養アセスメントの指標である．正しいのはどれか．1つ選べ．**
(1) 血清トランスサイレチン値
(2) 血清トランスフェリン値
(3) 血清総コレステロール値
(4) 血清レチノール結合たんぱく質値
(5) フィッシャー比

[2019-84] **動的栄養アセスメントの指標である．正しいのはどれか．1つ選べ．**
(1) BMI（kg/m^2）
(2) 上腕三頭筋部皮下脂肪厚
(3) 血清トランスフェリン値
(4) クレアチニン身長係数
(5) 遅延型皮膚過敏反応

[2020-82] **栄養アセスメントに用いる，半減期が約20日の血液成分である．最も適当なのはどれか．1つ選べ．**
(1) レチノール結合たんぱく質
(2) トランスサイレチン
(3) トランスフェリン
(4) アルブミン
(5) ヘモグロビン

[2020-83] **栄養アセスメントに関する記述である．最も適当なのはどれか．1つ選べ．**
(1) 食事記録法による食事調査では，肥満度が高い者ほど過大申告しやすい．
(2) 内臓脂肪面積は，肩甲骨下部皮下脂肪厚で評価する．
(3) 上腕筋面積は，体重と上腕三頭筋皮下脂肪厚で算出する．
(4) 尿中クレアチニン排泄量は，筋肉量を反映する．
(5) 窒素出納が負の時は，体たんぱく質量が増加している．

● 2　食事摂取基準の基礎的理解

[2018-86] **日本人の食事摂取基準（2020年版）において，65歳以上で目標とするBMI（kg/m^2）の範囲である．正しいのはどれか．1つ選べ．〈改変〉**
(1) 18.5〜22.0
(2) 18.5〜24.9
(3) 20.0〜22.0
(4) 20.0〜24.9
(5) 21.5〜24.9

[2018-87] **日本人の食事摂取基準（2020年版）における，ビタミンの耐容上限量（UL）に関する記述である．正しいのはどれか．1つ選べ．〈改変〉**
(1) ビタミンAでは，カロテノイドを含む．

(2) ビタミンEでは，α-トコフェロール以外のビタミンEを含む．
(3) ナイアシンでは，ナイアシン当量としての量で設定されている．
(4) ビタミンB$_6$では，食事性ビタミンB$_6$としての量で設定されている．
(5) 葉酸では，プテロイルモノグルタミン酸としての量で設定されている．

[2019-85] **日本人の食事摂取基準（2020年版）において，1歳以上で推奨量（RDA）が設定されている栄養素である．正しいのはどれか．1つ選べ．〈改変〉**
(1) n-3系脂肪酸
(2) 炭水化物
(3) ビタミンD
(4) ビタミンB$_1$
(5) カリウム

[2019-86] **日本人の食事摂取基準（2020年版）における策定の基本的事項に関する記述である．正しいのはどれか．1つ選べ．〈改変〉**
(1) 摂取源には，サプリメントは含まれない．
(2) 参照体位は，望ましい体位を示している．
(3) BMI（kg/m^2）は，18歳以上のエネルギー収支バランスの指標である．
(4) 高齢者の年齢区分は，70歳以上である．
(5) 目安量（AI）は，生活習慣病の予防を目的とした指標である．

[2019-87] **日本人の食事摂取基準（2020年版）の小児に関する記述である．正しいのはどれか．1つ選べ．〈改変〉**
(1) 1歳児の基礎代謝基準値は，4歳児より低い．
(2) 身体活動レベル（PAL）は，2区分である．
(3) 炭水化物の目標量（DG）は，成人に比べ高い．
(4) 脂質の目標量（DG）は，男女で異なる．
(5) 鉄の推定平均必要量（EAR）は，要因加算法で算出した．

[2020-84] **日本人の食事摂取基準（2020年版）における策定の基本的事項に関する記述である．正しいのはどれか．1つ選べ．〈改変〉**
(1) 対象者に，生活習慣病のリスクを有する者は含まれない．
(2) 対象とする摂取源に，ドリンク剤は含まれない．
(3) 示された数値の信頼度は，栄養素間で差はない．
(4) 望ましい摂取量は，個人間で差はない．
(5) エネルギー収支バランスの指標に，成人ではBMI（kg/m^2）を用いる．

[2020-85] **日本人の食事摂取基準（2020年版）と日本食品標準成分表2015年版（七訂）で，定義（対象とする化学物質の範囲）が異なる栄養素である．正しいのはどれか．1つ選べ．〈改変〉**
(1) ビタミンA
(2) ビタミンD
(3) ビタミンE
(4) ビタミンK

(5) ビタミンC

[2020-86] **日本人の食事摂取基準（2020年版）における，成人の推定平均必要量（EAR）の策定根拠に関する記述である．正しいのはどれか．1つ選べ．〈改変〉**
(1) ビタミン B_1 は，尿中にビタミン B_1 の排泄量が増大し始める摂取量から算定された．
(2) ナイアシンは，尿中にナイアシン代謝産物の排泄量が増大し始める摂取量から算定された．
(3) ビタミンCは，壊血病を予防できる摂取量から算定された．
(4) カルシウムは，骨粗鬆症を予防できる摂取量から算定された．
(5) 鉄は，出納試験で平衡状態を維持できる摂取量から算定された．

●**3　成長・発達・加齢**

[2018-88] **成長・発達に伴う変化に関する記述である．正しいのはどれか．1つ選べ．**
(1) 頭囲と胸囲が同じになるのは4歳頃である．
(2) 体重1kg当たりの摂取水分量は，成人期より幼児期の方が多い．
(3) カウプ指数による肥満判定基準は，年齢に関わらず一定である．
(4) 乳幼児身体発育曲線における50パーセンタイル値は，平均値を示している．
(5) 微細運動の発達は，粗大運動の発達に先行する．

[2019-88] **成長・発達・加齢に伴う変化に関する記述である．正しいのはどれか．1つ選べ．**
(1) 体水分量に占める細胞外液の割合は，新生児期より成人期の方が大きい．
(2) 胸腺重量は，成人期に最大となる．
(3) 糸球体濾過量は，成人期より高齢期の方が大きい．
(4) 塩味の閾値は，成人期より高齢期の方が高い．
(5) 唾液分泌量は，成人期より高齢期の方が多い．

[2020-87] **成長・発達に関する記述である．最も適当なのはどれか．1つ選べ．**
(1) 精神機能の変化の過程を，成長という．
(2) 身長が伸びる過程を，発達という．
(3) 臓器発育は，一定の速度で進む．
(4) 身長が急激に伸びる時期は，成人までに2回存在する．
(5) 体重1kg当たりの体水分量は，新生児期より学童期で多い．

●**4　妊娠期，授乳期**

[2018-89] **母乳に関する記述である．正しいのはどれか．1つ選べ．**
(1) 乳糖は，成熟乳より初乳に多く含まれる．
(2) ラクトフェリンは，初乳より成熟乳に多く含まれる．
(3) 吸啜刺激は，プロラクチンの分泌を抑制する．
(4) 母乳の脂肪酸組成は，母親の食事内容の影響を受ける．
(5) 母親の摂取したアルコールは，母乳に移行しない．

[2018-90] **妊娠期の糖代謝異常に関する記述である．誤っているのはどれか．1つ選べ．**
(1) 妊娠糖尿病とは，妊娠中に発症した明らかな糖尿病のことをいう．
(2) 妊娠糖尿病の診断基準は，非妊娠時の糖尿病の診断基準とは異なる．
(3) 妊娠糖尿病では，巨大児を出産する可能性が高い．
(4) 肥満は，妊娠糖尿病発症のリスク因子である．
(5) 糖尿病合併妊娠では，インスリン療法を行う．

[2019-89] **妊娠期の身体的変化に関する記述である．正しいの**はどれか．1つ選べ．
(1) 体重は，一定の割合で増加する．
(2) 基礎代謝量は，増加する．
(3) 循環血液量は，減少する．
(4) ヘモグロビン濃度は，上昇する．
(5) インスリン感受性は，高まる．

[2019-90] **日本人の食事摂取基準（2020年版）において，授乳婦に付加量が設定されている栄養素である．誤っているのはどれか．1つ選べ．〈改変〉**
(1) たんぱく質
(2) ビタミンA
(3) 葉酸
(4) カルシウム
(5) 鉄

[2019-91] **牛乳より母乳に多く含まれる成分である．正しいのはどれか．1つ選べ．**
(1) たんぱく質
(2) 飽和脂肪酸
(3) 乳糖
(4) カルシウム
(5) リン

[2020-88] **妊娠期の生理的変化に関する記述である．最も適当なのはどれか．1つ選べ．**
(1) インスリン抵抗性は，低下する．
(2) 腸管のカルシウム吸収率は，低下する．
(3) 血清アルブミン値は，低下する．
(4) 循環血液量は，減少する．
(5) 血清トリグリセリド値は，低下する．

[2020-89] **妊娠期の栄養に関する記述である．最も適当なのはどれか．1つ選べ．**
(1) 胎児の神経管閉鎖障害の発症リスクを低減させるために，妊娠前からビタミンCを付加的に摂取する．
(2) 妊娠悪阻は，ウェルニッケ脳症の原因になる．
(3) β-カロテンの大量摂取は，胎児奇形をもたらす．
(4) 妊娠中の低体重は，産後の乳汁産生不足の原因にならない．
(5) 鉄の需要は，妊娠初期に比べ後期に低下する．

●**5　新生児期，乳児期**

[2018-91] **離乳の進め方に関する記述である．正しいのはどれか．1つ選べ．**
(1) 哺乳反射が活発になってきたら，離乳食を開始する．
(2) 離乳を開始して1か月を過ぎた頃から，離乳食は1日3回にする．
(3) 歯ぐきでつぶせる固さのものを与えるのは，生後9か月頃からである．
(4) はちみつは，生後9か月頃より与えてよい．
(5) 卵は，卵白から全卵へ進めていく．

[2018-92] **新生児期・乳児期の栄養に関する記述である．正しいのはどれか．1つ選べ．**
(1) 頭蓋内出血の予防として，ビタミンAを投与する．
(2) 母乳性黄疸が出現した場合には，母親のカロテン摂取量を制限する．
(3) 乳糖不耐症では，乳糖強化食品を補う．
(4) ビタミンDの欠乏により，くる病が起こる．
(5) フェニルケトン尿症では，フェニルアラニンを増量したミルクを用いる．

[2019-92] **離乳の進め方に関する記述である．正しいのはどれか．1つ選べ．**
(1) 離乳の開始前に，果汁を与えることが必要である．

(2) 離乳の開始とは，なめらかにすりつぶした食物を初めて与えた時をいう．
(3) 離乳の開始後ほぼ1か月間は，離乳食を1日2回与える．
(4) 調味料は，離乳食の開始時から必要である．
(5) 母乳は，離乳の開始後与えないようにする．

[2020-90] **新生児期・乳児期の生理的特徴に関する記述である．最も適当なのはどれか．1つ選べ．**
(1) 生理的体重減少は，生後数日で起こる．
(2) 生理的黄疸は，生後1か月頃に出現する．
(3) 第一乳臼歯が生えるのは，生後5か月頃である．
(4) 糸球体濾過量は，生後6か月頃に成人と同程度となる．
(5) 呼吸数は，生後6か月頃に成人と同程度となる．

[2020-91] **離乳の進め方に関する記述である．最も適当なのはどれか．1つ選べ．**
(1) 探索反射が活発になってきたら，離乳食を開始する．
(2) 離乳食を開始したら，母乳をフォローアップミルクに置き換える．
(3) 離乳食開始後1か月頃には，1日3回食にする．
(4) 生後7〜8か月頃（離乳中期）には，舌でつぶせる固さの食事を与える．
(5) 離乳期には，手づかみ食べをさせない．

● 6 成長期
6-1 幼児期
[2018-93] **幼児期の栄養に関する記述である．正しいのはどれか．1つ選べ．**
(1) 基礎代謝基準値（kcal/kg体重/日）は，成人より低い．
(2) 推定エネルギー必要量は，成長に伴うエネルギー蓄積量を含む．
(3) 間食は，幼児の好きなだけ摂取させてよい．
(4) 咀しゃく機能は，1歳頃に完成される．
(5) クワシオルコル（kwashiorkor）では，エネルギー摂取量が不足している．

[2019-93] **幼児期に関する記述である．正しいのはどれか．1つ選べ．**
(1) 1年間の体重増加量は，乳児期より大きい．
(2) 体脂肪率は，乳児期に比べて高くなる．
(3) カウプ指数による肥満判定基準は，男女で異なる．
(4) 貧血の主な原因は，鉄欠乏である．
(5) 間食は，総エネルギー摂取量の約30%とする．

[2020-92] **幼児期，学童期の栄養に関する記述である．最も適当なのはどれか．1つ選べ．**
(1) 1歳半までに，咀嚼機能は完成する．
(2) 幼児期には，間食を好きなだけ摂取させる．
(3) 学童期の基礎代謝基準値（kcal/kg体重/日）は，幼児期より低い．
(4) 学童期の肥満は，成人期の肥満と関連しない．
(5) 学童期のたんぱく質の目標量は，25〜30%Eである．

6-2 思春期
[2018-94] **思春期の女子に関する記述である．正しいのはどれか．1つ選べ．**
(1) 思春期前に比べ，エストロゲンの分泌量は減少する．
(2) 思春期前に比べ，皮下脂肪量は減少する．
(3) 貧血の多くは，巨赤芽球性貧血である．
(4) 急激な体重減少は，月経異常の原因となる．
(5) 神経性やせ症（神経性食欲不振症）の発症頻度は，男子と差はない．

[2019-94] **思春期の男子に関する記述である．正しいのはどれか．1つ選べ．**
(1) 性腺刺激ホルモンの分泌は，思春期前に比べ低下する．

(2) 年間身長増加量が最大となる時期は，女子より早い．
(3) 見かけのカルシウム吸収率は，成人男性より低い．
(4) 1日当たりのカルシウム体内蓄積量は，思春期前半に最大となる．
(5) 鉄欠乏性貧血は，思春期の女子より多い．

● 7 成人期
7-2 閉経期
[2018-95] **更年期の女性に起こる変化である．正しいのはどれか．1つ選べ．**
(1) 血清HDL-コレステロール値の上昇
(2) エストロゲン分泌量の増加
(3) 黄体形成ホルモン（LH）分泌量の増加
(4) 卵胞刺激ホルモン（FSH）分泌量の減少
(5) 骨吸収の抑制

[2020-93] **更年期女性の生理的変化に関する記述である．最も適当なのはどれか．1つ選べ．**
(1) 血中黄体形成ホルモン値は，低下する．
(2) 血中プロゲステロン値は，低下する．
(3) 血中エストロゲン値は，上昇する．
(4) 血中LDLコレステロール値は，低下する．
(5) 骨密度は，上昇する．

● 8 高齢期
[2018-96] **嚥下障害の高齢者に適した調理法に関する記述である．誤っているのはどれか．1つ選べ．**
(1) バナナをつぶす．
(2) きゅうりを刻む．
(3) にんじんを軟らかく煮る．
(4) ジュースをゼリー状に固める．
(5) お茶にとろみをつける．

[2018-97] **高齢者の栄養管理に関する記述である．誤っているのはどれか．1つ選べ．**
(1) ロコモティブシンドロームでは，要介護になるリスクが高い．
(2) サルコペニアでは，筋萎縮がみられる．
(3) フレイルティ（虚弱）の予防では，除脂肪体重を維持する．
(4) 褥瘡の予防では，たんぱく質を制限する．
(5) 誤嚥性肺炎の予防では，口腔ケアを実施する．

[2019-95] **サルコペニアに関する記述である．誤っているのはどれか．1つ選べ．**
(1) 握力は，低下する．
(2) 歩行速度は，保たれる．
(3) 加齢が，原因となる．
(4) 食事の摂取低下が，原因となる．
(5) ベッド上安静が，原因となる．

[2019-96] **成人期と比較して高齢期で低下する項目である．誤っているのはどれか．1つ選べ．**
(1) 基礎代謝量
(2) 体重1kg当たりのたんぱく質必要量
(3) 嚥下機能
(4) 骨密度
(5) 肺活量

[2020-94] **高齢期の生理的変化に関する記述である．最も適当なのはどれか．1つ選べ．**
(1) 細胞内液量に対する細胞外液量の比は，高くなる．
(2) 肺活量は，増加する．
(3) 免疫機能は，亢進する．
(4) 筋たんぱく質代謝は，亢進する．
(5) 胃酸分泌量は，増加する．

[2020-95] **嚥下機能が低下している高齢者において，最も誤嚥しやすいものはどれか．1つ選べ．**
(1) 緑茶
(2) ミルクゼリー
(3) 魚のムース
(4) 野菜ペースト

● **9 運動・スポーツと栄養**

[2019-97] **運動時の身体への影響に関する記述である．正しいのはどれか．1つ選べ．**
(1) 筋肉中の乳酸は，無酸素運動では減少する．
(2) 遊離脂肪酸は，瞬発的運動時の主なエネルギー基質となる．
(3) 瞬発的運動では，速筋線維より遅筋線維が利用される．
(4) 酸素摂取量は，運動強度を高めていくと増加し，その後一定となる．
(5) 消化管の血流量は，激しい運動で増加する．

[2020-96] **健康づくりのための身体活動基準2013に関する記述である．正しいのはどれか．1つ選べ．**
(1) 対象者に，65歳以上は含まれない．
(2) 対象者に，血圧が保健指導レベルの者は含まれない．
(3) 推奨する身体活動の具体的な量は，示されていない．
(4) かなりきついと感じる強度の運動が，推奨されている．
(5) 身体活動の増加で，認知症のリスクは低下する．

● **10 環境と栄養**

[2018-98] **ストレス応答の抵抗期に関する記述である．正しいのはどれか．1つ選べ．**
(1) 交感神経の活動は，低下する．
(2) 糖新生は，亢進する．
(3) 血中遊離脂肪酸値は，低下する．
(4) 血清ビタミンC値は，上昇する．
(5) 尿中カルシウム排泄量は，低下する．

[2018-99] **環境温度と身体機能の変化に関する記述である．正しいのはどれか．1つ選べ．**
(1) 低温環境では，ふるえ熱産生が起こる．
(2) 低温環境では，アドレナリンの分泌が減少する．
(3) 高温環境では，熱産生が増加する．
(4) 高温環境では，皮層血管が収縮する．
(5) 夏季は，冬季に比べ基礎代謝量が増加する．

[2019-98] **ストレス応答の抵抗期に関する記述である．正しいのはどれか．1つ選べ．**
(1) エネルギー代謝は，低下する．
(2) 窒素出納は，負に傾く．
(3) 副腎皮質ホルモンの分泌は，減少する．
(4) ビタミンCの需要は，減少する．
(5) カルシウムの尿中排泄量は，減少する．

[2019-99] **特殊環境と栄養に関する記述である．正しいのはどれか．1つ選べ．**
(1) 外部環境の影響を受けやすいのは，表面温度より中心温度である．
(2) WBGT（湿球黒球温度）が上昇したときは，水分摂取を控える．
(3) 低温環境下では，皮膚の血流量が増加する．
(4) 高圧環境から急激に減圧すると，体内の溶存ガスが気泡化する．
(5) 低圧環境下では，肺胞内酸素分圧が上昇する．

[2020-97] **特殊環境下での生理的変化に関する記述である．最も適当なのはどれか．1つ選べ．**
(1) 高温環境下では，皮膚血管は収縮する．
(2) 低温環境下では，ビタミンB_1の必要量が減少する．
(3) 低温環境下では，血圧は低下する．
(4) 低圧環境下では，動脈血の酸素分圧は低下する．
(5) 無重力環境下では，尿中カルシウム排泄量が減少する．

参 考 文 献

●第1章　[1.1]
1）日本栄養士会監訳：国際標準化のための栄養ケアプロセス用語マニュアル，第一出版，2012.
2）藤岡由美子：栄養ケアプロセスの大学教育における実践—栄養診断における標準用語の選択. 日本栄養士会雑誌，**59**，316-325，2016.
　　[1.2]
1）大熊利忠，金谷節子編：キーワードで分かる臨床栄養，羊土社，2007.
2）多賀昌樹編：臨床栄養学—基礎からわかる，アイ・ケイ・コーポレーション，2019.
3）日本栄養士会監修：栄養管理プロセス，第一出版，2018.
4）日本栄養士会監訳：国際標準化のための栄養ケアプロセス用語マニュアル，第一出版，2012.
5）多賀昌樹ほか：サクセス管理栄養士・栄養士養成講座 応用栄養学（第6版），第一出版，2020.
6）日本糖尿病学会編著：糖尿病治療ガイド 2018-2019，文光堂，2018.

●第2章
1）厚生労働省：日本人の食事摂取基準（2020年版），2019.
2）江上いすずほか：秤量法による中高年男女の栄養素および食品群別摂取量の個人内・個人間変動. 日本公衛誌，**46**(9)，828-837，1999.

●第3章
1）厚生労働省：日本人の食事摂取基準（2010年版），2009.
2）吉川春寿，芦田淳編：総合栄養学事典ハンディ版，同文書院，2002.
3）田中敬子ほか：応用栄養学，朝倉書店，2009.
4）鈴木和春編：応用栄養学，光生館，2006.

●第4〜6章
1）堺　章：目で見るからだのメカニズム，医学書院，2000.
2）Phelps, R. L. et al.: Carbohydrate metabolism in pregnancy. XVII. Diurnal profiles of plasma glucose, insulin, free fatty acids, triglycerides, cholesterol, and individual amino acids in late normal pregnancy. American Journal of Obstetrics & Gynecology, **140**(7), 730-736, 1981.
3）厚生労働省：妊産婦のための食生活指針 妊娠期の至適体重増加チャート，2006.
4）厚生労働省：平成30年人口動態調査.
5）日本高血圧学会：高血圧治療ガイドライン 2019（JSH 2019），ライフサイエンス出版，2019.
6）日本糖尿病学会：糖尿病診療ガイドライン 2019，南江堂，2019.
7）厚生労働省：授乳・離乳の支援ガイド，2019.
8）母子歯科保健指導要領，日本小児歯科雑誌，**26**(1)，1998.
9）厚生労働省：乳幼児身体発育調査報告書，2011.

●第7章
1）日本小児医療保健協議会栄養委員会小児肥満小委員会：幼児肥満ガイド，2019.

●第8章
1）文部科学省：令和元年度学校保健統計調査報告書，2020.

●第9章
1）井上善仁：クリニカルカンファレンス10 女性のライフステージにおける心のケア1 思春期のこころとからだ. 日本産婦人科学会誌，**61**，N397-N402，2009.
2）日本産婦人科学会誌，**33**，7-8；896，1981.
3）日本学校保健会ウェブサイト.
4）MSD ウェブサイト：MSD マニュアル家庭版・プロフェッショナル版.
5）厚生労働省ウェブサイト：平成30年国民健康・栄養調査報告の概要，2020.
6）日本小児内分泌学会ウェブサイト.
7）科学辞典ウェブサイト：アンビバレンス（両価性）.

8) 「日本人の食事摂取基準」策定検討会：日本人の食事摂取基準（2020年版—「日本人の食事摂取基準」策定検討会報告書），厚生労働省，2020.
9) 厚生労働省ウェブサイト：運動基準・運動指針の改定に関する検討会報告書，2013.
10) 文部科学省ウェブサイト：平成27年度全国体力・運動能力，運動習慣等調査の概要.
11) 厚生労働省ウェブサイト：未就学児の睡眠指針. 厚生労働科学研究費補助金 未就学児の睡眠・情報通信機器使用研究班報告，2018.
12) 厚生労働省ウェブサイト：e-ヘルスネット.
13) 文部科学省ウェブサイト：令和元年度学校保健統計（学校保健統計調査報告書），2020.
14) 国立精神・神経医療研究センター精神保健研究所ウェブサイト：摂食障害の診療体制整備に関する研究，2017.
15) 摂食障害全国基幹センターウェブサイト：令和元年度事業報告書.
16) 東京都予防医学協会年報：貧血検査2020年版，pp.49-51，2020.
17) 日本小児心身医学会ウェブサイト.
18) 起立性調節障害サポートグループウェブサイト.
19) 田中英高：起立性調節障害の子どもの正しい理解と対応，中央法規出版，2018.
20) 小児心身医学会ガイドライン集（改訂第2版），南江堂，2019.
21) 精神疾患メンタルヘルスガイドブック，医学書院，2018.
22) 国立教育政策研究所ウェブサイト：平成31年度（令和元年度）全国学力・学習状況調査報告書.
23) 日本スポーツ振興センターウェブサイト：平成22年度児童生徒の食生活実態調査.
24) 医薬品医療機器総合機構ウェブサイト：2019年8月医薬品・医療機器等安全性情報，No.365，2019.
25) 国立精神・神経医療研究センター精神保健研究所ウェブサイト：全国の精神科医療施設における薬物関連性心疾患の実態調査，2018.
26) 麻薬・覚せい剤乱用防止センターウェブサイト.
27) 国立精神・神経医療研究センター精神保健研究所ウェブサイト：飲酒・喫煙・薬物乱用についての全国中学生意識・実態調査，2018.
28) 国立がんセンターウェブサイト：多目的コホート研究（JPHC Study）.
29) 厚生労働科学研究費補助金循環器疾患等生活習慣病対策総合研究事業：小児期のメタボリックシンドロームに対する効果的な介入方法に関する研究 研究報告書，2009.

●第10章
1) 厚生労働省ウェブサイト：平成30年国民健康・栄養調査結果の概要，2020.
2) 日本高血圧学会：高血圧治療ガイドライン2019.
3) 日本動脈硬化学会：動脈硬化性疾患予防のための脂質異常症診療ガイド2018年版.
4) 日本循環器学会：虚血性心疾患の一次予防ガイドライン2012.
5) 国立がん対策情報センターウェブサイト：がん情報サービス.
6) 健康づくりのための身体活動基準2013.
7) 厚生労働省ウェブサイト：標準的な健診・保健指導プログラム（平成30年版）.

●第11章
1) 日本高血圧学会：高血圧治療ガイドライン2019，ライフサイエンス出版，2019.
2) 鈴木隆雄：骨量の自然史と骨粗鬆症，骨折の予防戦略. 日本臨床，**62**(増2)，225-232，2004.
3) 骨粗鬆症の予防と治療ガイドライン作成委員会：骨粗鬆症の予防と治療ガイドライン2015年版，ライフサイエンス出版，2015.
4) 「日本人の食事摂取基準」策定検討会：日本人の食事摂取基準（2020年版—「日本人の食事摂取基準」策定検討会報告書），厚生労働省，2020.

●第12章
1) 長寿科学振興財団ウェブサイト：健康長寿ネット.
2) 日本摂食・嚥下リハビリテーション学会医療検討委員会，日本摂食・嚥下リハビリテーション学会：嚥下調整食分類2013. 日摂食嚥下リハ会誌，**7**(3)，255-267，2013.

●第13章
1) 日本スポーツ栄養学会監修：エッセンシャルスポーツ栄養学，市村出版，2020.
2) 日本体育協会スポーツ医・科学専門委員会監修：アスリートのための栄養食事ガイド第3版，第一出版，2014.
3) 寺田 新：スポーツ栄養学—科学の基礎から「なぜ？」にこたえる，東京大学出版会，2017.
4) 厚生労働省：健康づくりのための身体活動基準2013，2013.
5) 吉村寿人：運動鍛錬時の貧血に関する研究. 体力科学，**8**，167-168，1959.

●第 14 章
[**14.1**]
1）山崎昌廣ほか共著：環境生理学，培風館，2000.
2）金子佳代子ほか編著：管理栄養士講座 改訂 環境・スポーツ栄養学，建帛社，2010.
3）Maurice, E. Shils et al.: Nutrition in Space: Modern Nutrition Health and Disease, 9 th edition, pp. 783-788, Lea & Febiger, 1999.
4）Scott, M. et al.: Nutritional Biochemistry of Space Flight, NOVA Science Publishers, 2009.
5）Nicogossian, A. E. et al. eds.: Space Physiology and Medicine, NASA SP, p.447, 1982.
[**14.2**]
1）日本公衆衛生協会ウェブサイト：大規模災害時の栄養・食生活支援活動ガイドライン，2019.
2）日本栄養士会ウェブサイト：赤ちゃん防災プロジェクト 2019 年版，2019.
3）農林水産省ウェブサイト：災害時に備えて 家庭備蓄のススメ.
4）国立健康・栄養研究所ウェブサイト，日本栄養士会：災害時の栄養・食生活支援マニュアル，2011.

索　引

編著者略歴

江上いすず（えがみ）

1955 年	愛知県に生まれる
2000 年	玉川大学文学部教育学科卒業
2005 年	名古屋大学大学院医学系研究科予防医学教室 研究生退学
2015 年	名古屋文理大学健康生活学部教授退職
現　在	金城学院大学生活環境学部非常勤講師 東海学園大学健康栄養学部非常勤講師 博士（医学）

多賀昌樹（たがまさき）

1970 年	岡山県に生まれる
1995 年	徳島大学医学部栄養学科卒業
1997 年	徳島大学大学院栄養学研究科博士前期課程修了 北里大学保健衛生専門学院助手
2001 年	テキサス大学ヒューストン校医学部研究員
2012 年	和洋女子大学家政学部准教授
2015 年	新潟大学大学院医歯学総合研究科博士課程修了 和洋女子大学大学院総合生活研究科准教授
2019 年	徳島大学医学部非常勤講師
現　在	和洋女子大学家政学部准教授, 徳島大学医学部非常勤講師 博士（医学）

栄養科学ファウンデーションシリーズ

2. 応用栄養学 第3版　　　　　　　　　　　定価はカバーに表示

2021 年 4 月 5 日　初版第 1 刷
2024 年 3 月 5 日　　　第 3 刷

編著者　江　上　い　す　ず
　　　　多　賀　昌　樹

発行者　朝　倉　誠　造

発行所　株式会社　朝　倉　書　店
　　　　東京都新宿区新小川町 6-29
　　　　郵便番号　1 6 2 - 8 7 0 7
　　　　電　話 0 3 (3 2 6 0) 0 1 4 1
　　　　F A X 0 3 (3 2 6 0) 0 1 8 0
　　　　https://www.asakura.co.jp

〈検印省略〉

© 2021 〈無断複写・転載を禁ず〉　　　　　精文堂印刷・渡辺製本

ISBN 978-4-254-61659-0　C 3377　　　　Printed in Japan